新民事訴訟法

福山達夫 編

福山達夫 　原　強 　我妻　学 　清田明夫 　野村秀敏
西野喜一 　薮口康夫 　芳賀雅顯 　萩屋昌志 　竜嵜喜助

不磨書房

編者　福山　達夫（ふくやま　たつお）　関東学院大学教授

〔執筆分担〕

福山　達夫（ふくやま　たつお）　（関東学院大学教授）　第1章，第4章
原　　強（はら　つよし）　（明治学院大学教授）　第2章
我妻　学（わがつま　まなぶ）　（都立大学助教授）　第3章§1・§2
清田　明夫（きよた　あきお）　（金沢大学教授）　第3章§3
野村　秀敏（のむら　ひでとし）　（成城大学教授）　第3章§4
西野　喜一（にしの　きいち）　（新潟大学教授）　第3章§5・§6
薮口　康夫（やぶぐち　やすお）　（岩手大学助教授）　第5章，第6章
芳賀　雅顯（はが　まさあき）　（明治大学講師）　第7章，第8章
萩屋　昌志（はぎや　まさし）　（龍谷大学助教授）　第9章，第10章
竜嵜　喜助（りゅうざき　きすけ）　（弁護士）　随筆　民事訴訟法
　　　　　　　　　　　　　　　　　　　　　　　──言葉遊び──

〔執筆順〕

は　し　が　き

　新民事訴訟法が生れてから，早くも3年目に入った。この新法に合わせて，さまざまな教科書，参考書，概説書等が本屋の棚を賑わしている。本格的な体系書もあるし，また新法の触りの部分だけをコンパクトにまとめたものや，逆に第一線の実務家の手になる特有の問題意識から運用と解釈に重点をおいたものと，百花繚乱の感があり，中味も実に多岐にわたりバラエティに富んでいる。周囲の状況がこのようなとき，何を今さらという気もしないではない。しかし，人の顔が一人一人違っているように，考え方も一人一人の独自性によって形作られているのであり，理論の背後にもさまざまの要素がミックスしてできあがっているわけである。そこで，われわれの側の考えを文章の形で発表するのもあながち間違っているとはいえない。いろいろな人が，この新民訴法のもたらすテーマにつき，筆を執るということは，一昔前には想像もつかぬことだったろう。しかし，いまや完全に時代は変わった。民訴に関わりを持つ人は，新法についても，多かれ少なかれ，何らかの所感を抱いている。皆が考えていることを持ち寄り，できるだけ分りやすい表現にまとめて，一冊の本にしてみようとの話で，はからずも，その集荷の役がまわってきた。一髪を以て千鈞を引くつもりかと笑われるかも知れぬが，周囲の人たちに声をかけて，初学者向けの入門書に的を絞って書いてみた次第である。

　従来，出版されている本の中には，初学者向きということを謳っても，かなり本格的な題材を扱ったものが少なからず多かったと考える。その点，本書はまだ大学に入って間もなく，右も左も分らぬ学生が，民訴とはこういうものかということを，初学者の目線で捉えてくれることを期待して筆を揃えたつもりである。以前は無味乾燥の代表選手で，民訴は眠素に通ずといわれたこともあったが，今ではこの点，教師の方も相当，気を使っているし，また，裁判関係のニュース量ひとつとっても，日常生活に占める比重が較べものにならぬくらいにきわめて大きくなっている。「利用しやすく分かりやすいものに」，これ

は新民事訴訟法が作られる時のキャッチフレーズであった。法律自体も，このように国民に親しみのもてるものへと，イメージチェンジをはかっているのである。われわれ，教える側としても，充分，この惹句の意味を噛みしめなければなるまい。

　担当してくださった方は，皆，大学で民事訴訟法を専門としておられる，第一線の研究者であり，新法に関しても常日頃から種々の解説，問題点等を発表しておられる。私自身も，こういう人々にお願いできたことは，望外の喜びとするところであるし，同学の助けを借りて新法の精神が広く普及するのも実にこの上もなく頼もしい限りである。また，民訴学者としても夙に名高い竜崎喜助先生より民訴に関するエッセイをお寄せ頂いた。先生は，いわば今回の作業についての精神的バックボーンとして支えて頂いた人である。いま，あらためて，竜崎先生をはじめ，各執筆者の方々に対して深甚の謝意を表するとともに，本書出版について種々お骨折り頂いた不磨書房の稲葉文彦氏にも，併せて感謝の気持を表したいと思う。

　　平成12年4月

　　　　　　　　　　　　　　　　　　　　　　　編者　福山達夫

目　　次

はしがき

第1章　民事訴訟法とは……………………………………………3
§1　私的紛争……………………………………………………3
§2　訴訟事件と非訟事件………………………………………6
　　1　利用者の側から見た訴訟………………………………7
　　2　訴権と裁判を受ける権利………………………………7
　　3　民事訴訟法………………………………………………10
　　4　新民事訴訟法……………………………………………10
　　5　紛争解決制度……………………………………………11

第2章　訴訟に関わる人々…………………………………………14
§1　裁　判　所…………………………………………………14
　　1　裁判所の概要と構成……………………………………14
　　2　裁判官の除斥・忌避・回避……………………………16
　　3　民事裁判権………………………………………………18
　　4　管　　轄…………………………………………………21
　　5　移　　送…………………………………………………27
§2　当　事　者…………………………………………………28
　　1　当事者と当事者権………………………………………28
　　2　当事者の確定……………………………………………30
　　3　当事者能力………………………………………………32
　　4　訴訟能力…………………………………………………34
　　5　弁論能力…………………………………………………35
　　6　訴訟上の代理……………………………………………35
　　7　補　佐　人………………………………………………37

第3章　第一審手続 …………………………………………………… 38

§1　訴訟の開始 ……………………………………………………… 38
  1　訴えの概念 ………………………………………………………… 38
  2　訴えの類型 ………………………………………………………… 38
  3　訴訟開始の手続 …………………………………………………… 42
  4　訴え提起の効果 …………………………………………………… 45

§2　訴訟要件 ………………………………………………………… 48
  1　意　義 ……………………………………………………………… 48
  2　訴訟要件の分類 …………………………………………………… 48
  3　訴訟要件の調査 …………………………………………………… 49
  4　訴えの利益 ………………………………………………………… 50
  5　当事者適格 ………………………………………………………… 55

§3　訴訟の対象（訴訟物，本案判決の対象） …………………… 61
  1　訴訟物の意義と機能 ……………………………………………… 61
  2　訴訟類型と訴訟物 ………………………………………………… 62
  3　一部請求と訴訟物 ………………………………………………… 65
  4　訴訟物と争点 ……………………………………………………… 68
  5　定期金賠償確定判決の変更を求める訴訟の訴訟物 …………… 68
  6　金額を明示しない訴訟物 ………………………………………… 69
  7　訴訟物論争 ………………………………………………………… 70

§4　審理手続とその進行 …………………………………………… 75
  1　審理手続の進行 …………………………………………………… 75
  2　口頭弁論 …………………………………………………………… 88
  3　当事者の訴訟行為 ………………………………………………… 102

§5　当事者の弁論活動と裁判所の役割（弁論主義） …………… 109
  1　当事者と裁判所の役割分担 ……………………………………… 109
  2　職権探知主義と職権調査事項 …………………………………… 112
  3　釈　明 ……………………………………………………………… 113

§6　立証活動と事実の認定 ………………………………………… 117
  1　証明の意義と機能 ………………………………………………… 117

2　証明の対象 …………………………………………… *120*
　　　3　証明を要しない事実 ………………………………… *121*
　　　4　証 拠 調 べ …………………………………………… *124*
　　　5　証拠調べの実際 ……………………………………… *127*
　　　6　自由心証主義 ………………………………………… *138*
　　　7　証 明 責 任 …………………………………………… *139*

第4章　訴訟の終了と終局判決 ……………………………… *146*
§1　当事者の訴訟行為による終了 ……………………… *146*
　　　1　訴えの取下げ ………………………………………… *149*
　　　2　請求の放棄および認諾 ……………………………… *153*
　　　3　訴訟上の和解 ………………………………………… *157*
§2　終局判決による終了 …………………………………… *163*
　　　1　終局判決の概念 ……………………………………… *163*
　　　2　終局判決の成立 ……………………………………… *166*
　　　3　判決の効力 …………………………………………… *171*
§3　既　判　力 ……………………………………………… *175*
　　　1　概　　念 ……………………………………………… *175*
　　　2　既判力の本質と根拠 ………………………………… *175*
　　　3　既判力を持つ裁判 …………………………………… *176*
　　　4　既判力の範囲 ………………………………………… *177*
　　　5　訴訟物に関する既判力 ……………………………… *178*
　　　6　判決理由中の判断 …………………………………… *179*
　　　7　相殺の抗弁 …………………………………………… *179*
　　　8　争　点　効 …………………………………………… *180*

第5章　複雑な訴訟形態 ……………………………………… *185*
§1　複数請求訴訟 …………………………………………… *185*
　　　1　固有の訴えの客観的併合 …………………………… *185*
　　　2　訴えの変更 …………………………………………… *189*

3　選定者に係る請求の追加 …………………………………………… *191*
　　4　反　訴 ………………………………………………………………… *192*
　　5　中間確認の訴え ……………………………………………………… *193*
　§2　共同訴訟形態 …………………………………………………………… *194*
　　1　必要的共同訴訟 ……………………………………………………… *195*
　　2　通常共同訴訟 ………………………………………………………… *197*
　　3　同時審判の申出のある共同訴訟 …………………………………… *200*
　§3　訴訟参加の諸形態 ……………………………………………………… *202*
　　1　共同訴訟参加 ………………………………………………………… *202*
　　2　独立当事者参加・準独立当事者参加 ……………………………… *203*
　　3　補　助　参　加 ……………………………………………………… *206*
　　4　共同訴訟的補助参加 ………………………………………………… *209*
　　5　訴　訟　告　知 ……………………………………………………… *209*
　§4　訴　訟　承　継 ………………………………………………………… *210*
　　1　当　然　承　継 ……………………………………………………… *210*
　　2　申　立　承　継 ……………………………………………………… *211*

第6章　大規模訴訟に関する特則，簡易裁判所の手続の特則 …… *213*
　§1　大規模訴訟に関する特則 ……………………………………………… *213*
　　1　「大規模訴訟」の意義 ……………………………………………… *213*
　　2　特　　　則 …………………………………………………………… *213*
　§2　簡易裁判所の手続の特則 ……………………………………………… *215*
　　1　地方裁判所の第一審手続の特則 …………………………………… *215*
　　2　訴え提起前の和解 …………………………………………………… *217*
　　3　反訴の提起にもとづく移送 ………………………………………… *218*

第7章　上級審手続，抗告手続 ……………………………………………… *219*
　§1　総　　論 ………………………………………………………………… *219*
　　1　上訴制度の意義 ……………………………………………………… *219*
　　2　上訴の目的 …………………………………………………………… *219*

3　上訴の種類と違式の裁判 …………………………………………… *219*
　　　4　上訴要件 ………………………………………………………………… *220*
　　　5　上訴提起の効果 ………………………………………………………… *221*
　§2　控　訴 ……………………………………………………………………… *222*
　　　1　意　義 …………………………………………………………………… *222*
　　　2　控　訴　権 ……………………………………………………………… *222*
　　　3　控訴提起の方式 ………………………………………………………… *222*
　　　4　審理手続 ………………………………………………………………… *222*
　　　5　控訴審の終了 …………………………………………………………… *223*
　　　6　附帯控訴 ………………………………………………………………… *225*
　§3　上　告 ……………………………………………………………………… *225*
　　　1　意　義 …………………………………………………………………… *225*
　　　2　上告提起の方式 ………………………………………………………… *226*
　　　3　上告理由 ………………………………………………………………… *226*
　　　4　上告受理の申立て ……………………………………………………… *227*
　　　5　審理手続 ………………………………………………………………… *227*
　　　6　終局判決 ………………………………………………………………… *228*
　　　7　特別上告 ………………………………………………………………… *228*
　§4　抗　告 ……………………………………………………………………… *228*
　　　1　意　義 …………………………………………………………………… *228*
　　　2　種　類 …………………………………………………………………… *229*
　　　3　手　続 …………………………………………………………………… *229*

第8章　再審手続 …………………………………………………………………… *231*
　§1　意　義 ……………………………………………………………………… *231*
　§2　再審事由 …………………………………………………………………… *231*
　　　1　再審事由 ………………………………………………………………… *231*
　　　2　再審訴訟の訴訟物 ……………………………………………………… *231*
　§3　審理手続 …………………………………………………………………… *232*
　　　1　再審手続の構造 ………………………………………………………… *232*

2　再審の裁判 …………………………………………………… *232*
　§ 4　準 再 審 ……………………………………………………………… *233*

第 9 章　略式訴訟手続 …………………………………………………… *234*
　§ 1　手形・小切手訴訟 …………………………………………………… *234*
　　　1　通常手続への移行 …………………………………………… *234*
　　　2　管　轄 ………………………………………………………… *235*
　　　3　手　続 ………………………………………………………… *235*
　　　4　不服申立て …………………………………………………… *235*
　§ 2　少 額 訴 訟 …………………………………………………………… *236*
　　　1　申立て・通常訴訟への移行 ………………………………… *236*
　　　2　手　続 ………………………………………………………… *237*
　　　3　不服申立て …………………………………………………… *238*
　§ 3　督促手続 ……………………………………………………………… *239*
　　　1　支払督促の要件など ………………………………………… *239*
　　　2　管轄・手続 …………………………………………………… *240*
　　　3　不服申立て …………………………………………………… *240*
　　　4　仮執行宣言・支払督促の効力 ……………………………… *241*

第10章　民事訴訟費用 …………………………………………………… *243*

随筆　民事訴訟法———言葉遊び——— ………………………………………… *245*

事項索引 ……………………………………………………………………… *253*
判例索引 ……………………………………………………………………… *261*

新民事訴訟法

第1章　民事訴訟法とは

§1　私的紛争

　人間がいるところには，必ず紛争がつきものである。そこで社会には，これを処理してくれる機関としての実質的な，公正な，公権的な"裁判所"が必要とされ，ここで紛争が一定の判断を通して解決される。これを繰り返して行っているうちに，やがて一種の規範が産み出され，数多くの裁判を通じて，前例が重ねられ次第に雫(しずく)が溜まってゆくように，徐々に裁判の実体的および手続的な規範や規律が，そこでの集積の中からでき上っていく。もちろん，初めのうちは，社会も私的紛争のすべてに興味を示していた訳ではあるまい。とくに完全な国家となる以前では，取り上げる紛争も未だ原始的な不法行為の類が多く，まだ民事，刑事の明白な区別もなかったであろう。ともかく法規がなくとも，古代においても社会は，必要最低限の紛争処理は果たしたものと思われる。かくして社会，国家は，永年の経験上の教えから，何らかの揉め事には対処せざるを得ないのである。

　ところで今日，民事裁判というと，私人の生活関係を巡る諸種の紛争を民法，商法等を初めとする実体法を用いて，国家機関としての裁判所に判断して貰うことだといわれている。事実，現在では，私人間の生活に対応した各種さまざまな実体法が整備されていて，それらでほぼクリアーできる体勢となっている。裁判所は，事件ごとに，実体法を大前提とし，証拠に裏打ちされた具体的事実を小前提としての三段論法を繰り返して，究極的な既判力による確定がはかられる。もし万が一，クリアーできぬ場合，すなわち法規の欠缺している場合，裁判官が欠缺を補充したうえで判決を下すことになる。裁判はこのための具体的な手続であるが，その際，だれしもが守らねばならない，紛争解決へいたる一定の枠組というものが，訴訟法と呼ばれるものであり，民事紛争の中心的，

標準的な役割を果たすものが，ほかならぬ「民事訴訟法」なのである。

　現在の裁判では，裁判と裁判官の均質性が当然のこととして考えられている。裁判が，いかなる場所で行われても，結果は内容的に同価値のものであることが必要となる。見方を変えれば，このような制度であるから，投入したエネルギーとそこから得られる効果というものは同価値であって，それでこそ裁判に対する予測も大方，立てられるのである。結果に至る手続的な透明性や，正当事由や信義則，権利濫用等が，民事訴訟においても声を大にして叫ばれているのも，まさにそうしたことと無縁ではあるまい。こういったことが見えない不透明な社会では，「法の支配」も立てにくいであろう。そのようなところでは，真の裁判は生まれてくる筈はない。三権分立の観点から，法律以外の余計な不純なものを持ち込むことは，絶対，避けねばならないのである。

　誰しも認めるように，三段論法の公式も，裁判の予測可能性を絶対的に保障した点から導かれる。したがって，当事者の側から見た場合，全力をつくして自己の権利獲得に向かって訴訟に打ち込まねばならないことになる。力を抜くと，その分だけ自己に有利な — 勝訴という — 結果から遠のくシステムになっているのである。このような自己責任ですべてを規律しようという基本姿勢は，いうまでもなく，フランス革命以降の個人主義的な私的自治の原則に，元来は流れを発するものである。

　裁判制度は，三権分立の一翼を担うもので，今後も国民のより手厚い保護と真の法的な平和の実現のために，発展してゆくことにはだれしも異論はあるまい。しかし，わが国の場合，裁判制度そのものが，当初からお仕着せに作った経緯もあり，満足な制度的な役割を果たしたことはない。もとより立法，行政に較べると司法というものは性格的に，派手さがないところではある。それにしても司法という場所は，あまりにも陽があたりにくく，かつまた，ずっとあたりにくかったと思う。そして時とともに，実社会と法律の規定の溝の拡がりは，ますます大きくなり，裂け目が目立つばかりである。実体法的な手当てと同じく，訴訟の面においても一般条項の操作によって当事者の具体的な権利関係を調節しなければなるまい。形式的な当事者観も，その実，この上なく大きな不平等の十字架を背負わされている例もある。この時，実質的に上のような作業を行い，適正な裁判を形成していくのは，裁判官に課せられた任務でもあ

ろう。

　抽象的に定めている各法規を具体的な裁判という場で，真に救うべきは救い，捨てるべきは捨てる，最後の場での生殺与奪の権を有している。適用すべきは確かに法規であるが，個別の裁判においては，事実認定とともに個々の裁判官の法規の解釈ということで，非常に大きな力を賦与されており，また，これ故に裁判官による継続的な法形成も可能となるのである。さらに，ここで指摘しておきたいのは，人的資源の偏りから生じてくる問題である。いかに立派な民事訴訟法を作ったところで，この点はとうてい，カバーしきれない。一刻も早い制度的なバックアップの必要な事態といえよう。

　民事訴訟も刑事訴訟や行政訴訟とともに，広義の訴訟の一部である。訴訟そのものの定義づけとなると，これは簡単には定まらない。歴史，制度，対象等，その切り口が多数存在するからである。社会関係上の諸種の利益につき，当事者双方を関与させ，その利益追行を反映させ，国家機関である裁判所が，第三者的立場から，一刀両断的に判断し，その判断が拘束力を持つ，と一応，定義しておこう（兼子一＝竹下守夫・裁判法［第四版］（有斐閣・昭39）1頁以下参照）。本書で扱うのは，このうちの民事に関する訴えの提起から判決確定にいたる部分，いわゆる判決手続である。執行手続や各種の特殊な手続は，必要なところでは触れるが，原則的には省略した。

　確定した判決には，すでに裁判した拘束力として既判力が生じ，以後，同一紛争はこの判決と矛盾する形での解決はできない。しかし，既判力だけですべての紛争が解決されるとはかぎらない。判決で債務の存在が認められ，その履行が命じられた場合といえども，被告が履行しないかぎり，紛争はまだ当事者間で燻ぶっているのであり，判決での解決は観念的なもので，終局的な決着にはほど遠い。そこで，国家の手で現実に実現する制度も備わっていなければならない。それが強制執行手続にほかならない。「観念的な満足」から「事実上の満足」へと変わる。この二つの制度が備わって初めて，民事訴訟はうまく機能することになる。具体的には，民事執行法に従い差押えという処分禁止を行ったり，第三者の手に移るものを未然に防止するため，民事保全法に従い仮処分をかけておく等の手段である。もちろん，以上は執行力が絡む給付訴訟の話で，確認訴訟や形成訴訟のときは確定判決だけで紛争は落着を見る。

§ 2　訴訟事件と非訟事件

　裁判所で扱うものの中に，非訟事件とよばれる一連のグループがある。中心となるのは非訟事件手続法であるが，このほか，家事審判法，借地借家法，民事調停法等での事件は，非訟事件として処理される。これらの非訟事件は，二対立当事者や処分権主義をとっていないし，職権探知主義で非公開，書面主義で，申立てという方式もとらないことがあるし，必要的口頭弁論もなく審問手続である。また，法定の手続に拘束されない自由な証明によるし，裁判形式も決定という形をとる。内容的拘束力も弱く（非訟19条），上訴方法も抗告による（同20条）。これは国家が私人間の生活関係のうち，バックアップの必要性を認めたものにつき積極的に介入を示したもので，本質的には行政的作用に属するものといえよう（兼子一・新修民事訴訟法体系（酒井書店・昭40）40頁）。時代が進むにつれ，この後見的な範囲は少しずつ拡大して，とくに家事審判法はその色彩が強い。迅速でなお労力，時間的に見合った処理方法，介入の度合いの必要性等が，こうした非訟事件への流入現象を招いたが，現在，訴訟と非訟の間に明快な線引きを行うことは難しい。というのは，中間的な領域自体，一つの流動的な下地をもつもので，時代背景や司法制度のおかれている種々の社会的，経済的な要因と密接にリンクしているからである。こういった前提を見てくると，今後とも対象は絶えず動くであろう。最高裁のいうような紋切型の対応では形式的で，どうしても不十分である（最大決昭35・7・6民集14巻9号1657頁，最大判昭40・6・30民集19巻4号1089頁，最大判昭4・6・30民集19巻4号1114頁等）。手続的に似たものとして，夫婦同居請求権とその具体的内容のケースなど，訴訟と非訟に切り分ける論理的な決め手を欠くのであるし，実際上もうまくいかない場合がでてくる。しかし，とはいえ一刀両断に捌く方法はあるかというと，ないといわざるをえない。あくまで個別的に，手続の類型ごとに非訟事件の処理にマッチしたものを拾い上げ，同時に憲法32条とのバランスを考えに入れて，裁判を受ける権利との相関関係をつくり出していくほかないであろう。これが現実的であり，限界の枠組み形成にとっても必要なこととされている（中野貞一郎・解説新民事訴訟法（有斐閣・平9）10頁，鈴木（正）「訴

訟と非訟」(演習民訴[新版]青林書院・昭62) 28頁)。もちろん,そうすることによったとしても,訴訟と非訟を峻別化することの意味をもつわけではない。両者の中間的性格をもつものは,消えるはずがないからである。

1 利用者の側から見た訴訟

　一体,訴訟制度は何のために存在するのか。この制度目的については,さまざまな見解が見受けられる。歴史的には,まず,私人の権利を保護するため,自力救済を禁止した代わりに国家が訴訟制度を設けて,それを保護するといった見解があった。つづいて,国家は直接には私人の権利よりも,民法,商法等の法秩序の維持をまず念頭においているとして,その実効性を保持するための訴訟制度であるとする考え方が出てきた。さらに,私的紛争の解決の中にこそ見出すべきであるとし,民事訴訟制度の目的は紛争解決にあるとする考え方が,これに続いた。この考え方は,わが国では,なお多数説のとるところといえる。しかし,以上の各考え方は,個別のケースに当てはめてみると,いずれも制度的目的として考えられるもので,むしろ逆に個々的な問題ごとに検討すれば充分であると主張する考えも出てきて,多元説として注目を浴びている。さらに一段高い憲法上の司法権の根源から論を起こし,個々的な実体規範によって認められる権利を実効あらしめるため,訴訟制度上の保障は,その救済を与える点にあると主張する権利保障説も耳目を引いている。わが国の民訴学界の始祖,兼子一博士,つづく白眉,三ケ月章博士が揃って,紛争解決説に与したこともあってか,現在の通説的な地位を占めていることは先に記したとおりである。そもそも,何のためにという,一見,素朴で抽象的な,この問題の深さは,ひとえに自己の因って立つ地盤をどこにおくかといったことと,密接不可分な理念的作業である。

2 訴権と裁判を受ける権利

　訴えを起こして裁判を受けることを,私人の側から見ての「訴権」という権利で説明しようとの考えが,19世紀後半から有力になってきた(沿革的にはローマ法時代,訴訟の類型と権能をアクチオと称していた)。いかなる要件を集めて揃えれば,裁判所の利用が現実的な救済に連なるのか,に関する議論で

ある。歴史的に眺めると，訴権は請求権から生み出されてきたものであることから，私法的訴権説が強かった。すなわち，訴権は請求権の一分子として考えられていた時代があった。間もなくアクチオの分解によって，訴権が一人歩きを始める。この時が公法的訴権説の誕生の瞬間であった。けれども当初は，訴えに対しなんらかの回答が返ってくれば目的を遂げたとみるもので，訴え却下でも個人の訴権は守られたとする抽象的訴権説が一般的であった。しかし，それではあまりにも無内容であるとの批判が湧き起こり，具体的な内容のある自己に有利な判決である勝訴判決を求めるとする考え，具体的訴権説が出てきた。しかしながら，これまた原告側の主観的立場を考慮しておらず，客観的な権利として構成するには無理であり，一般性，独立性をもった訴権とはなりえない。裁判所は，原告敗訴の判決を言い渡すこともありうるからである。そこで，勝訴はともかくも，請求については本案判決を下してもらう権利としてみるのが，本案判決請求権説である。抽象的訴権説と具体的訴権説の中間をとったもので，別名，紛争解決請求権説ともよばれ，今日なお有力説としての地位を保持している（兼子・前掲体系29頁，新堂幸司・新民事訴訟法（弘文堂・平10）214頁）。だが，本案判決には請求棄却も入るが，棄却されても訴権は守られたのだという表現は，あまりにもこじつけすぎ，どうにも変な言い方だ，との批判が出始めた（三ケ月章・民事訴訟法［法律学全集］（有斐閣・昭34）11頁）。権利として観念することから，実体は無であるのに，それでも訴権は守られたと結論づけるのであるが，権利ではなく，国家が訴訟制度を自らの手中に収めたことの反映にすぎない。それを訴権という衣を着せてぎょうぎょうしく議論するほどの価値はないとする見解が出てきた（三ケ月・前掲13頁，訴権否定説）。また憲法をも視野に取り込んで，訴訟法との架け橋として捉え，とくに憲法32条との有機的結合には不可欠の裁判所に対し個々的な行為を要求するときの支えになるものとして，訴権を理解する立場も出てきた。司法行為請求権説と呼ばれるものがそれである。大きく分けるならば，もはや権利という言葉にはなじまなくなってきているとみるか，権利性は限りなく希薄化してはいるが，最後の拠り所として残しておくかの，二者択一であろう。とはいえ司法行為請求権のようにいうと，あえて訴訟法独自の観念としておく余地はなくなってしまう。やはり伝統的な使い方を若干なりとも生かし，主観的または客観的な訴えの利益を要件

づける本案判決を求めるさいのチェック的機能は残しておきたい。

　実定法規がかなりの緻密さで揃っている今日，今更，訴権を独自に振りかざして勝敗を分ける場が，まずないのは事実である。より重要なのは，「裁判を受ける権利」といった角度から，どこまで裁判所として事件に関与しうるのか，その境界線の設定にかかわる議論である。さらに，これと並んで当事者の言い分を充分に主張できる権利（当事者権，弁論権）が提唱されているし，アクセス権等の条文ではカバーしきれないが，裁判の場で決して無視することのできない，新たな権利概念が頭をもたげてきている。

　一般論としていえば，特別扱いを受ける場合をのぞき，裁判所はすべての法律上の争いを取り仕切る。では，その権限は一体どこまで及ぶのであろうか。その答えとなると，簡単には出てこない。事件性や法律性を欠くとして，個別的には判例も一応の答えを示してはいる。一口でいうなら，具体的な法律関係にかかわり，しかも裁判所が判断を下すことによって事件が完全に落着することを指すものであるという（最大判昭27・10・8民集6巻9号783頁，最判昭28・11・17行裁4巻11号2760頁，最判昭41・2・8民集20巻2号196頁）。そして，そこでの内容は「法律上の争訟」であることが要求される。が，これは訴訟法上の訴えの利益ではなく，憲法上の要請から導かれる。民事訴訟も憲法の下に集約されており，根源的には憲法の指導理念に従う（だから，訴訟法は「適用された憲法」といわれる。中野「民事裁判と憲法」講座民事訴訟法(1)（弘文堂・昭59）が力説する）。もとより憲法の各規定というものは概括的，抽象的であり，外から見ただけでは果たして裁判所が取り上げてくれるか否か即答できない。したがって，民事訴訟制度が保障してくれるものかどうかにあたっては，常に木目細かな議論を重ねてゆくほかない。そこで憲法が，われわれの具体的な権利として光を当てる，その具体的な基準はどのような尺度によるべきか。それは，憲法が，三権分立の制度下で，立法，行政と並んで，司法というジャンルにどこまで権限を持たせているのかをまず問うことから，適正に向きを決めるべきであろう。われわれが選択できる範囲はどこまでか，どこまで許されるかといった議論で固めていくのが，そこでの欠かせない作業であろう。また手続といっても，諸種のものが混在している現在，これだけは訴訟という枠組みで決着をつけざるをえないもの，という手続のあり方との議論も不可欠となろう。

訴訟という形で処理しなければ憲法違反となり，憲法の手続保障の内容面でのチェックを必ず要するものとそうでないものとの篩分けにはこの面からの検討が必要である。どれも訴訟という四角四面な方式で処理するのは無理であるにせよ，固い手続を必要とし，簡易な方式では無理で，訴訟法の諸原則に出てくる一定の手続が要求されるグループとそうでないものとの設定を行い，選び分けた個別的な考察が必要となろう（新堂・前掲14頁以下，に詳しい）。

3　民事訴訟法

民事訴訟法典は，紛争処理制度の中心的役割を果たす法律であるが，これ以外にも民事に関する法規類は多数ある。こういったものすべてをまとめて，一般には広義の民事訴訟法と呼び，民事紛争にかかわりあう，一切の法律を総称する。民事訴訟費用法，民事執行法，民事保全法，破産法，和議法，会社更生法，民事調停法，家事審判法等がこれに入るし，このほか，通常は実体法に分離される民法，商法でさえ手続規定をもっており，やはりそういうものは訴訟法に属する。法律以外の規則にも，大事なものが少なからずあり，民事訴訟規則や民事執行規則，民事保全規則等がある。慣習法といった非制定法規でも，ここでの手続，作用を規律するについては忘れることはできない。ことに判例法を形成する際，意義を有するものである。

4　新民事訴訟法

わが国の民事訴訟法は，法典編纂の一つとして，当時最新であったドイツの民事訴訟法典を拠り所として作られた。しかし，時代とともに社会の実情にマッチしなくなってきた。こういった場合，母法国ドイツでは間断のない立法化で手当てを打っているのに比べ，わが国の場合，不得手であり，大正15年に一度，改正されただけで，あとが続かず，早くから民訴法典に対する不満が燻っていた。しかし，抜本的に改正しようという動きはことのほか鈍く，まさに民事裁判の機能不全という症状を呈していた。この事態の重要さに関係者は，法制審議会民事訴訟法部会において，平成2年から民事訴訟制度の全般に関し，洗い直しを始め，そのための審議研究を重ね，「検討事項」，「改正要綱試案」，「改正要綱」の形であるべき姿を広く世に問うた。そして平成8年法律109号と

して公布され，平成10年1月1日より施行されたのが，新民事訴訟法（以後，新法）である。もともとは，判決手続と執行手続を一つに収めた旧民事訴訟法であったが，これ以前にも，やはり新法として民事執行法に，仮差押，仮処分等の部分は民事保全法に，といった法律に鞍替えしていた。したがって，旧民訴法のうち判決手続だけが，残っていたことになる。なお，判決手続のうち，いまだ手つかずの部分は，「公示催告手続及ビ仲裁手続ニ関スル法律」として現在，なお残されている。

　新法が目指した改正の意図は，次の点にあったとされる。それは，何よりも民事の裁判を国民に分かりやすく，利用しやすくし，手続規律を現在の社会の要請に合う適切なものとすることにあった。要するに，訴訟というものが金と時間を喰うし，法律も裁判所もいたずらに晦渋な内容を備えていて，とてもついてゆけない。日常，使わない言葉が用いられたり，裁判所内の動きも実生活とはかなり違っていて，どうも親しみがもてない。こうした国民の目線でみると，日本の司法が手の届かないところで処理されていて，まったく自分たちとは無関係な次元のものとなってきている。こうしたことから，実際上のイメージ・チェンジをはかる必要にせまられた訳で，なかでも目玉としては，①争点整理手続の整備，②証拠収集手続の拡充，③少額訴訟手続の創設，④最高裁判所への上訴制度の改善，の四つがあげられる。他にも，選定当事者や適時提出主義等もかなり内容がかわり，また能率の大幅なアップをはかるため，近代的な情報通信機器を大量に取り入れている。簡易，迅速，適正，分りやすくいえば，事務能率を早くして，諸費用も安くし，できるかぎり早期の判決を，この三点セットは裁判にも妥当する。そのために沿うことは，何でも採用しようとの積極的姿勢が，ここかしこに伺われる。これまでになかった新しい理念で裏打ちされた，この装い新たな訴訟法が，かくてスタートしたのである。

5　紛争解決制度
　私的自治の原則からいって，私人間の紛争は話し合いで解決できることが望ましい（民695条）。しかも，自主的に解決したほうが，その後の当事者間の関係も円滑にすすめられることが多い。こういうことから，互譲を旨とする解決制度が古くからあるし，近年，その数は増加の一途をたどっている。また，第

三者が解決に関与するときでも，できるかぎり強制的な色彩を弱め当事者のイニシアティブを強く出すシステムもある。裁判上の和解，調停，仲裁，各種のＡＤＲがそれである。いずれも民事訴訟を補完し，あるいはそれと並んで，私的紛争の解決の実効性に資するもので，利用者サイドからは，事件の特性に応じた解決手段が複数あることを意味し，選べる幅があることになる。訴訟は，強制的要素が最も強いのに対し，こちらは強制的な度合いにも色あいがある。

　（１）　裁判上の和解（訴訟上の和解）

　これは，訴訟の途中での和解と簡易裁判所での起訴前の和解（既決和解）があるが，いずれも合意による自主的な紛争解決である。起訴前の和解は，あらかじめ起訴を防ぐ意味で行われる点で，厳密な言い方をすれば未然の紛争防止策ということになろう。もちろん，裁判所が当事者の主張を調整する機能を有するが，両当事者が最終的には決める（なお，265条）。裁判所が調書にこれを記載すれば，確定判決と同一の効力を有し，給付訴訟の場合，当該調書は強制執行の基礎としての債務名義となる（民執22条7号等）。

　（２）　仲　　裁

　両当事者が，現在または将来の紛争の解決を仲裁人という第三者に裁いてもらうことを合意し，仲裁人がこれに従って行う審判手続である。自主的に解決できれば，あえて国家が余計な口出しをする必要はない。仲裁人が下した判断（仲裁判断）に確定判決と同一の効力を有し（公催仲裁800条），仲裁契約の締結された事件については，訴訟による解決は排除されることになる。もちろん，以上のような特色は，まず当事者間で仲裁による旨の合意が成立していることが前提となる。

　（３）　調　　停

　これは裁判所で行われる手続であるが（裁判所以外の機関が行うものもある。労組20条とか公害3条等。これは行政機関であり，ここでの調停とは異なる），民事調停と家事調停とがある。前者は，簡易裁判所または地方裁判所を原則とする調停委員会（裁判官1名と調停委員2名）が当事者の譲合いの精神で実情に合った解決を目指すもので，対象は民事一般（民調2条）となっている。家事調停は，家庭に関する事件を家庭裁判所が，やはり裁判官1名と調停委員2名よりなる調停委員会を構成して事にあたる（家審22条）。調停は，公の判断

が直接，当事者を拘束するものではない。調停委員会の解決案は勧告にすぎず，双方の当事者が合意して受け入れないかぎり，有効な解決とはなりえない。実際には裁判所の監督と協力のもとで行われ，この点を気にする必要はない。合意した内容は確定判決と同一の効力が付与される（家審21条）。なお，調停制度を利用するのに，あらかじめ申立人と相手方とで合意の必要はない。

(4) 裁判外紛争処理

近年，多様な紛争処理の施設の拡充がめだってきている。いわゆるＡＤＲ（Alternative Dispute Resolution）と呼ばれるもののほとんどがこれに属し，その態様はさまざまである。一方では訴訟に極めて近いもの（裁断型），また一方では利害調節を重ねるもの（調整型），さらに主管団体といった面から，大きく分けて民間型と非民間型（多くは行政機関）とがある（前者の例としては，交通事故紛争処理センター等，後者の例としては，公害等調整委員会，労働委員会等，いずれも数えはじめたらキリがないほどである）。活動内容は，幅広く，相談，苦情処理，斡旋，調停，仲裁，拡大の一途をたどっているといえよう。そして，訴訟に比して費用も安く，手続も簡単で，結果も柔軟で道理にかなっていて，一か八かの判決と異なって当事者も受け入れやすい。このように書くとよいことだらけのようだが，このようなメリットの背後には，わが国独特のアバウトな面が潜んでいることも見逃してはなるまい。すなわち，「当事者の十分な主張，立証の欠如，厳密な法的判断の回避等と表裏の関係にあること」（中野・前掲7頁）である。裁判外紛争処理が充実，拡大することには，むろん，大賛成であるが，その基礎として，つねに，法による正規の紛争解決方式が十分に機能していることが要求される。裁判外紛争処理が立派になったから，訴訟で何もかも争うまでもないというのは，論理が逆なのであり，両者の健全な発展を望むのが筋というものであろう。

（本章でとりあげた事柄については，第2章「訴訟に関わる人々」の項も参照）

第2章　訴訟に関わる人々

§1　裁　判　所

1　裁判所の概要と構成
(1)　裁判所の意義

裁判所という言葉は，さまざまなコンテクストにおいてさまざまな意味合いで用いられる。一つは，裁判官とその職員で構成される官署としての裁判所であり（裁判所法（以下，裁とする）第4編・64条・80条など），「国法上の意味の裁判所」ともいわれる。また，実際に訴訟事件を扱い裁判を下したり，執行事件を扱い執行を行うといった機関としての裁判所であり，「訴訟法上の意味の裁判所」ともいわれる。さらに，物質的な建物としての裁判所を表すためにも裁判所と表現されることがある（裁69条1項）。

(2)　裁判所の種類

わが国の裁判所は，最高裁判所を頂点として，高等裁判所（札幌，仙台，東京，名古屋，大阪，広島，高松，福岡の8ヵ所），地方裁判所（各都府県に1ヵ所と北海道に4ヵ所の合計50ヵ所），家庭裁判所（地方裁判所と同数），簡易裁判所（現在は，437ヵ所）によって構成されている。しかし，家庭裁判所は，民事事件については，家庭事件の審判および調停のみを行うものであり，訴訟事件を処理する権限を有していない。

(3)　単独制と合議制

(a)　審理形態　　最高裁判所は，常に合議制で裁判を行う。憲法違反に関する事件や判例変更を行う場合に開かれる大法廷は最高裁判所長官をはじめとする最高裁判事全員の15名（定足数9名）で行われる（裁9条・5条3項）。それ以外の事件においては，小法廷で審理判断が行われ5名（定足数3名）の裁判官による合議制よって行われる（裁9条）。また，高等裁判所も，常に合議制

で裁判を行う。通常は、3名の裁判官による合議制によって行われる（裁18条2項本文。なお、刑事事件ではあるが、例外的に、5名の裁判官による合議制よって行われる場合がある（裁18条2項但書・16条4号））。

一方、地方裁判所は、第一審として行う場合には、原則として単独制で行う（裁26条1項）。これに対して、控訴審として行う場合および合議体で審判すると決定した事件については3名の裁判官による合議制よって行われる（裁26条2項・3項）。地方裁判所に配置される判事補は、原則として一人で裁判することはできないし、合議体に2人以上加わったり、裁判長となったりすることもできない（裁23条・27条）。なお、大規模訴訟については、審理の円滑および充実のために5名の裁判官にる合議制よって行うことができる（269条）。また、簡易裁判所は、常に一人の裁判官によって審理判断が行われる単独性である（裁35条）。

以上のように、審理の形態として、単独制と合議制が使い分けられている。合議制は、個々の裁判官の恣意や独断を排除し、慎重な判断を行うことが可能となり、また知恵を出し合うことにより、客観的で公正な判決が下されることを期待することができる。これに対して、単独性は、合議という形をとらないために迅速な判断が可能となる。単独制と合議制には、それぞれ一長一短があり、いずれか一方が他方を圧倒しているというものでは必ずしもない。わが国では、単独制と合議制を事件の難易により使い分けたり、下級審と上級審とで使い分けることによって、それぞれの長所を最大限引き出そうとしているといえる。

(b) 合議制審理における役割分担　(イ) 裁判長　合議制によって事件を取り扱う場合には、それを構成する裁判官の1人が裁判長として訴訟を総括指揮する（裁9条3項・18条2項・26条3項、民訴148条・202条など）。また、裁判長は、合議にかける必要のない事項や緊急を要する事項につき単独で裁判所の権限を行使できることが認められている（35条1項・93条1項・108条・137条，民事訴訟規則（以下，規とする）31条1項など）。(ロ) 受命裁判官　受命裁判官は、合議体構成員の時間と労力を節約するために法定された事項につき処理することを委任された合議体構成員たる裁判官である（88条・89条・171条・185条・195条・213条・233条・268条など）。合議制の場合には、常に、合議体に加

わっている裁判官の全員で処理する必要があるものばかりではなく，事項によってはそのうちの一人の裁判官が処理すれば十分なものもある。受命裁判官の制度は，個々の裁判官の恣意や独断を排除するといった合議制の長所を生かしつつ，機動性に欠ける嫌いのある合議制の短所を軽減するものともいえる。

(ハ) 受託裁判官　　受託裁判官は，受訴裁判所が，他の裁判所に一定の事項につき処理を依頼した場合に実際にその任に当たる裁判官を受訴裁判所からみて受託裁判官と呼ぶ。受託裁判官は，受命裁判官とともに規定されることが多い（89条・185条・195条・213条・233条など）が，受訴裁判所の構成員ではない。しかし，受訴裁判所の委任によりこれに代わって事務処理を行うことにおいて受命裁判官と類似した立場に立つので，同様の規律を受けるものとされている（206条・329条など）。

(4)　裁判官の独立と身分保障

裁判官は，その良心に従い憲法および法律にのみ拘束され，独立してその職務を遂行するものとされている（憲76条3項）。公正な裁判が行われるためには，裁判官は，時の権力からの圧力はもちろん，司法内部からの圧力からも自由でなければならないのである。

しかし，裁判官の独立を実質的に保障するためには，その良心と憲法および法律にのみ拘束されるに過ぎないとするだけでは十分ではない。その良心と憲法および法律に従って裁判した結果，意に反して免官や報酬を減額されるなどしたのでは，裁判官の独立は名ばかりのものになってしまうからである。裁判官の独立を保障するためには，裁判官の身分が保障されていなければならない。裁判官は，公の弾劾または国民審査による場合，あるいは心身の故障のために職務を執ることができないと裁判された場合の他は，その意に反して免官，転官，転所，職務の停止または報酬の減額をされることはないとして，身分を保障されている（裁48条）。

2　裁判官の除斥・忌避・回避

裁判は，中立的な立場から公平に行われなければならない。しかし，時に，裁判官が訴訟当事者の一方や事件との間に裁判の公正さを疑わせるような関係を有する場合がある。このような関係がある場合には，実際に下される判決が，

公正なものであるとしても，当事者，とくに敗訴当事者に，そのような特殊な関係が判決に影響を及ぼしたとの疑念を生ぜしめることになる。そこで，裁判官が訴訟当事者の一方や事件と一定の関係を有する場合には，当該事件を担当できないことにする必要があるのである。なお，裁判官の除斥・忌避・回避に関する規定は，裁判所書記官にも準用されている（27条，規13条）。

　（1）除　　斥

　除斥原因がある場合には，裁判官は当然に事件を担当できない（23条）。除斥原因とされているものとしては，裁判官と当事者の一方が夫婦であるとか，親子であるとか，裁判官と当事者との間に特殊な関係がある場合（同1号－3号）と，裁判官が事件について鑑定人となったとか，不服を申し立てられた前審の裁判に関与したことがあるとか，裁判官と事件との間に特殊な関係がある場合（同4号－6号）とがある。

　（2）忌　　避

　法定されている除斥原因以外にも，裁判官と訴訟当事者や事件との間に裁判の公正さを疑わせるような関係が存在する場合があることは否定できない。たとえば，一方当事者の訴訟代理人が裁判官の女婿である（最判昭30・1・28民集9巻1号83頁は忌避を認めなかった）とか，一方当事者が裁判官の親友であるといった場合には，当事者は裁判官を忌避することができる（24条）。

　ただ，実際には，忌避の申立ては，裁判官の資質や訴訟指揮を理由とするものがほとんどである。忌避は，本来，裁判官と訴訟当事者や事件との間に裁判の公正さを疑わせるような関係が存在する場合に備えて認められた制度であり，裁判官の資質や訴訟指揮を理由とする忌避申立ては制度本来の趣旨を逸脱しているものであり許されない。

　（3）回　　避

　回避は，裁判官自らが，除斥原因あるいは忌避事由があることを認めて職務から離脱することである。この場合，裁判官は，監督権のある裁判所の許可を受ける必要がある（規12条）。

3　民事裁判権

（1）　対人的限界

　原則として，わが国の裁判所は，わが国にいるすべての人に対して裁判権を行使し得る。天皇に対しても，このことは妥当するものと一般に解されている（最判平元・11・20民集43巻10号1160頁は，天皇に対しては民事裁判権は及ばないと判示している）。

　外国国家に対しては，国家固有の権力作用（政治，外交，軍事）に関する紛争については，裁判権を行使し得ない（制限的主権免除主義）。わが国の外国主権免除に関するリーディング・ケースである大決昭3・12・28（民集7巻1128頁）は，外国国家に対する手形金請求の事案において，絶対的主権免除主義の立場に立ち，外国国家に対してわが国は裁判権を一切行使し得ないものと判示した。わが国では，大審院によって採用された絶対的主権免除主義の立場が，実につい最近まで実務で維持されてきたのである。諸外国では，共産主義国家の出現などもあり，今から半世紀も前に絶対的主権免除主義を廃棄し，制限的主権免除主義が趨勢となっていたのと対照的であった。

　このような世界的な状況を考慮して，わが国も制限的主権免除主義に立とうとする高裁判決（東京高判平10・12・25判例集等未登載）も下されるに至っている。わが国も，制限的主権免除主義を採用すべきことはいうまでもないが，さらに一歩進んで政治・外交・軍事に関する事項であっても，一定の場合には，なお外国国家に裁判権免除を否定すべきことがありうるかにつき検討すべき時期にきているといえよう。

　外交使節およびその随員家族については，国際法上の原則により，外交特権により，裁判権を免除されている。

（2）　対物的限界

　一般的には，外国の土地に関する紛争については，わが国は裁判権を有しないものと解される。これは，外国の土地に関する紛争につき裁判権を行使することは，外国の領土主権を侵害することになりかねないからである。

　なお，国際裁判管轄権については，民事裁判権の対物的限界として論じられることが多いが，次に説明する審判権の限界の問題と考えるべきであろう。すでにみたように，民事裁判権の対物的制約は，訴訟の対象が外国の領土である

ように，裁判権の行使が外国の主権を侵害するような場合に認められ，裁判権も主権作用の一つであることを考えると，わが国と関連性を有しない国際的事件に関して，わが国の裁判所が裁判管轄権を行使する場合には，外国の主権を侵害するおそれがあるといえなくもない。しかし，最も極端な場合を想定すれば，わが国と一切関連がない事件であっても，緊急管轄権の行使として国際裁判管轄権を行使することが認められていることを考えると国際裁判管轄を対物的限界として論じるよりもむしろ審判権の限界として論じるべきであるように思われる。

（3）　審判権の限界

わが国の裁判所は，対人的限界および対物的限界という制約のほかにも，民事訴訟制度に内在的な制約を受けるし，また裁判権行使を控えるのが適切な場合もある。

　(a)　法律上の争訟　　裁判所は，社会に存在するすべての民事紛争につき裁判権を行使できるわけではない。裁判所は，法律上の争訟につき裁判権を行使し，紛争の解決を図るものとされている（裁3条1項参照）。これは，法律を適用して私人間の権利義務ないし法律関係に関する紛争を解決するという民事訴訟制度に内在する制約にもとづくものであることはいうまでもない。

　法律上の争訟とは，当事者間の具体的な権利義務ないし法律関係に関する紛争であり，かつ法令の適用により終局的に解決をはかることのできる紛争をいうものと解されている。審判の対象としては，「法律上」の争訟であることが要求されるため，当事者間の具体的な権利義務ないし法律関係に関する紛争であっても，法令の適用により終局的に解決をはかれる性質のものでなければならない。また，法律上の「争訟」であることが要求されるため，単にある法規が違憲であるといった抽象的なものでは民事訴訟の対象とはならず，法律上の争訟といえるためには違憲の恐れのある当該法規の適用によって具体的な不利益を受けているとして損害賠償等を求める形がとられていなければならないのである。単なる法規の違憲性の争いは，損害賠償請求の前提問題として主張され得るに過ぎず，独立の審判対象とはなり得ないのである。

　具体的に，法律上の争訟との関係で，審判権の限界がしばしば問題となるのは，宗教法人内部の紛争に関する事件や，団体内部の紛争に関する事件におい

(イ) 宗教法人にまつわる紛争　宗教法人にまつわる紛争は，憲法で認められている信教の自由との関係で，裁判所が裁判権を行使して紛争に介入することができるかという問題を惹起するのである。一般に，裁判所（国家）は，教義や信仰の内容に立ち入ることはできないと解されており，住職の地位の確認といったような宗教上の地位そのものが訴訟物に据えられた場合には，審判の対象とならないとされている。また，たとえ具体的な権利義務に関する紛争の形式をとっているものであっても当該請求の認否を判断するうえで必要不可欠の前提問題が宗教上の教義や信仰の内容に関する事項と深いかかわりを持つような場合にも，事件全体が法律上の争訟性を欠き審判権の対象とならないと一般に解されている（最判昭56・4・7民集35巻3号443頁）。もちろん，具体的な権利義務に関する請求の形をとる限り，その認否を判断するにあたり必要不可欠の前提問題として，宗教上の教義や信仰の内容に関する事項につき一定の判断が求められる場合であっても，当該争点のみ審判権の対象とならないだけで，事件全体が法律上の争訟性を欠くことにはならないとする見解（前掲最判昭56・4・7の寺田反対意見）もある。

(ロ) 部分社会と司法権　われわれの社会では，人々が一定の目的のもとに集合して団体を形成し，個人の枠を超えた形でさまざまな社会活動を行っている。これらの団体は，一般市民法秩序のもとでその活動を行わなければならないことは個人として活動する場合と同様であることはいうまでもない。しかし，他面において，これらの団体は，一般市民社会とは別個に自律的な内部規範を有する特殊な部分社会を形成しているのである。このような団体の内部で紛争が発生した場合でも，それが一般市民法秩序と直接の関係を有しない内部的な問題にとどまる限り，その自主的，自律的な解決に委ねるのを適当とし，裁判所の司法審査の対象とはならないものと考えられている。これが，いわゆる部分社会の法理と呼ばれているものである。

これまでに，部分社会の法理を適用して，訴えを却下したり，棄却した最高裁判例としては，たとえば，衆議院解散の無効確認が求められた事案（最判昭35・6・8民集14巻7号1206頁），技術士国家試験不合格判定に関する事案（最判昭41・2・8民集20巻2号196頁），大学において単位授与・不授与の決定をし

ないことの違法確認が求められた事案（最判昭52・3・15民集31巻2号234頁）がある。

ところで，部分社会における処分等の行為が一般市民法秩序と直接関係するとは，具体的に如何なる場合かが問題となる。この問題に対する一つの答えを示唆するのが，地方公共団体の議員に対する出席停止の懲罰決議に関する紛争は，司法審査の対象とはならないとした最判昭35・10・19民集14巻12号2633頁，議員の除名処分には司法審査が及ぶとした最判昭35・3・9民集14巻3号355頁である。

一般に，①被処分者の生活の基盤を覆す程度に重大であるか，②そうであるとして，処分の手続自体が著しく信義に悖るものであったり，処分が事実にもとづかないものであったり，あるいは当該処分が団体内部の手続規定に違反しているかが判断基準とされているという。

しかし，学説上は，部分社会の法理に対しては批判も強い。それは，部分社会については何故に司法審査の対象外とされるのかについて必ずしも明確な根拠付けがなされておらず，また部分社会といってもさまざまなものが存在するのに，それらの差異を捨象させてしまいかねないということにある。いずれにしても，この部分社会の法理を用いるにあたっては，それぞれの部分社会の個別的な検討考察にもとづいた，きめ細かい対応が必要である。

4　管　　轄

前述のように，わが国の裁判制度は，最高裁判所を頂点として，高等裁判所，地方裁判所，家庭裁判所，簡易裁判所から構成されている。これらの審級を異にする，あるいは同じくする裁判所の役割分担を定めるのが管轄である。ただし，前述したように，家庭裁判所は，民事事件に関しては，他の裁判所と系列を異にする裁判所である。

（1）　事物管轄　　民事訴訟の第一審訴訟事件は，地方裁判所と簡易裁判所の職分とされている。第一審裁判所を地方裁判所とするか簡易裁判所とするかの定めを事物管轄という。この事物管轄は，訴額が90万円以下である場合には簡易裁判所，90万円と1円以上である場合は地方裁判所とする旨が定められている（8条，裁33条1項1号・24条1号）。身分関係訴訟（婚姻関係事件，養子

縁組事件，親子関係事件）などのように訴額に算定できない場合や住民訴訟（地自242条の2第1項4号）の場合のように訴額を算定する客観的・合理的基準を見出すことが極めて困難な場合には，訴額は90万円を超えるものとみなされ地方裁判所の事物管轄に服しめられることが明らかにされている（8条2項）。また，わが国においては提訴手数料は訴額を算定基準としてスライド制が採られているが，これらの事件については，提訴手数料との関係では訴額を95万円とみなすこととしている（民訴費4条2項）。

（2）　土地管轄

裁判所の頂点に位置する最高裁判所は1つだけしか存在しないが，高等裁判所は全国に8ヵ所，地方裁判所は50ヵ所，簡易裁判所は437ヵ所ある。このように，同種の職分を有する地域的に配置された裁判所相互間の事件分配の定めを土地管轄という。土地管轄の分配は，当事者や事件との関連時点を指し示す裁判籍にもとづいて行われる。この裁判籍には，特定の事件とは無関係に認められる普通裁判籍（4条）と特定の事件との関わりで認められる特別裁判籍がある。特別裁判籍は，さらに独立裁判籍（5条・6条）と関連裁判籍（7条）に区分される。具体的には，普通裁判籍は，被告が自然人である場合には住所・居所等，法人の場合には主たる事務所または営業所等である。

特別裁判籍には，さまざまなものがあるが，独立裁判籍としては，義務履行地（5条1号）や不法行為地（5条9号）などが重要である。また，新法は，特許権等に関する訴えの管轄を新たに認めた（6条）。すなわち，特許権や実用新案等に関する訴訟事件については高度の専門技術性が要求されることに鑑みて，通常の土地管轄により分配される管轄裁判所以外にも，その知識および審理方法に長けている東京地方裁判所（管轄裁判所が名古屋高等裁判所の管轄区域以東の地方裁判所の場合）あるいは大阪地方裁判所（管轄裁判所が大阪高等裁判所の管轄区域以西の地方裁判所の場合）に訴えを提起することができるものとされている。

関連裁判籍としては，併合請求の裁判権がある。併合請求の裁判籍とは，併合請求されている他の請求について裁判籍が認められているために，本来単独で請求された場合には認められない裁判籍が認められるものである（7条）。併合請求の裁判籍が認められることにより，たとえば，訴えの客観的併合の場

合には，本来は裁判籍が認められないために，別々の裁判所に訴えなければならないはずである請求の併合が可能となり，審理の重複を回避し，訴訟経済に資するだけでなく，関連請求につき矛盾した判断を回避することなどが可能となる。

　しかし，併合請求の裁判籍は，共同訴訟の場合にしばしば問題となる。訴えの客観的併合の場合には，同一の当事者間で訴訟が行われるのであり，裁判籍のない請求を他の裁判籍のある請求と同一の訴訟手続において審理判断されても，通常は被告にとっても特段不利益はなく，別々の裁判所に出向くより，むしろ好ましいといえよう。しかし，共同訴訟の場合には，事情がまったく異なる。わが民訴法は請求間の関連が希薄な場合にまで共同訴訟を認めている（38条参照）ため，自己に対する管轄原因が存在しないにもかかわらず，たまたま同種の義務を負っている者が存在するだけで，その者について認められる管轄裁判所での訴訟追行を強いられることになるのである。そこで，共同訴訟の場合の併合請求の裁判籍については，旧法21条（現7条）の文言は，旧法58条（現38条）前段と後段を区別してはいないが，前段の場合にのみ認めるものと解する見解が通説的な見解であった。しかし，そもそも，旧法58条（現38条）前段と後段の区別の基準が明確でないことや，併合裁判籍の盗取（原告が，真実は訴える意思のない第三者をも共同被告として訴訟を提起し，併合請求の裁判籍を主張して本来は訴えることのできない裁判所に被告を引っ張り出す）に対して如何に対応するかという疑問が提起された。この疑問に答える形で，訴訟資料の共通性や裁判の統一の必要性を考慮して弾力的に処理すべきであるとの見解が登場するに至ったのである。

　新法では，旧法下の通説的見解を追認する形で，共同訴訟における併合請求の裁判籍は，38条前段の場合に限るとの改正がなされたが，38条は旧法58条を現代語化しただけなので，前段と後段の区別の基準が明確でないことは旧法と変わりはなく，旧法下で積み重ねられた議論はなお新法でも有益である。

（3）　合　意　管　轄

　当事者は，専属管轄でない場合には，第一審に限ってあらかじめ法定管轄裁判所とは異なる裁判所を管轄裁判所として合意することができる（11条）。合意管轄については，法定管轄裁判所を排除し管轄合意裁判所にのみ管轄権を認

める専属的管轄合意と，法定管轄裁判所以外に管轄合意裁判所にも管轄権を認める競合的（付加的）管轄合意とがある。これは，土地管轄が，当事者間の公平，訴訟追行上の便宜，裁判の適正・迅速といった観点から分配されており，また管轄合意により一つの裁判所への事件の過度な集中が起こることも考えられないから，当事者の意思を尊重することとしたのである。

　しかし，旧法のもとでは，管轄合意の効力をめぐってしばしば争いが起きていた。そのほとんどが，約款や定型契約書等に刷り込まれている合意管轄条項に関するものである。約款や定型契約書等には，通常，一般に企業側や経済的強者にとって都合のよい裁判所を合意管轄裁判所とする旨の規定が盛り込まれている（たとえば，「本契約から生じる紛争については，本支店所在地を管轄する裁判所を合意管轄裁判所とします。」とか，「本契約から生じる紛争については，東京地方裁判所を第一審裁判所とします。」といった文言が刷り込まれている）。しかも，一般に，約款などの場合には，小さな文字で記載されていることもあり，契約の相手方が，合意管轄条項について気が付いていないことも多く，たとえ気が付いたとしても削除を求めることなど期待できないのが現状である。

　判例・学説は，このような，いわば対等とはいえない当事者間でなされた合意管轄の効力について，さまざまな解釈論によってその効力を制限しようとしてきた。すなわち，通説的見解は，競合する法定管轄のうちの一つを合意管轄裁判所として定めている場合にのみ，専属的管轄合意として認め，法定管轄裁判所以外の裁判所が管轄合意裁判所とされている場合には，付加的裁判管轄の合意であると解した。しかし，当事者が，管轄合意した以上，合意された裁判所が法定管轄裁判所であろうがなかろうが，専属的合意管轄と解するのが当事者の合理的な意思解釈であるとする見解も有力に主張されていた。裁判例には，管轄約款が専属的か，付加的か明確でない場合には，むしろ一般契約者の利益に解釈すべく，付加的合意管轄の定めと解すべきであるとして，合意管轄の効力を制限しようとするものもみられた（札幌高決昭45・4・20下民集21巻3＝4号603頁，大阪地決昭53・11・24判タ375号107頁）。

　そこで，新法は，旧法のもとでも，著しい遅滞を避ける公益上の必要がある場合には，旧31条による移送が可能であるかにつき争いがあったために，明文

で専属的管轄合意がなされていても移送することができることを定め（20条），かつ移送要件を「著キ損害」を「当事者間の衡平を図るため」と改めた（17条）。当事者間の衡平を判断する際に考慮される要素としては，専属的管轄合意の事実，双方当事者の属性，合意がなされた経緯，合意の合理性などが挙げられている。

　（4）　指定管轄

　管轄裁判所が何らかの事情で裁判を行うことができない場合や，裁判所の管轄区域が明確でなくいずれの裁判所に管轄が認められるか分からない場合がある。このような場合には，直近の上級裁判所が，管轄裁判所を指定することによって処理するが，裁判所によって指定された管轄を指定管轄と呼ぶ（10条）。

　（5）　応訴管轄

　法定管轄裁判所あるいは合意管轄裁判所以外の裁判所に提起された訴訟に被告が応訴した場合には，被告を保護する必要はなく本来管轄が認められない裁判所につき応訴管轄が生じる（12条）。合意管轄が提訴前に行われるのに対して，応訴管轄は提訴後に行われる管轄合意とも評しうるものである。

　（6）　国際裁判管轄

　高速度交通機関や通信機構の飛躍的発展は，企業活動はいうまでもなく個人生活にも国際化を浸透させたが，その反面企業や個人が国際取引紛争や国際的不法行為紛争に巻き込まれることになった。

　わが民訴法は，国際裁判管轄について直接規定しておらず，また国際裁判管轄について一般に承認された国際法上の原則も未だ確立していないうえ，統一された条約も締結されていないのが現状である。このような状況の下では，解釈論によって国際裁判管轄を決定しなければならない。具体的な解釈論としては逆推知説，管轄配分説，利益衡量説などが主張されてきた。

　逆推知説は，わが国の民訴法の国内土地管轄に関する規定からわが国の国際裁判管轄が逆に推知されるとするものである。逆推知説は，国内土地管轄があればわが国に国際裁判管轄を認めることになり，明確であり予測可能性・法的安定性に優れているが，たとえば4条2項後段の「最後の住所」をそのまま適用すると，一度でも日本に生活の本拠を置いたことのある外国人は一生わが国の国際裁判管轄に服することになるなど国際的配慮を欠く側面がある。

管轄配分説は，逆推知説の問題点を止揚する形で適正・公平かつ能率的な裁判の運営がいずれの国の裁判所において期待できるかという観点から，国際裁判管轄に関する明文の規定が存在しない以上条理によって決定すべきであるとする。しかし，条理の内容は必ずしも明確でないため予測可能性・法的安定性を欠くと同時に，あらかじめ条理により国内土地管轄の規定を修正するものであるため個別的な事件ごとの特殊性に対応できない。

　また，近時有力に唱えられている利益衡量説は，事件類型ごとに関連する諸事情を比較衡量して類型的な利益衡量を行おうとするもので内国牽連性を軸に民訴法の国内土地管轄の規定の機能を洗い直すべきであるとか，国際条約等も考慮したルールを確立し具体的な事件ごとの特殊状況を「特段の事情」として考慮するなどの手法が主張されている。しかし，利益衡量説は，具体的な類型を明確に示せる段階にまで至っていないため，実際の事件への適用については必ずしも十分な指針にならないし，予測可能性・法的安定性にも問題がある。

　最高裁は，マレーシア航空事件判決（最判昭56・10・16民集35巻7号1224頁）において，国際裁判管轄を当事者間の公平，裁判の適正・迅速を期するという理念により条理に従って決定するのが相当であるとしつつ，民訴法の国内土地管轄（裁判籍）のいずれかがわが国にあるときはわが国の国際裁判管轄を認めることが相当であるとした。しかし，民訴法の裁判籍が一つでもあれば常に国際裁判管轄を認めるとすると妥当でない場合も生ずることから（4条2項・5条4号参照），マレーシア航空最高裁判決後の下級審判例は，これまでの各説を総合止揚する形で，「特段の事情」アプローチ説を展開した。この「特段の事情」アプローチ説は，原則として民訴法の国内土地管轄の規定を適用しつつ，「特段の事情」によって修正を図る立場である。この「特段の事情」アプローチ説によると，逆推知説の持つ予測可能性・法的安定性の長所を取り入れられるし，民訴法の国内土地管轄の規定が国際裁判管轄にも適用されることを予定していた立法者の意思にも合致する。また，「特段の事情」による調整により，条理による修正や事件（類型）ごとの利益衡量とほぼ同様のことを行うことが可能である。最高裁も，ついに下級審裁判所によって展開された「特段の事情」アプローチ説を明示的に採用するに至った（最判平9・11・11民集51巻10号4055頁）。

5　移　　送

（1）管轄違いを理由とする移送

　民訴法は、移送制度を用意している。たとえば、訴え提起には実体法上および手続法上さまざまな効力が結び付けられているが、時効完成の直前に訴えを提起しても、当事者が誤って法定管轄裁判所以外の裁判所に訴えを提起した場合に、改めて法定管轄裁判所に訴えを提起しなおさなければならないとすれば、再訴提起時にはすでに時効が完成してしまっている場合もあろう。また、再訴を要求するとすれば、訴状に印紙を再度貼付しなければならないという経済的負担を課すことにもなる。そこで、管轄違いを理由とする移送（16条）を認めて当事者を保護している。移送の裁判が確定すると、訴訟ははじめから受送裁判所に係属していたものとみなされるのである（22条3項）。

（2）遅滞を避けるための移送

　事件によっては、法定管轄が競合する場合がある。たとえば、不法行為を理由とする損害賠償請求訴訟の場合には、加害者たる被告の住所地（4条）の他、不法行為地（5条9号）、損害賠償請求権の義務履行地（5条1号）といったように複数の裁判籍が認められ、それぞれの地を管轄する裁判所が法定管轄裁判所となる。原告は、複数の法定管轄裁判所のなかから自分にとって最も都合の良い裁判所を選択することができる。しかし、時として、原告が選択した裁判所によって審理せざるを得ないとすると、審理を行ううえで不相当に時間がかかることもあり得るところである。そもそも、土地管轄は、当事者間の公平、裁判の適正・迅速、当事者の訴訟追行の便宜といった私益的観点および公益的観点から定められており、原告が選択した裁判所での審理が、不相当に時間がかかるとすれば、制度全体からみても好ましいことではなく、公益的要請から他の法定管轄裁判所での審理が要請されることになることはいうまでもない。そこで、原告が選択した裁判所での審理が、不相当に時間がかかるような場合には、遅滞を避けるために他の法定管轄裁判所に移送することが認められているのである（17条）。遅滞を避けるための移送制度は、いわば私益的側面と公益的側面とを調整するための制度であるといえる。

（3）その他の移送制度

　なお、これらの移送のほかにも、簡易裁判所の裁量移送（18条）、必要的移

送（19条）がある。

§2 当事者

1 当事者と当事者権

（1）当事者概念

民事訴訟において当事者という概念は，当事者であるということにさまざまな訴訟上の効果が結びつけられているためにきわめて重要な役割を果たしている。まず，当事者は，判決の名宛人となり判決の効力に服するため，当然のことながらそれに見合った手続保障が与えられねばならない。そのほか，当事者と結びつけられる訴訟上の効果としては，次のようなものがある。被告の住所や財産所在地により管轄が定まり（4条・5条4号），当事者と一定の関係に立つことが裁判官の除斥原因となり（23条），原告が日本に住所を持たないことが担保提供義務を基礎づける（75条）。また，当事者は訴訟および審理の主体であるが，当事者尋問（207条）のように審理の客体となることもある。

訴訟当事者とは，その名において，民事裁判権の行使を裁判所に求める者と，これに対立する相手方をいう。このように，権利義務の主体が常に当事者である（＝実体的当事者概念）とするわけではなく，訴訟を提起した者およびその者によって被告とされたものが当事者であるとする当事者概念を，形式的当事者概念という。

代理人や補助参加人は，当事者ではないが，利益帰属主体とともに，あるいは利益帰属主体に代って訴訟追行する（法定あるいは任意的）訴訟担当者は当事者である。

なお，当事者の呼称は，手続の段階により異なり，第一審手続では，原告・被告と呼ばれるが，控訴審では控訴人・被控訴人，上告審では上告人・被上告人と呼ばれる。

（2）当事者権

民事訴訟手続では，裁判権の行使の適正を図り，その行使の結果を当事者に納得させるため，対立する利害関係人を当事者として手続に関与させ，双方に主張・立証を尽くすことのできる地位と機会を平等に与えるという構造がとら

れている。これを二当事者対立の原則という。そして，裁判をするについて当事者双方にその言い分を述べる機会を平等に与える主義を双方審尋主義という。

　このように当事者には訴訟手続の主体としての地位が与えられ，判決の名宛人であることの反面としてその手続的保障を考える必要があるので，訴訟中に当事者が死亡や会社の合併によって存在しなくなると，訴訟手続は原則として中断し，承継人に受継させなければならない（124条1項。ただし，124条2項～4項）。

　当事者が訴訟の主体たる地位において認められている権利を総称して，当事者権という。当事者権は，種々の権利を包含しているが，大きく分けると訴訟の内容面に関する権利と訴訟の手続面に関する権利に分かれる。

　前者は，判決を求める範囲・内容を指定する権能である処分権主義，訴訟上問題となる事項につき資料を提出し意見を述べ，そのような機会を与えずに裁判してはならないとする権利（弁論権），裁判に対して不服申立てをする権利（とくに上訴権）などが含まれる。訴訟における弁論権は，攻撃防御方法を提出する権利のみならず，立会権をも当然に包含する。すなわち，十全な攻撃防御方法を提出するためには，常に審理の現状を認識しておくことが要求されるのであり，審理のあらゆる機会に立会う機会が保障されていなければならないのである。また，立会権とともに当事者公開主義の現れとして，当事者には，訴訟記録の閲覧・謄写，または正本・謄本・抄本の交付などを請求することも認められている。

　後者には，手続進行の面で当事者の利益擁護を図るための期日指定申立権（93条1項），期日の呼出を受ける権利（94条），訴状・判決の送達を受ける権利（138条1項・255条），期日において裁判所の訴訟指揮の不備を補充・是正する求問権（149条3項），責問権（90条），その他の権利としては，移送申立権（16条～19条），除斥申立権・忌避権（23条2項・24条・27条），訴訟記録閲覧権（91条1項）などが包含される。

　最近は，当事者に対する手続的保障と判決の効力との相関関係が注目されている。すなわち，判決の名宛人として判決の効力に当事者が拘束されるのは，当事者に訴訟主体としての手続的保障があるからであり，逆にその手続的保障が十分でない場合（例，氏名冒用訴訟，公示送達の悪用による判決の騙取等）

には，判決の無効まで認めるべきであるとする見解も有力に主張されている。また，多数当事者訴訟の利用範囲や判決効の範囲を拡大し，訴訟の紛争解決機能を拡充しようとする動きが最近強いが，その場合でも手続保障との兼ね合いを十分に考えなければならないとの指摘がなされている。

2　当事者の確定
（1）確定基準

　当事者は判決の効力を受け，管轄や除斥原因なども当事者との関係で定まるものであることから，訴訟開始段階から訴訟終了後にわたり，誰が当事者であるか，また誰が当事者であったかという当事者の確定が重要な問題となってくる。しかし，実際の事件においては，当事者の確定が必ずしも容易ではない場合もある。

　当事者の確定の基準については，原告の意思で決まるとする意思説，訴訟上当事者らしく行動している者を当事者とする行動説，訴状の記載によって決定されるとする表示説（ただし，訴状全般（単に当事者の表示欄のみでなく請求の趣旨原因その他）の記載の意味を客観的に解釈して何人が原告であり，被告であるかを決するを相当とするとの実質的表示説）が主張されていた。明確性が要求される当事者の確定基準としては，原告の意思や行動にかからしめることは好ましくなく，一律かつ明確に当事者が定まる表示説が通説的地位を獲得していた。

（2）表示説の限界

　表示説は，その明確性ゆえに，訴えが提起された段階では他の説よりも優位性を誇ることができるものの，一定程度訴訟手続が進行した場合には妥当な結論を得ることができない。たとえば，死者を被告とする訴訟において，相続人が訴状を受け取りそのまま応訴し，十分な手続保障を与えられて主張立証を尽くしたにもかかわらず，敗訴するや，訴状の被告記載欄に被告として記載された被相続人は訴え提起当時すでに死亡しており死者を被告とする訴訟は補正もできないから訴えを不適法却下すべきであったのであり，たとえ判決が下されても無効であると主張する場合，表示説では相続人の主張を受け入れざるを得ない。しかし，相続人が当事者と変わらない地位において自ら訴訟を追行して

おきながら，敗訴するや一転して被告とされた者はすでに死亡しており，当事者ではない自分が行った訴訟追行は無効であり，改めて原告は相続人を被告として訴訟を提起すべきであるとの主張は受け入れがたい。訴訟追行の結果を無に帰せしめ，訴訟経済に反するばかりか，そのような訴訟において特に有利に訴訟状態を形成した当事者にとって耐え難いことであり，当事者間の公平を損なうことになる。自ら訴訟追行を行った相続人の主張を排斥するには，行動説や意思説によるほうが座りがよい。すなわち，行動説によれば，被相続人が被告として記載されていたとしても，実際に被告として訴訟追行を行ってきたのは相続人であるため，被告は相続人であったことになり，死者を被告とした訴訟も結局は相続人を被告とした訴訟となり判決の効力が相続人に及ぶことになる。意思説によった場合にも同様の結論を導きやすい。

また，氏名冒用訴訟の場合にも，第三者が当事者になりすまして訴訟を追行し，判決が下された場合，表示説によれば，被冒用者は当事者として訴訟追行の機会を実際には持たなかったのに，判決の効力が及ぶことになってしまう。このような場合には，判決の効力は被冒用者には及ばないと解するのであれば格別，そうでなければ手続保障との関係で極めて問題がある。

判例が，表示説的立場を採りつつも，事案に応じて行動説的処理や意思説的処理をしていることは，一見一貫性を欠いているように見えるが，具体的事案において妥当な解決を図ろうと腐心している姿が見てとれるといえる。

(3) 新たな見解の登場

近時，訴訟の進行段階によって当事者の確定の問題を考えようとする立場が有力に主張されている。すなわち，これから手続を進めるにあたって当事者が誰かという問題と終了した手続において当事者は誰だったかという問題とでは考慮すべき利益状況が異なるとの前提に立ち，行為規範としては単純明快な基準を提供するものが優れており，表示説によるのに対して，評価規範としては手続の安定・訴訟経済の要請を充たすものが好ましく行動説によるべきとの規範分類説がこれである。

これに対して，当事者確定の問題は，訴訟提起の段階で誰を当事者とするかの問題に終始し，表示された当事者と異なる者によって訴訟が追行された場合に当該訴訟における訴訟状態やその結果たる判決を実際に訴訟を追行した者に

及ぼすかどうかの問題は，任意的当事者変更や判決効の主観的範囲拡張の問題として論じられるべきであるとの確定機能縮小説も登場している。

（4）　当事者の表示の訂正と任意的当事者変更

　当事者の表示の訂正とは，実際の当事者と訴状における当事者の表示がズレており，実際の当事者に一致させるべく訴状における当事者の表示を訂正することである。これに対して，任意的当事者変更とは，当事者そのものを交代・変更させるものである。

　両者の違いは，従前の訴訟追行の結果を利用することができるかの違いとなって現れることになる。すなわち，当事者の表示の訂正の場合には，従前の訴訟追行の結果をそのまま利用できるのに対して，任意的当事者変更の場合に従前の訴訟追行の結果をそのまま利用したのでは，新たに当事者とされた者にとっては手続的機会を与えられないままに不利な結果を押し付けられることになる。下級審判例には，被告としようした法人が本店移転・商号変更していたために，やむなく代表者個人を被告として提訴した後に，商号変更等の事実を知った原告が被告を代表者個人から商号変更後の法人に変更した事案において，表示の訂正を許した判決（大阪地判昭29・6・26下民集5巻6号949頁）がある。本来，個人と法人は別人格であり，個人を被告とした訴えを人格を異にする法人に対する訴えに変更する場合には，表示の訂正ではなく，任意的当事者変更にあたるといえるように思われる。しかし，大阪地裁判決は，被告が，手形振出後に本店移転・商号変更をしており，原告が当初，訴状の被告記載欄に「株式会社Ａ商店こと栗田末太郎」と記載したことを責めるのはあまりにも原告に酷であると考えたためであると思われ，具体的な解決としては支持されるべきものであったようにように思われる。

3　当事者能力

（1）　当事者能力・当事者適格との関係

　民法上権利を得または義務を負うには権利能力を有していなければならないように，民事訴訟の当事者（判決の名宛人）となるには当事者能力を有していなければならない。当事者能力は，民事訴訟の当事者となりうる一般的な資格をいうものであり，特定の紛争との関係で有効適切な解決をもたらすことがで

きるかどうか個別的に判断される当事者適格とは区別される。

　もちろん，近時は，裁判所が紛争解決のために適切な当事者を選んで判決をしようとする際に，まず当事者能力という，目の粗い，しかし規模の大きな篩にかけて，次に当事者適格という，目の細かい篩を使うということになるとして，当事者能力と当事者適格の区別を希薄化させようとする見解が主張されるに至っている。

　（2）　権利能力なき社団・財団と当事者能力

　当事者能力は，原則として民法等の権利能力を基準にして決められる（28条，民法1条ノ3・43条など）。このように，原則として，権利能力を基準に当事者能力を決定するのは，民事訴訟が実体法上の権利義務に関する紛争の解決をはかるものである以上，権利能力を有するものを当事者とすることが必要であり，またそれで十分であるといえるからである。

　しかし，民訴法は，例外として代表者の定めのある権利能力なき社団・財団にも当事者能力を認めている（29条）。これは，実体法上は権利能力を有することができないものでありながら，取引界において団体としての組織を備えて個々の構成員から独立した活動をしているような場合には，訴訟上もそのような団体を当事者として扱い，団体に訴訟追行させる方が便宜であるからである。

　ところで，いかなる団体に法人格を付与するかは，立法政策の問題であるが，わが国においては，営利あるいは公益を目的とするものだけが法人となりうるとされているために，特別立法がなされない限り，営利や公益を目的としない団体は権利能力のない社団にとどまるのである。たとえば，学会，同業会，町内会（最判昭42・10・19民集21巻8号2078頁），認許されない外国法人等がこれに該当する。また設立中の会社，未登記の労働組合等も権利能力なき社団である。ある団体が権利能力なき社団・財団といえるかどうかについては，判例は「規約により代表の方法，総会の運営，財産の管理等団体としての主要な点が確定しており，組織を備え，多数決の原則が行われ，構成員の変更にかかわらず存続する」団体をいうものと定義している。

　29条は権利能力なき社団・財団に当事者能力を認める要件として，代表者の定めのあることを要求しているが，判例は権利能力なき社団の要件の一つとして代表の方法の確定を要求しているので，判例に従えば権利能力なき社団はす

べて同条により当事者能力が肯定されることになりそうである。

(3) 民法上の組合と当事者能力

代表者の定めのある民法上の組合にも29条の適用があるかについては判例（最判昭37・12・18民集16巻12号2422頁）は肯定するが，学説は肯定説と否定説に分かれている。否定説は，社団と民法上の組合の理論的峻別（社団は構成員の個性を超えた独自の存在であるのに対し，組合は組合員の契約的結合にすぎない）と組合員の利益保護をその根拠とする。しかし，民法上の組合が独立の財産を有し，対外的には代表者を通じて団体として活動している以上，組合に当事者能力を認めるほうが便宜であること，社団と民法上の組合の区別の限界は，実際問題としては必ずしも明確ではなく，社団か民法上の組合かを一々詮索しなければならないとすると29条の便宜を実質的に減殺するし，上告理由として濫用されるおそれがあること，業務執行組合員がその訴訟で争われている事項につき正当な代表権限を有している限り，組合員の利益が不当に害されるおそれはないことなどから，最近は肯定説も有力になってきている。

4 訴訟能力

訴訟当事者がみずから単独で有効に訴訟行為を行うためには，訴訟能力があることが要求される。訴訟能力は，実体法上の行為能力に対応するものであり，行為能力者＝訴訟能力者とされている。

これに対して，未成年者および成年被後見人は，原則として訴訟能力がない（31条）。また，被保佐人および一定の被補助人が訴訟行為を行うには原則として保佐人や補助人等の同意が必要とされる（32条）（平成11年12月1日に新たな成年後見制度の創設を内容とする法律が成立し，平成12年4月1日から施行されたのに伴い，民法の一部を改正する法律の施行に伴う関係法律の整備等に関する法律107条により，民訴法31条の「禁治産者」は「成年被後見人」に，32条の「準禁治産者」は「被保佐人，被補助人」に改められた）。

未成年者および成年被後見人が行った訴訟行為，保佐人や補助人等の同意を得ずに行った被保佐人および被補助人らの訴訟行為は，無効であり，これらの者が行った法律行為が取り消しうる行為である（民4条2項・9条・12条4項・16条4項）のとは異なることに注意する必要がある。これは，訴訟行為が先行

行為を前提として後行行為が次々に積み重ねられてゆくもので，一定程度進行した段階で先行行為が取り消されるようでは手続の安定を図れないからである。

5　弁論能力

法廷において訴訟行為とくに弁論を行うためには弁論能力が必要である。わが国では，ドイツのように弁護士強制主義を採用していないので訴訟能力者は原則として弁論能力を有する（ただし，155条1項参照）。それゆえ，わが国では，弁護士に訴訟を委任することなく，当事者本人が自ら訴訟追行すること（本人訴訟）ができる。実際，本人訴訟は，一審段階では，全事件の半数近くを占めているといわれている。

訴訟能力が，当事者の利益を保護するために要求される訴訟要件であるのに対して，弁論能力は，訴訟手続の円滑な進行と司法制度の健全な運営のために要求される訴訟要件であるといえる。

6　訴訟上の代理
（1）　訴訟法上の代理

訴訟法上も，実体法におけるのと同様に，代理制度が用意されている。実体法上の代理制度の存在理由として説かれている私的自治の補充と拡充は，ほぼそのまま訴訟法上の代理制度においても妥当する。すなわち，訴訟行為を行う場合には取引行為を行う場合以上に高度に専門的かつ技術的知識が要求されることになる。それゆえ，訴訟行為において，未成年者や成年被後見人などを保護する必要性は，取引行為における場合以上に認められる。また，取引行為を有効になし得る行為能力者であっても，訴訟行為を有効になし得ない場合も多いのである。

訴訟上の代理には，法定代理と任意代理とがある。法定代理人は，法律の規定により，当事者の意思に関わりなく選任される代理人である。法定代理人としては，実体法上の法定代理人（28条）と訴訟法上裁判所によって選任される特別代理人（35条・236条）とがある。これに対して，任意代理人は，当事者の意思により，代理権が授与された代理人である。任意代理人として，法令による訴訟代理人（支配人（商38条1項），船舶管理人（商700条1項），船長（商713

条1項））と，訴訟委任にもとづく訴訟代理人とがある。
　(2)　法定代理人
　(a)　実体法上の法定代理人　　未成年者および成年被後見人の法定代理は，民法その他の法令に従う（28条）から，実体法上の法定代理人は訴訟法上も法定代理人となる。未成年者の場合の親権者（民824条）・後見人（民857条），成年被後見人の後見人（民859条）が訴訟法上の法定代理人となる。民法上の特別代理人が訴訟法上も法定代理人であることはいうまでもない。
　(b)　裁判所によって選任される特別代理人　　未成年者や成年被後見人に対して訴訟を提起しようとする場合に，未成年者や成年被後見人に法定代理人がおらず，法定代理人がいても代理権を行使することができないために，訴訟を提起することができないとすると不都合である。そこで，未成年者や成年被後見人に対して訴訟を提起しようとする者は，このような場合には，受訴裁判所に対して特別代理人の選任を申し立てることができるとされている（35条1項）。また，証拠保全の申立てにおいて相手方を指定することができない場合，裁判所は相手方となるべき者のために特別代理人を選任することができるとされている（236条）。
　(c)　法定代理人の地位と権限
　㈶　地位　　法定代理人は，当事者ではないので，管轄，除斥原因，訴訟救助などの判断においては，あくまで当事者を基準として考察されるのであり，法定代理人を基準として判断されることはない。また，当事者本人のために訴訟行為を行うものである以上，代理の効果がすべて当事者に帰属することはいうまでもない。法定代理人といっても，判決の効力は拡張されないのである（115条参照）。
　ただし，法定代理人は，当事者本人の代わりに訴訟行為を行うものであり，訴状や判決書に当事者とともに表示される（133条2項1号・253条1項5号）。送達も法定代理人に対して行われる（102条1項・103条1項但書）。尋問を受けるときも当事者尋問の手続が準用される（211条）。
　㈻　権限　　法定代理権の範囲は，民法などの規定による。
　(3)　法人等の代表者
　法人等は，その代表者の行為を通して，法人としての活動を行う。訴訟活動

にしても同様であり，法人を当事者とする訴訟は代表者によって追行される。基本的には，法定代理人に準じて考えられている（37条）。

（4） 訴訟代理人

(a) 法令による訴訟代理人　法令による訴訟代理人は，法令により一定の地位につくことによって当然に訴訟代理権を認めると規定されているために，当事者によってそのような地位につかされることによって代理人になる者をいう。具体的には，支配人（商38条1項），船舶管理人（商700条1項），船長（商713条1項）が，法令による訴訟代理人である。

(b) 訴訟委任にもとづく訴訟代理人　当事者により，訴訟代理権を授与されたものである。訴訟委任にもとづく訴訟代理人には，すべてのものがなりうるのではなく，弁護士でなければならないとされている（弁護士代理の原則；54条1項。ただし，簡易裁判所においては，許可を得た場合に限り弁護士でなくてもよい（54条1項但書））。弁護士代理の原則が採用されているのは，第三者が当事者間の民事紛争に介入して，当事者を食い物にすることがしばしば見うけられるからであり，当事者を保護するためである。

(c) 訴訟代理人の権限　法令による訴訟代理人の代理権の範囲は，法令の定めるところにより裁判上一切の行為を行うことができる（55条4項）。これに対して，訴訟委任にもとづく代理人の権限は，法定されており，特別授権事項（55条2項）を除き，委任された事件の訴訟追行に必要な一切の訴訟追行ができる（55条1項）。なお，当事者の死亡等によっては，訴訟代理権は消滅せず（58条1項），訴訟は中断しない（124条2項）。

7　補　佐　人

補佐人とは，当事者や補助参加人やそれらの訴訟代理人に付き添って期日に出頭し，それらのものの主張を補足する者をいう。補佐人をつけるためには，裁判所の許可が必要である（60条1項2項）。

補佐人の主張は，当事者や補助参加人やそれらの訴訟代理人が直ちに取り消したり，更正しない限り，当事者や補助参加人やそれらの訴訟代理人自らが行ったものとみなされる（60条3項）。

第3章　第一審手続

§1　訴訟の開始

1　訴えの概念

訴えとは，裁判所に対して一定の訴訟上の請求を定立して（たとえば，被告は原告に当該建物を明け渡せ），審判を申し立てる訴訟行為である。訴えを定立するものを原告と呼び，相手方を被告と呼ぶ。原告の被告に対する特定の権利主張（狭義の請求）と原告の裁判所に対する審判の要求をあわせたものを訴訟上の請求（広義の請求）と呼んでいる。訴えは裁判の要求行為（申立て）であるのに対して，請求は裁判の要求行為（申立て）の意味内容（申立事項）であり，両者はいわば，形式と内容であると理解されている。ただし，実際には訴えと請求について厳密に区別しないで用いられている。

訴訟は，裁判所に対して訴えが提起された場合にのみ開始され，裁判所は原告が定立した請求の範囲内の事項についてのみ審理・判決することができる（246条）（処分権主義）。

2　訴えの類型

訴えに関して，種々の観点から分類することができる。

訴えが提起された態様から，単一の訴え（一人の原告が一人の被告に対して一の請求をなす場合）と併合の訴え（複数の原告または被告，あるいは複数の請求を定立する場合）に分類することができる（併合の訴えについては，第5章「複雑な訴訟形態」参照）。

他の訴訟手続との関係で，新たに訴訟手続を開始する独立の訴えと，既に開始されている訴訟手続の中で併合審理を求める訴訟内（中）の訴え（訴えの変更（143条），中間確認の訴え（145条），反訴（146条），当事者参加（47条・52

条など））とに区別される。これらは，訴え提起の方式，要件が異なるので，個別に論じられる（訴えの変更，中間確認の訴え，反訴については，「第5章§1　複数請求訴訟」参照。当事者参加については，第5章§3「訴訟参加の諸形態」参照）。

訴えは，請求の内容または認容された場合の判決の内容に応じて，給付の訴え，確認の訴え，形成の訴えの三つの類型に分類される。訴えないしは請求の内容をなすものであるので，最も重要な分類である。

(1)　給付の訴え

原告が被告に対して特定の給付請求権を主張し，その給付を命ずる判決を求める訴えである。たとえば，貸金にもとづく100万円の支払いを求める金銭請求が最も典型的であるが，建物の引渡しなどのその他の作為請求だけではなく，違法建築の禁止などの不作為請求も認められる。口頭弁論終結時までに履行期が到来し，直ちに給付を求める現在の給付の訴えを求めるのが一般的である。将来において現実化する給付請求をあらかじめ主張することもでき，これを将来の給付の訴え（135条）と呼んでいる。現在の給付の訴えとは，訴えの利益において差異が生じる（本章§2，4「訴えの利益」(2)(a)参照）。

給付の訴えにおいて原告の請求が認められると，「被告は原告に○○円を支払え」，「被告は原告に別紙目録記載の建物を収去して明け渡せ」といった被告に原告への給付を命ずる給付判決がなされる。原告は，被告が任意に履行しない場合には，判決を債務名義（民事執行法（以下，民執とする）22条1号・2号）として債務者の財産に強制執行することができる。このように給付判決には執行力を有する点に特色がある。ただし，確定した給付判決は原告の給付請求権の確定をもあわせて行っており，判決の執行力が消滅した後も，債権者が給付を保持する正当性を確保している。これに対して，原告の請求を棄却する判決は，被告の給付義務の不存在を確定する確認判決である。

(2)　確認の訴え

原告が被告に対して特定の権利関係・法律関係の存在または不存在の確認を求める訴えである。たとえば，ある土地の所有権者であることの確認を求める積極的な確認と100万円の貸金債務の不存在を求める消極的な確認とがある。100万円の貸金債務の不存在確認の訴えは，100万円の支払いを求める給付請求

の訴えと表裏をなす。特定の権利関係の存否を確認の対象とするのが原則であるが、会社の定款、契約書などの一定の法律関係を証明する書面が真正に作成されたか否かという事実の確認も例外的に認められる（証書真否確認の訴え（134条））。確認の訴えにおいて原告の請求が認められると「別紙目録記載の建物につき原告が所有権を有することを確認する」、「100万円の貸金債務が不存在であることを確認する」といった権利関係の存否の判断について既判力が生ずる。

このように確認の訴えは紛争となっている権利関係の存否について判断することによって、紛争を抜本的に解決することができる。たとえば、ある土地の所有権者が決まれば、妨害の有無、登記の帰属などの所有権をめぐる紛争の多くを解決することができる。さらに、権利に対する現実の侵害が生じていなくても、権利についての不安を除去するために予め確認訴訟を提起することが認められているので、紛争予防機能も有している（伊藤眞「確認訴訟の機能」判タ339号28頁以下）。

他方、確認の訴えは給付の訴えのように強制執行による権利実現をともなわないで、観念的に権利関係の存否について判断しているので、権利意識と順法精神とが社会的に確立された19世紀半ばから一般的に承認された訴えの類型である。

（3） 形成の訴え

原告が被告に対して一定の法律要件にもとづいて法律状態の変動を求める訴えである。私法上の権利関係の変動は、たとえば、詐欺または脅迫（民95条）などの一定の事実にもとづいて取消の意思表示をすれば、当然に遡及的に無効（民121条）となり、法律の一定要件を満たせば、一方当事者の意思表示によって法律状態が変動する。これに対して、形成の訴えは、離婚（民770条、人訴1条）、子の認知（民787条、人訴27条）などの身分関係訴訟、会社の設立無効（商136条・428条）、会社の合併無効（商104条・105条・415条）、株主総会決議取消（商247条）などの会社関係訴訟のように権利関係の安定を図る必要がある場合や多数の利害関係人に対して画一的に権利関係の変動を必要とする場合に実体法上特別に認められている。したがって、原告の請求が認められてはじめて法律関係を変動させる効力（形成力）が生じるので、それ以前に権利変動を前提

とした法律関係を主張することはできない。形成の訴えにおいて原告の請求が認容されると、「原告と被告とを離婚する」といった権利関係・法律関係の変動を宣言し、その内容どおりの変動を生じさせる効力（形成力）を有するとともに、形成要件の判断についても既判力が生じる。形成の効果が将来的に生ずるのか（離婚など）、あるいは過去に遡及する（嫡出否認、認知など）のかは、当該法律関係の安定の必要性と権利変動の効果とを調和して実体法の趣旨を考える必要がある。

原告の請求が棄却されれば、形成要件の不存在を確定する確認判決である。

〔形式的形成の訴え〕

形式的形成の訴えは、法律関係の変動を目的とする点では、形成の訴えと性質を同じにするが、形成原因が規定されていないため、具体的な形成原因および権利変動の内容について裁判所の裁量に委ねられている。このような訴訟には共有物分割の訴え（民258条）、父を定める訴え（民773条）がある。さらに、通説・判例は、土地の境界線について争いがある場合に提起される境界確定訴訟を公簿上の地番と地番の境界線を定める公法上の境界線（筆界）を定める形式的形成訴訟であると解している。このような訴訟類型は、訴訟の形式をとってはいるが、権利関係の確定を目的とするものではなく、その実質は非訟事件であり、処分権主義（246条）および弁論主義の適用が排除され、控訴審における不利益変更禁止の適用がない（最判昭38・10・15民集17巻9号1220頁）。したがって、原告は特定の境界線の存在を主張する必要はなく、土地の境界線の確定を求めればよい（最判昭41・5・20裁判集民83号579頁）。仮に原告が特定の境界線を示したとしても裁判所を拘束しないし（大連判大12・6・2民集2巻345頁）、裁判所は境界線が証明されない場合にも請求を棄却することは認められず、裁量により特定の境界線を示す必要がある。これに対して、境界確定の紛争の実体は所有権の範囲の確定であり、通説のように境界線と所有権を分断するのは適切ではなく、所有権の外延も判決で確定する考え方も有力である（所有権境界確定説）。さらに、公簿上の筆界確定訴訟と私的な所有権範囲確定訴訟の二類型に構成する説もある（山本和彦「境界確定訴訟」判タ986号94頁参照）。少数説では所有権の範囲を確定する際に過去の合意など立証が困難な事実に関しては損害額の認定（248条）に関する規定を類推して裁判所が裁量で境界線を確定することを認める。

多数説は、たとえば、訴訟法上の法律関係の変動を目的とした訴訟法上の形成の訴えという概念を定立している。たとえば、定期金賠償を命じた確定判決

の変更を求める訴え（117条），再審の訴え（338条），仲裁判断の取消（公示催告手続及ビ仲裁手続ニ関スル法律801条）などがある。しかしながら，再審の訴え，仲裁判断については，別訴の前提問題として有効か無効かの判断を審理するのが適切であるから，特殊な訴えの類型として理解すれば足り，形成の訴えと分類する必要はないであろう。

3　訴訟開始の手続

　原告が被告に対する請求について裁判所に対して審判を求めるには，原則として訴状と呼ばれる書面を裁判所に提出しなければならない（133条）。ただし，簡易裁判所においては簡易な手続によることから口頭で提起することもできる（271条・273条）。簡易裁判所の規模によってその執務体制は異なるが，売買，賃貸借などの紛争類型に応じて定型訴状を用意し，一般に相談窓口を設けて裁判所書記官が対応している。法律に精通しない当事者の利用も少なくないからである。

　起訴前の和解の申立て（275条2項）および支払督促に対する異議の申立て（395条）がなされた場合に，訴訟に移行するが，申立てがなされた時点に訴えを提起したものとみなされる。

　訴状には一定の必要事項を記載し，その作成者である原告またはその代理人が記名捺印し（規2条1項），請求額に応じて訴訟手数料として収入印紙を貼らなければならない（民事訴訟費用等に関する法律（以下，訴費とする）3条1項・4条・8条）。被告に送達するための被告の数だけの副本を添付し（規58条1項），送達に要する費用の概算額を予納しなければならない（訴費11条～13条）。

（1）　訴状の記載事項

　必要的記載事項として訴状には，当事者，請求の趣旨および原因を記載しなければならない（133条2項）。必要的記載事項を形式的に具備しているかは裁判長による審査の対象となり，必要的記載事項を具備していない場合には，相当期間を定めて原告に補正を命じる（137条，規56条）。原告が補正命令に応じない場合には，命令で訴状を却下する（137条2項）。

　(a)　当事者および法定代理人の表示　　当事者の表示は，訴訟の主体を明らかにするためのものであるから，だれが原告で，だれを被告としているのかを

他の者から識別できる程度に特定されなければならない。通常は氏名および住所によって特定されるが，会社の商号あるいは芸名などによっても特定できる（規2条1項1号）。

　当事者がたとえば，未成年の場合のように単独で訴訟追行できない場合には，法定代理人の表示を必要とし（133条2項1号），法人などの場合にはその代表者の表示を必要とする（37条）。これに対して，訴訟代理人の表示は，その記載がないことが訴状却下の原因とはならないが，訴訟代理人が当事者の訴訟行為を包括的に代行して訴訟を追行するものであるから，手続上の義務として要求されている（規2条1項1号）。

　(b) 請求の趣旨　請求の趣旨とは，原告がどのような審判を裁判所に求めているのかを簡潔に示すものである。たとえば，「被告は原告に対して金50万円を支払えとの判決を求める」，「○○番地の土地は原告の所有であることを確認する判決を求める」，「原告と被告とを離婚するとの判決を求める」というように記載される。

　(c) 請求原因　請求原因とは，原告の請求を基礎づける事実である。請求を特定するのに必要な範囲の事実を記載しなければならない（規53条1項）。金銭請求では，たとえば，「被告は原告に50万円を支払えとの判決を求める」という記載だけでは，当事者間で売買，消費貸借などの種々の取引が行われている場合には，請求原因事実ごとに別個独立のものとして発生するから，いつの取引であるのか債権発生の具体的な事実関係を示さなければ，特定できないからである。これに対して，確認訴訟では，所有権などの確認を求めている権利関係，土地などの確認対象などが請求の趣旨で特定されるので，本来請求原因を記載する必要はない。しかしながら，訴状には，裁判所および相手方に事件の概要を把握し，何が当事者間で争点となっているのかを明らかにするために，訴状の段階において，請求を理由づける事実（たとえば，当該土地の売買）および証拠（たとえば，売買契約書，土地の権利書）を記載する必要がある（規53条1項）。このような事実および証拠は，必要的記載事項ではないが，任意的記載事項として，争点整理を早期に行うための基礎資料として，原告の最初の準備書面を兼ねるものである（規53条3項）。裁判所および当事者は公正，迅速な訴訟追行を行う義務があり，そのためには早期に争点を明らかにし，証拠

などを示すことが望ましいからである。

これに対して、簡易裁判所における訴えの提起においては、紛争の要点を明らかにすれば足りる（272条）。民事調停（民事調停規則（以下、民調規とする）2条）の場合と同様に、必ずしも法的知識を十分に持たない当事者本人による訴えの提起を容易にしようとするものである。

（2）　訴え提起後の手続進行

裁判所は、訴状を受け付けたときは、事件分配の定めに従って、事件を特定の裁判体（裁判官または合議体）に配付する。

裁判長は、訴状に関して必要的記載事項が具備しているか、所定の手数料相当額の印紙が貼用されているか否かを審査する。必要的記載事項を具備していないまたは所定の印紙が貼用されていない場合には、相当期間を定めて原告に補正を命じ（137条1項、規56条）、原告が補正命令に応じない場合には、命令で訴状を却下する（137条2項）。訴状却下命令に対して、原告は即時抗告をすることができる（137条3項）。

訴状却下命令は、当事者の権利関係について判断（本案審理）をしないで、訴訟を終結する点では、訴え却下判決と共通するが、裁判長が形式的事項についてだけ判断して訴状を命令で却下するのに対して、訴え却下は訴訟要件の存否を裁判所が判断して判決で却下する点で両者は、異なる。

裁判長により訴状が審査され、欠缺が認められない場合、または欠缺が補正された場合には、訴状の副本（規58条1項）が被告に送達される（138条）。原告が送達費用を予納しない場合あるいは被告の住所の表示が不正確などの理由で、送達ができない場合には、裁判長は、期間を定めてその補正を命じ、原告が応じない場合には、命令で訴状を却下する（138条2項・137条）。

被告に訴状が送達されると、当事者間の特定の事件が国内の特定の裁判所において審判される状態が発生し、これを訴訟係属と呼ぶ。裁判所は、訴訟の審理を進める義務を負い、第一回の口頭弁論期日を指定し、当事者双方を呼び出さなければならない（139条、規60条1項）。当事者の呼び出しは、期日の呼出状を送達するなど相当と認められる方法でなされる（94条1項）。第一回期日は、原則として訴え提起から30日内になされなければならない（規60条2項）。ただし、事件の性質、当事者の提訴前の態様に応じて、第一回の口頭弁論期日

を指定する前に，事件を弁論準備手続（168条）または書面による準備手続（175条）に付することができ，それぞれの手続に応じて，弁論準備手続の期日への呼び出し，準備書面等の提出期間の指定などがなされる（規60条1項但書）。さらに，裁判長は，最初になすべき口頭弁論期日前に，当事者から，訴訟進行に関する意見その他訴訟進行について参考とすべき事項を聴取することができる（規61条）。

4 訴え提起の効果

訴訟係属にともなって，原告および被告間で訴訟法上および実体法上の効果が生じる。

訴訟法上の効果としては，訴訟参加，訴訟引受け，訴訟告知が可能となり（42条・47条・49条～53条），関連した請求の裁判籍（47条・145条・146条）が認められる。実体法上の効果としては，出訴期間の遵守（民201条・747条2項・777条，商105条・136条・248条1項など），善意占有の悪意擬制（民189条2項）などがある。その中でも，訴訟法上は二重起訴の禁止（142条），実体法上は時効の中断効（民147条）が最も重要である。

（1） 二重起訴の禁止（重複訴訟の禁止）

既に訴訟が係属している場合に重ねて訴えの提起を認めることは，被告の応訴の負担，重複した訴訟審理による矛盾判断の危険および訴訟経済から適切ではない。そこで，既に裁判所に事件が係属している場合に当事者はさらに同一訴訟を提起することはできない（142条）。

どのような場合に事件が同一といえるかは，当事者と審判の対象（訴訟物）または争点の両面から判断しなければならない。

(a) 当事者の同一性　当事者が同じでなければ，同一の訴訟とはいえない。民事訴訟は，特定の当事者間で紛争を相対的に解決することを目的としているからである。これに対して，前訴の判決の効力が及ぶもの（115条）に対しては，当事者の同一性が認められる。たとえば，債権者が債権者代位権にもとづいて第三債務者に対して訴えを提起している場合には，債務者が訴えを提起することは二重起訴の禁止にあたる（大判昭14・5・16民集18巻557頁）。ただし，債務者が共同訴訟的補助参加あるいは独立当事者参加（47条）をすることはで

きる。

　(b)　審判の対象　　審判の対象が同一であるか否かは，もともと審判対象の範囲をめぐって争われた訴訟物論争の試金石の一と考えられていた（本章§3「訴訟の対象（訴訟物）」参照）。同一不動産をめぐって原告の所有権確認訴訟と被告の所有権確認訴訟がそれぞれ提起された場合には，請求主体が異なることから，新・旧いずれの理論をとっても審判の対象は同一とはいえない。しかしながら，訴訟経済，矛盾判断防止の観点から，むしろ二重起訴禁止に触れるとするのが通説である。ただし，後訴を却下するのではなく，反訴としてのみ認める。さらに，原告が被告に対して給付訴訟を提起した後に，被告が原告に対して債務不存在確認訴訟を提起した場合にも，審判対象は同一ではないが，訴訟経済，矛盾判断防止の観点から二重起訴禁止に触れ，反訴としてのみ給付訴訟が認められる。

　土地明渡請求訴訟で賃借権が抗弁として提出された場合にも，賃借権確認訴訟を別訴として提起することは，審判の対象は異なるが，主要な争点が共通であり，争点につき二重に審理され，矛盾判断がなされる危険があるので，有力説は別訴を禁止し，併合を強制すべきであるとする。矛盾判断防止という点では優れているが，訴えの変更・反訴が強制される範囲が広がり，場合によっては審級の利益が奪われるおそれがあること，審理や弁論の併合は裁判所の裁量に属していることなどから，多数説は争点の同一性まで拡げることに慎重である。

〔相殺の抗弁と二重起訴の禁止〕

　　相殺の抗弁が提出されれば，自働債権が原告の訴求債権と並んで裁判所による審理の対象となり，判決理由中で判断された場合には相殺の抗弁に関して既判力が生じる（114条2項）。そこで，相殺の抗弁とその自働債権についての別訴が並行する場合には，相殺の自働債権に関する両訴訟における審理の重複と既判力が抵触しないように，二重起訴の禁止と同様な取り扱いをすべきかが問題となる。①すでに別訴で係属中の本案訴訟で訴求中の債権を自働債権とする相殺の抗弁が別訴で提出された場合（別訴先行型・抗弁後行型）と②相殺の抗弁が先行し，その自働債権を別訴において訴求する場合（抗弁先行型）とがある。①について，判例（最判昭63・3・15民集42巻3号170頁，最判平3・12・17民集45巻9号1435頁）・有力説は，訴求債権および抗弁の基礎として主張され

た自働債権は，同一の債権であり，さらに相殺の自働債権は，訴訟物に準じるものとして裁判所の審判対象となるから，相殺の抗弁の提出は二重起訴の禁止に触れ，認めない。従来の通説は，本訴で相殺の抗弁を提出するには，二重起訴禁止原則を回避するために，別訴を取り下げる必要があるが，取下げには相手方の同意が必要であること（261条2項），被告（後訴原告）が前訴において反訴を提起せずに，敢えて別訴を提起していることから前訴原告（後訴被告）が有する相殺の担保的機能への期待を保護する観点などから，二重起訴禁止に該当しないとする。相殺の簡易迅速な担保的機能を重視して，別訴において一部請求をしている債権の残額を自働債権として相殺することを認めた判例（最判平10・6・30民集52巻4号1225頁）が近時出されており，今後の議論の展開が注目される。

②について，通説は相殺の抗弁が一般に予備的抗弁として提出され，必ずしも常に別訴において判断されるわけではないことから二重起訴とならないとする。これに対して，有力説は審理の重複と既判力の抵触がありうること，本訴において自働債権に基づいて予備的に反訴を提起できる（148条）ことから別訴提起は許されないとする（相殺の抗弁について，山本弘「二重訴訟の範囲と効果」民事訴訟法の争点［ジュリスト増刊］120頁参照）。

二重起訴禁止に該当するかは，訴訟経済，矛盾判断防止という公益性に関係するので，裁判所が職権で調査を開始し，職権で証拠調べをしなければならない。二重起訴禁止に触れる場合には後訴は不適法として却下される。ただし，訴訟経済，矛盾判断防止の観点から二重起訴禁止に触れる場合には，後訴を不適法却下するのではなく，なるべく移送ないし事件の併合等を行うべきである。

（2）　時効の中断

訴訟係属により，民法その他の実体法上の効果が生ずる。時効中断の効果は，原則として訴えを提起したときに発生する（147条）ので，訴状の提出時または簡易裁判所における裁判所書記官に対する口頭起訴の陳述時（271条，規1条2項）に生じる。時効が中断すると，今まで進行してきた時効期間が消滅し，時効の進行が振出しに戻る。中断効が生ずるのは，権利者による権利の主張，行使により時効の基礎となる事実状態の継続が破られるからである。不法行為にもとづく損害賠償請求訴訟の係属によって不当利得返還を求める権利行使の意思が継続的に表示されており，不当利得返還請求を追加した時点で請求権の消滅時効が中断する（最判平10・12・17判時1664号59頁）。裁判上の請求とは，

本来債権者が原告となって債務者に訴えを提起することを意味しているが，被告が応訴し，被担保債権の存在の主張が認められた場合にも応訴の時点で裁判上の請求に準ずるものとして攻撃防御方法たる時効の中断効を認めている（最大判昭43・11・13民集22巻12号2510頁，最判昭44・11・27民集23巻11号2251頁）。

時効中断の効果は，訴えの取下げまたは却下によって消滅する（民149条）。訴えを取り下げた場合には，権利行使が行われなかったとみなされるし，また却下の場合には，裁判上の請求としての権利行使が不適法となるからである。

§2 訴訟要件

1 意 義

訴えが提起され，訴訟が係属すると裁判所は当事者の訴えを判断する必要がある。原告によって求められている権利関係・法律関係について裁判所が判断することを本案判断と呼んでいる。ただし，裁判所は常に本案判断をするのではなく，その前提要件としてはたして当該紛争が有効適切に解決できるかを判断し，もし有効適切に解決できない場合には，審理を打ち切り，本案判決をしないで訴訟を終了させる。本案判決をする訴訟法上の前提要件を訴訟要件という。訴訟要件が具備しない場合には裁判所は，訴えを却下する。訴え却下判決は，本案判決に対して訴訟判決とも呼ばれる。当事者の権利関係・法律関係に関して白・黒の決着をつけるのではないため，門前払い判決とも呼ばれている。

2 訴訟要件の分類

訴訟要件は一般に次のように三つの類型に分類される。本案判決を基礎づける積極要件（当事者能力，訴えの利益など）と，その不存在が本案判決を基礎づける消極的要件（二重起訴，再訴の禁止など）とがある。後者を訴訟障害ともよんでいる。

　(a)　裁判所
　①　請求および当事者について我が国の裁判権が及ぶこと
　②　事件について当該裁判所が管轄権を有すること
　(b)　当事者

① 当事者が実在し，かつ当事者能力を有すること
② 訴えの提起および訴状の送達が有効に行われたこと
③ 当事者が訴訟能力を有するか，あるいは所定の訴訟代理人が代理権を有していること
④ 当事者が当事者適格を有すること（本章§2，5参照）
(c) 訴訟物
① 二重起訴禁止に触れないこと（142条）（本章§1，4(1)参照）
② 再訴の禁止（262条2項），別訴の禁止（人訴9条）に触れないこと
③ 訴えの利益が存在すること（本章§2，4参照）

3　訴訟要件の調査
（1）職権調査事項と抗弁事項

　訴訟要件が本案たる当事者の権利関係や法律関係とは別個に定立されるのは，制度設営者たる国家ひいては国民全体の利益を考慮しているからである。したがって，訴訟要件を具備しているか否かは，当事者からの指摘を待つまでもなく，裁判所が自らの職権でその調査を開始しなければならない。職権で調査が開始されることから，職権調査事項と呼ばれている。これに対して，もっぱら被告の利益保護を目的とする訴訟要件も少数ながら存在し，これらに関しては裁判所が職権で調査する必要はなく，被告からの申立て（抗弁）によって調査が開始される。このような訴訟要件を抗弁事項と呼び，仲裁契約の合意，不起訴の合意，訴訟費用の担保（75条1項・4項）などがある（本章§5，2「職権探知主義と職権調査事項」参照）。

　訴訟要件の調査と本案審理は，まず訴訟要件が存在していることを確定してから本案審理を行うのが論理的であるが，実際の審理手続は訴訟要件の審理が終了してから本案審理を開始するような手続構造をとっておらず，訴訟要件の調査と本案審理は，同時並行的に行われている。したがって，訴訟要件は本案判決の要件ではあるが，本案審理開始の要件ではない。

（2）職権探知と弁論主義

　訴訟要件を具備しているか否かの判断資料をだれの責任で収集するかも問題となる。裁判所が職権で証拠収集するのを職権探知と呼ぶ。これに対して，当

事者が裁判所に提出した証拠を調査すれば足りるのを弁論主義と呼ぶ。これは，個々の訴訟要件ごとに，その公益性が強い訴訟要件（裁判権，専属管轄，当事者能力など）については，職権探知が適用され，公益性の弱い訴訟要件（任意管轄，訴えの利益など）については，弁論主義が適用される（本章§5，1「当事者と裁判所の役割分担」参照）。

（3）　訴訟要件の存否を判断する基準時

訴訟要件は，事実審である第一審および控訴審の口頭弁論終結時までに具備されている必要がある。ただし，管轄に関しては訴え提起の時点が基準となる（15条）。訴訟要件を具備していなければ，訴え却下判決がなされる。訴訟要件を具備していれば，特にその旨を明らかにする必要はなく，本案判決を下す。

（4）　本案判決との関係

訴訟要件の調査と本案審理が並行して行われるので，訴訟要件の存否よりも本案について理由がないことが先に明らかになる場合が生じうる。訴えの利益や当事者適格などは，本案の問題と密接に関係しており，しかもその判断に時間を要することがしばしばあるからである。この場合にどのように処理するかが問題となる。通説は，直ちに請求棄却の本案判断をするのではなく，訴訟要件の存否を明らかにした上で，訴え却下判決あるいは請求棄却判決をすべきであるとする。これに対して，有力説は訴えの利益，当事者適格のように無益な訴訟を排除する目的を有する場合には，それらについて判断をするまでもなく，請求棄却判決をすべきであるとしている。訴訟要件の存否の調査のためになお時間と費用を使うことは有益とはいえず，請求棄却判決をする方が紛争の抜本的な解決となり，被告にとっても有利であると考えるからである。ただし，司法権の限界にかかわる場合，当事者以外の第三者にも判決の効力が拡張される場合（人訴18条・26条・32条）には，裁判所が本案判断を積極的にすることは適切ではないから，なお訴訟要件の有無を調査すべきである。

4　訴えの利益

訴えの利益とは，原告が提起した訴えに対して本案判決をすることの必要性ないしは正当な利益が認められるかを判断する要件である。訴えの利益を欠く場合には，訴えは却下される。訴えの利益は，当事者適格とならんで，個別具

体的な請求内容について本案判決をすることによって有効・適切な紛争解決がなされるかを判断する点で，他の訴訟要件が事件の内容と関係なく，一般的な事項であるのとは異なる。訴えの利益は請求の内容について本案判決の必要性を判断するのに対して，当事者適格は特定の当事者との関係で本案判決の必要性を判断する。

訴えの利益が必要とされるのは，司法制度も人的・物的資源が限定されている以上，その有効かつ適切な利用を図るという制度内在的な要請である。あわせて，被告に応訴を強制しつつ，本案判決の必要性を欠く場合には，被告を無益な訴訟から開放する機能をも有する。

(1) 訴えの利益の共通要件

各種の訴えに共通する要件として，訴えが法律上の紛争で裁判所が法律を適用することによって解決することが可能な具体的な紛争でなければならない。たとえば，宗教上の教義にかかわる問題，ある定理が正当であるか否かの問題は，法律上の争訟とはいえず（裁3条1項），裁判所が判断することは適切とはいえない。このような問題は訴訟制度に内在する限界を画する訴えの利益の問題としてとらえるよりは，司法権の限界として憲法上の価値を衡量・調整する必要がある（第2章(1)「裁判所参照」）。

二重起訴の禁止（142条），再訴の禁止（262条2項），仲裁契約，不起訴の合意などのように訴え提起が不適法となる要件が存在しないことを訴えの利益として分類する説も学説上有力であるが，訴えの利益として包括的にとらえる必要は必ずしもなく，本案判決を妨げる訴訟要件（訴訟障害）として個別に検討すれば足りる。

(2) 個別の要件

(a) 給付訴訟　原告が既に期限の到来した貸金請求などの給付請求の存在を主張している場合には，現在の給付の訴えとして，それだけで本案判決によって解決されるべき事件であると考えられ，当然に訴えの利益が認められる。原告が被告に予め催告したか，被告が履行を拒絶したかなどの事情は問わない。ただし，被告が請求を争わず，直ちに請求の認諾をしたときは，提訴自体が必ずしも必要であったとはいえないから，原告に訴訟費用を負担させるべきである（62条）。

給付訴訟は強制執行を視野に入れて訴えるものであるが，たとえ給付判決を得ても被告に資力がないなどの理由で給付の実現が不可能または著しく困難である場合にも，訴えの利益がないとはいえない（最判昭41・3・18民集20巻3号464頁，当事者間で強制執行をしない旨の合意があると認められた場合には，強制執行できない旨を判決主文に明示しなければならない（最判平5・11・11民集47巻9号525頁））。さらに，確定した給付判決を原告が既に取得している場合には，訴えの利益がないのが原則であるが，時効中断のために訴え提起以外に適切な方法がない場合（大判昭6・11・24民集10巻1096頁），判決原本が滅失して執行正本が得られない場合などには，例外として，給付の訴えの利益が再度認められる。

これに対して，期限がまだ到来していないあるいは条件が成就していない給付請求を主張する将来の給付の訴えは，あらかじめ現在，訴えを提起して判決を得ておく必要性がある場合にのみ，訴えの利益が認められる（135条）。将来給付の必要性は，被告が給付義務の存在あるいは内容を争っているため，期限が到来しても履行しない蓋然性が高い場合か，定期行為（たとえば誕生ケーキや結婚式の引出物の注文（民542条））のように給付請求権の性質上期限に履行されないと履行しても意味がない場合か，履行遅滞による損害が甚大となる扶養料請求かなどを勘案して案断される。本来の給付請求とあわせて本来の給付が不能となった場合に備えて損害賠償請求が提起された場合（代償請求）にも訴えの利益が認められる（大判昭15・3・13民集19巻530頁，最判昭30・1・21民集9巻1号22頁）。債務者の資力および執行の困難は考慮にいれない。

公害訴訟における将来の損害賠償請求については見解が分かれている（最判昭56・12・16民集35巻10号1394頁）。将来の給付訴訟が認められれば，債権者は履行期が到来すれば直ちに強制執行が可能となるが，債務者は口頭弁論終結後における給付義務の変更・消滅について請求異議訴訟（執35条）を提起して主張しなければ，強制執行を免れないという不利益を被る。そこで，将来の給付訴訟が認められるかは，将来における権利発生・期限到来・条件成就の蓋然性の高さ，請求権の実効性確保の必要，債務者の防御の可能性等を斟酌しなければならない（中野貞一郎「将来の給付の訴え」民事訴訟法の論点Ⅰ（判例タイムズ社・平6）134頁以下参照）。

(b) 確認訴訟（確認の利益）　確認訴訟に関しては，訴えの利益が重要な役割を果たしている。確認対象は，われわれの日常生活にみられるように，日程，天気，商品の在庫など理論上無限定に考えられるから，本案判決をすることによって紛争が終局的に解決するようなものでなければならない。給付訴訟では，給付請求の存在により，当然に訴えの利益が認められ，形成訴訟では，訴えの利益が法律に個別に規定され，必然的に認められるのとは異なる。

　確認訴訟で訴えの利益が認められるには，原告の権利または法律関係につき具体的な危険・不安が存在し，原告・被告間でその権利または法律関係に関して確認判決をすることが紛争解決のために有効かつ適切である必要がある。

(ｲ)　確認対象をどのように選択するか　確認訴訟の対象は，原則として，現在の権利または法律関係でなければならない。単なる事実を確認しても，紛争を法的に解決することができず，権利または法的関係を確認の対象とした方が紛争を直接的に解決できるからである。ただし，証書真否確認の訴え（134条）では，たとえば，契約書，遺言書などがはたして作成者の意思によって作成された（文書が真正に成立した）のか否かという事実を確認の対象として認めている。書面であれば，当然に認められるのではなく，ある書面の真否が判断されれば，紛争が解決する場合に限られる。したがって，書面によってなされた法律行為の効力についても争いがある場合には，その書面の真否だけを確認しても，紛争を解決できないから，通常の権利の確認を求めるべきである。

　過去の法律関係を確認しても現在の法律関係は変動しているかもしれず，現在の権利または法律関係を直接確認の対象とする方が紛争解決に資するからである。ただし，過去の事実や法律関係であっても，現在の紛争を抜本的に解決するのに有効かつ適切である場合には，確認の利益が認められる。株主総会決議無効または不存在確認訴訟（商252条），婚姻の無効確認（人訴2条）のように過去の法律関係の確認に関して明文で規定されている。さらに明文で規定されていなくても，現在の紛争を直接的かつ抜本的に解決できる場合には訴えの利益を認めるべきである。たとえば，遺言無効確認の訴え（最判昭47・2・15民集26巻1号30頁），死者との間の親子関係の確認の訴え（最判昭45・7・15民集24巻7号861頁），遺産確認の訴え（最判昭61・3・13民集40巻2号389頁，最判平元・3・28民集43巻3号167頁），認知者の死亡後における検察官を被告とする認

知無効の訴え（最判平元・4・6民集43巻4号193頁），学校法人の理事会決議の無効確認の訴え（最判昭47・11・9民集26巻9号1513頁），新株発行不存在確認の訴え（最判平9・1・28民集51巻1号40頁）などについて認められている。

　積極的確認の訴えが可能な場合には，消極的確認の訴えには原則として，確認の利益が認められない。積極的確認を求める方が消極的確認よりも紛争解決に資するからである。ただし，登記簿上の一番抵当権者が開始した抵当権の実行を二番抵当権者が阻止するために一番抵当権が不存在であるとの消極的確認訴訟を提起することは，訴えの利益が認められる。一番抵当権の確認を積極的に求めても，二番抵当権者による抵当権の実行を阻止できないからである（反対，大判昭8・11・7民集12巻2691頁）。

　(ロ)　確認訴訟を選択するのが適切か　　給付訴訟あるいは形成訴訟が提起できる場合には，原則として確認の利益は認められない。執行力あるいは形成力をともなう判決の方が紛争解決に資するからである。ただし，不動産の明渡請求が可能であっても，その給付請求権を基礎づける所有権の確認訴訟が許されなくなるのではない（最判昭29・12・16民集8巻12号2158頁）。

　本案の前提問題として判断されるべき手続問題については，当該訴訟の中で判断されるべきであるから，別訴で確認を求める利益はない。たとえば，訴訟代理権を証する書面の証書真否確認の訴え（最判昭30・5・20民集9巻6号718頁），訴訟要件の存否，中断や承継の有無，訴えの取下げの効果などを別訴で確認する利益は原則として存在しない。

　(ハ)　紛争を即時に解決すべきか（即時確定の現実的必要）　　原告の権利関係に実際に危険・不安が生じており，かつその危険・不安が現実的なものでなければならない。これを即時確定の利益と呼んでいる。被告が原告の所有権を争っているなど原告の法的地位を否定したり，原告の法的地位と抵触するような主張をしている場合には，原告の権利に不安・危険が生じている（建物賃貸借契約継続中に賃借人が賃貸人に対して敷金返還請求権の存在の確認を求めることは条件付きの権利であるが，賃貸人が敷金交付の事実を争っている場合には，即時確定の利益がある（最判平11・1・21民集53巻1号1頁））。これに対して，原告の権利に不安・危険が生じていなければ，訴訟を提起する必要はない。ただし，時効中断の必要がある場合，戸籍などの公簿の記載に誤りがあり，原

告の真実の法的地位が表示するために公簿の記載の訂正を求めるために確定判決を必要とする場合（最判昭31・6・26民集10巻6号748頁）には，相手方が争っていなくても，確認の利益は認められる。

(c) 形成訴訟　形成訴訟は，他の訴訟類型とは異なり，訴えを提起できる場合を法律に個別に規定している。したがって，法定の要件を満たしていれば，原則として訴えの利益が認められる。ただし，事情の変化によって形成判決によって生じる効果と同一の状態が生じた場合には例外的に訴えの利益が消滅する場合がある。たとえば，取締役を選任した株主総会決議取消訴訟（商247条）が係属中に，任期満了により当該取締役が退任した場合などには，取締役選任決議を取り消す実益はなく，訴えの利益が消滅する（最判昭45・4・2民集24巻4号223頁）。これに対して，株主総会決議取消訴訟は，遡及効を有すると解すべきであるから，単に当該役員が退職したというだけでは，取消判決と同一の法律状態が生じたとはいえないとして，会社運営の適法性を確保する訴えの利益が原則として消滅しないとする有力説もある。役員退職慰労金決議に関する株主総会決議取消訴訟が係属中に当該決議と同一の内容の再決議がなされ，確定した場合には，瑕疵ある第一の決議を取り消す実益はなく，訴えの利益が消滅する（最判平4・10・29民集46巻7号2580頁）。これに対して，ある決算期の計算書類等承認の株主総会決議取消訴訟が係属中に，その後の決算書類等が別の株主総会において承認されたとしても，当該訴訟にかかる決算書類等が承認の再決議がなされるなど特別の事情のない限り，訴えの利益は失われない（最判昭58・6・7民集37巻5号517頁）。

5　当事者適格（正当な当事者とはだれか）

当事者適格は，具体的な紛争を訴訟により解決するためには，誰が当事者として訴訟を追行し，本案判決を求めることが有効かつ適切か，を判断するものである。具体的な訴訟上の請求について当事者として自己または他人の権利義務について訴訟を追行できる資格でもあることから，訴訟追行権とも呼ばれる。このような資格を有する当事者を正当な当事者という。原告，被告に分かれるのに対応して，それぞれ，原告適格，被告適格に分かれる。

当事者能力は，具体的な紛争と関係なく自己の名で訴えまたは訴えられるか

を問題とするのに対して，当事者適格は特定の紛争に対して本案判決を求める資格を認められるかを問題としている。ただし，訴訟の当事者として適切なものを選別するという点では，両者は共通する機能を有している。訴えの利益は紛争解決の有効性・実効性を請求の客体面から把握するのに対して当事者適格は当事者という主体面から把握している。

　当事者概念は，実体的な権利関係とは切り離され，一般的に判決の名宛人となる資格である（形式的当事者概念）。当事者に第三者の訴訟担当を取り込み，第三者間の権利関係に関しても確認の訴えの利益を認める（たとえば，自称債権者間で債権の帰属を確認する場合）からである。そのため，当事者概念の内容は希薄化したので，具体的訴訟において誰が当事者たるべきかを判断する当事者適格の役割は極めて重要である。

　当事者適格（正当な当事者）をどのように決めるか

　通常の訴訟と第三者が当事者として訴訟を追行する第三者の訴訟担当を分けている。

（1）　一　般　原　則

　実体法上の権利または法律関係の帰属主体であると主張しているものに原告適格が認められ，原告からその義務者と主張されているものに被告適格が認められるのが原則である。通説は，当事者適格の基準を以下のように訴えの種類によって分けている。

　給付訴訟では，給付請求権を主張しているものに原告適格が認められ，原告によってその義務者と主張されているものに被告適格が認められる。ただし，第三者が当事者として訴訟を追行する場合（第三者の訴訟担当）には，管理処分権を有するかを判断する。

　確認訴訟では，確認の利益を判断する際に，当該原告と被告との間で判決することが紛争の直接的かつ抜本的な解決となるのかもあわせて判断しており，当事者適格の問題は原則として確認の利益の問題に吸収されている。

　形成訴訟では，法律上個別に規定されており，正当な当事者についてもあわせて規定している（婚姻取消（民744条），嫡子の否認（民774条），子の認知（民787条），会社の設立無効（商136条・428条），会社の合併無効（商104条・105条・415条），株主総会決議取消（商247条）など）。

これに対して，「訴訟の結果に係わる重要な利益の主体」として当事者適格を統一的に説明しようとする説も有力である（当事者適格の議論については，中野貞一郎「当事者適格の決まり方」前掲論点Ⅰ93頁以下参照）。
（2） 第三者の訴訟担当

本来の権利義務の主体である当事者本人に代わり，または本人とならんで第三者が当事者として訴訟追行することを第三者の訴訟担当と呼んでいる。第三者は当事者となるのであり，代理人となるのではない。ただし，判決の効力は権利義務の主体である当事者本人にも及ぶ（115条1項2号）。

第三者の訴訟担当は，本人の意思にもとづくのではなく，法律上当然に認められる場合（法定訴訟担当）と本来の権利義務主体の意思にもとづいて授権される場合（任意的訴訟担当）に分けられる。

(a) 法定訴訟担当　　法定訴訟担当は，その根拠から二に分けることができる。

① 担当者のための法定訴訟担当　　第三者が自己の利益または自己が代表するものの利益のために権利義務について，管理処分権が認められる場合である。たとえば，債権者代位訴訟（民423条）の代位債権者，取立訴訟を提起している債権者（民執155条・157条），株主代表訴訟（商267条）の株主，破産財団に関する訴訟の破産管財人（破7条・162条）などがある。訴訟担当者と被担当者たる当事者本人との関係は様々なため，当該紛争を有効かつ適切に解決するために誰を当事者として選び出すか，相手方の権利保護，権利義務の帰属主体に対して訴訟担当と同等の法的地位に立つ者の利益をどのように保護するか，裁判所による紛争解決の必要性などを勘案して判断する必要がある。

② 職務上の当事者　　権利義務の帰属主体による訴訟追行が不可能または不適切な場合に，法律上一般的にその帰属主体の利益を保護すべき職務にある者が訴訟担当する場合である。たとえば，本来の適格者が死亡した後にそのものに代わって当事者となる検察官（人訴2条3項・26条），海難救助料の訴訟における船長（商811条2項）などがある。

通説・判例は，相続財産ないし遺言の執行に関する訴訟では，遺言執行者を法定訴訟担当としている（ただし，具体的な事案においては遺言執行か，遺言執行終了後の事項かが問題となる（最判昭51・7・19民集30巻7号706頁，最判平

7・1・24判時1523号81頁，なお最判平10・2・27民集52巻1号299頁)。

　相続財産管理人(民936条)については，判例は相続人の法定代理人である(最判昭47・11・9民集26巻9号1566頁)としているが，学説上は法定訴訟担当とする説も有力である。

　(b) 任意的訴訟担当　本来の権利義務主体の意思にもとづいて第三者に授権される訴訟担当である。

　実体法上，明文で規定しているものとしては，共同の利益を有する多数者が選任する選定当事者(30条)，区分所有方式の集合住宅の管理者が規約または集会の決議によって選任された場合(建物26条4項)，指定された区分所有者(同条)などがある。手形の取立委任裏書(手18条)に関しては，被裏書人の権限を法令による訴訟代理人(54条)と考える方が適切であろう。このように法律に規定がない場合に，解釈上どこまで認めるかに関しては，弁護士代理の原則(54条)，訴訟信託の禁止(信託11条)の趣旨を潜脱するおそれがないかを検討しなければならない。本人訴訟を認めているわが国で，弁護士でないものに訴訟追行を授権し，第三者本人が訴訟追行をするのを認めると，訴訟代理人を弁護士に限定した趣旨を潜脱するからである。たとえ，第三者が弁護士に依頼しても，訴訟行為をなすことを主たる目的とする訴訟信託の禁止にも反する。

　判例は，無尽講の講元に，講関係の債権債務に関する訴訟について任意的訴訟担当を認めていた(大判昭11・1・14民集15巻1頁)が，最高裁は，民法上の組合において，組合規約にもとづいて業務執行組合員に自己の名で組合財産を管理する権限が与えられている場合に，弁護士代理の原則，訴訟信託の禁止の趣旨を潜脱するおそれがなく，かつ任意的訴訟担当を認める合理的な必要性がある場合にはこれを許容している(最判昭45・11・11民集24巻12号164頁)。

　かつての通説は，原則として任意的訴訟担当は許されないが，権利の帰属主体が，管理処分の権能を他人に授権するについて，正当な業務上の必要があれば許すべきであるとしていた(正当業務説)。これに対して，近時の有力説は，任意的訴訟担当に関して訴訟担当者のための任意的訴訟担当と権利主体のための訴訟担当の二つに分けている(実質関係説)。前者では，訴訟担当者が訴訟追行につき補助参加の利益と同様に訴訟の結果につき，利害関係を有する場合を指す(たとえば，XがYに対する債権をAに譲渡し，X・A間の合意でXが

自己の名でYに対する取立訴訟をする場合など)。後者では，訴訟追行権限を含む包括的な管理権が与えられていることおよび権利関係の主体と同程度に，その権利関係につき知識を有する程度までその権利関係に関与していることが必要である（たとえば，民法上の組合の業務執行組合員，労働組合など）。

これに対して，任意的訴訟担当の要件を担当者が他人の権利関係について独立の訴訟を許容してでも保護すべき程度に重要な利益を有しているかによって決める説も有力である（中野・前掲論点Ⅰ120頁以下）。弁護士代理の原則，訴訟信託の禁止原則は，司法手続の適正な機能強化の視点から維持すべきであり，第三者が当事者として訴訟追行するため，土地管轄（4条），訴訟費用の負担（67条），訴訟手続の中断（124条）などが本来の権利帰属主体ではなく，訴訟担当者と結びつけられているのは適切ではないからである。ただし，いずれの説をとっても民法上の組合の業務執行組合員を含めることには争いがなく，特に労働組合についてどのように考えるかが問題となる。当事者適格の問題は，もともと判決効の及ぶ範囲を中心として議論されてきたが，任意的訴訟担当の許容範囲に関しても具体的な訴訟追行に関する権利主体と訴訟担当者の利害を考慮して実体関係および授権の有無を判断すべきである。権利者たる各組合員の権利救済と労働組合の組合活動とは必ずしも一致しないので，労働組合の任意的訴訟担当は否定すべきであろう（中野・前掲論点Ⅰ122頁，木川統一郎・民事訴訟法重要問題講義上巻（成文堂・平4）62頁）。

〔紛争管理権〕

現代社会においてわれわれの日々の生活は，騒音，振動，大気汚染など種々の公害，環境破壊の危険に直面している。このような生活妨害をめぐる問題においては，侵害された法的利益を事後的に金銭に換算して損害を賠償するよりも侵害行為を事前に差し止める（たとえば，火力発電所建設の差止）方がより効果的な救済手段といえる。このような差止請求について，権利帰属主体である個別の住民や消費者に当事者適格を認めても，これらのものが現実に訴訟を追行することは，種々の困難が生じ，多数の訴訟が提起されれば，被告および裁判所に対する負担も大きい。そこで，訴え提起前に紛争解決のための行為をしているものに，個別的に授権がなされたか否かに関わりなく，当事者適格を認める紛争管理権概念が提唱された（伊藤眞・民事訴訟の当事者112頁（弘文堂・昭53）参照）。判例は，この概念を否定している（最判昭60・12・20判時1181

号77頁）ため，訴え提起前に紛争解決行動をしているものに同時に任意的訴訟担当の要件である現実の管理行為あるいは当該権利関係についての知識を保有していることが認められるとして，紛争管理権の概念を任意的訴訟担当として再構成されている（伊藤眞・民事訴訟法（補訂版）（有斐閣・平12）154頁）。

(3) 判決効が第三者に拡張される場合に誰を当事者とすべきか

社団関係訴訟や身分訴訟において，判決の効力が当事者だけではなく，第三者に対しても及ぶ場合がある（判決の対世効）。訴訟で当事者となっていない第三者に対しても判決の拘束力を認めるには，第三者の手続権をできるだけ保障する（たとえば，処分権主義および弁論主義を制限ないし職権探知主義の採用（人訴10条・14条，行訴24条），会社訴訟における公告のように第三者に訴訟係属を知らせる（商105条4項）ことなど）ことが必要である。さらに，当該紛争に最も強い利害を有するものを当事者とすることによって，充実した訴訟追行が期待でき，当該判決の内容的正当性を高まることもできる。

当事者適格について原告適格の規定は設けられている（民744条・774条・787条，商136条・428条・104条・247条など）が，被告適格が明文で規定されていない場合に，どのように解釈で当事者適格を決めるかが問題となる。判例は，法人の意思決定の効力を争うものであるから，その意思の主体である法人に当事者適格が認められるのは当然であり，法人を当事者とすることなく，第三者を当事者訴訟とする訴訟における判決は法人に及ばないから紛争を解決することにはならないとして，法人自身に被告適格を認めている（最判昭44・7・10民集23巻8号1423頁（法人の代表役員であることの地位確認訴訟），最判平9・1・28民集51巻1号40頁（新株発行不存在確認訴訟））。これに対して，学説上は，法人に被告適格を認めるだけではなく，取締役解任の訴え（商257条），取締役選任決議をめぐる訴訟では当該取締役にも被告適格を認める（固有必要的共同訴訟）のが有力である（取締役解任の訴えについて，最判平10・3・27民集52巻2号661頁，高橋宏志・重点講義民事訴訟法［新版］（有斐閣・平11）264頁以下参照）。

§3 訴訟の対象（訴訟物，本案判決の対象）

1 訴訟物の意義と機能

（1） 訴訟物とは，原告の被告に対する訴訟上の請求であり，原告と被告間の紛争内容を，訴訟上の請求に構成したものである。この点で，実体法上の請求ないし権利関係そのものと異なるが，これらを，同一視する学説もある（詳細は，後述，7「訴訟物論争」参照）。

ところで，訴訟手続は，訴訟提起により，訴訟主体間で織り成される手続形成の場であるので，この訴訟物の提示を相手方に対して行う側面と，その当否の審判を，裁判所に対して求める側面の二面がある。ここに，紛争解決の終局的解決（ウルティマ）をもつ訴訟の特質があり，この関係を図示すれば，下記のようになる。

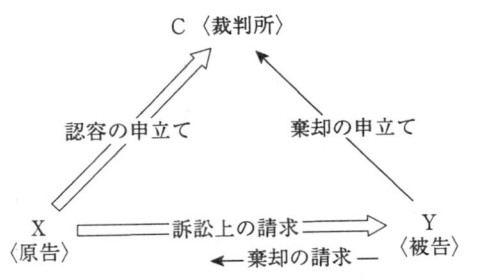

```
           C〈裁判所〉
           ↗    ↖
     認容の申立て   棄却の申立て
      ↗              ↖
  X ══════訴訟上の請求══════▶ Y
 〈原告〉 ◀── 棄却の請求 ──  〈被告〉
```

（2） 訴訟物は，当初，訴訟当事者間の紛争解決の枠組みを提示する機能をもつが，訴訟の審理をする段階に従って，当事者の攻防の範囲を画し，すすんで既判力の客体的範囲を考慮する機能をもつにいたる。なお訴訟物は，訴訟提起から訴訟終了の段階的にいたるまで，それぞれに，訴訟主体である訴訟当事者および裁判所を規律する。

そして，訴訟物は，訴訟過程に対する種々の効果を考慮する上で，指標となる。すなわち，二重起訴の禁止（重複訴訟の禁止），訴えの変更，反訴，訴えの客観的併合，中間確認の訴えなどであり，それぞれの部面で，訴訟物および訴訟物把握をいかにするかが影響をもつ。

2 訴訟類型と訴訟物

(1) 訴訟の三類型と訴訟物適格

(a) 給付訴訟の訴訟物　給付訴訟の訴訟物は，相手方に対する給付を求める訴訟法的地位であり，この点で，実体法上の請求権ないし権能そのものと異なる。

(b) 確認訴訟の訴訟物　確認訴訟の訴訟物は，給付訴訟および形成訴訟の訴訟物と異なり，実体法上の権利を基盤として考慮するのが通説である。争いのある環境権確認訴訟の訴訟物は，環境権そのものであり，この権能が実体法上，地位を得ていることが必要であろう。この意味で講学上，その地位形成途上の環境権の確認は，訴訟物適格をもたない。ただし，給付訴訟との観点から，環境権にもとづく給付訴訟の訴訟物適格を承認するものである。

(c) 形成訴訟の訴訟物　形成訴訟の訴訟物は，給付訴訟の訴訟物と同じく，相手方に対する形成を求める訴訟法的地位であり，形成訴訟の生成と関連して，実体法上の手当てから訴訟法的に構成した地位が訴訟物となる。

(d) 複合形態訴訟の訴訟物　同一当事者間で，上記の給付，確認，そして，形成訴訟を併合して請求する訴訟では，それぞれについて，訴訟物を構成して，訴えの客観的併合となる。他方，単一の救済の形式をとる訴訟は，たとえば，請求異議訴訟（民執35条）では，その訴訟の内容を，確認機能と形成機能の両者を併有した特殊な訴訟とする，いわゆる救済訴訟説が有力である。こうした訴訟では，その訴訟物把握は，併合された確認と形成の訴訟物と同列に扱えるかは即断できない。

(2) 訴訟類型の個別的訴訟物

(a) 給付訴訟の個別訴訟物　金銭訴訟と非金銭訴訟とに区分して，民事執行との連動を考慮すると，まず，

(イ) 金銭訴訟は，確定金訴訟と不確定金訴訟とに区分して考える。確定金訴訟は，たとえば，売買代金1,000万円の支払いを求める訴訟法的地位あるいは，手形金支払請求訴訟では，1億円の支払いを求める地位が訴訟物となる。もとより，1,000万円の売買代金が何時の訴訟物として提示されているか，あるいは1億円の手形金の支払いかは，請求原因あるいは，手形訴訟の方式の補充によって訴訟物が特定されることはいうまでもない。このような確定金訴訟の中

で，手形金支払訴訟と，その原因債権訴訟間の訴訟物構成の問題については，手形訴訟制度の創設からは，手形訴訟の訴訟物と原因関係の訴訟物とは個別になると考慮せざるをえないが，支払いを求める法的地位は，単一であり，判例（大阪高判昭62・7・10判時1258号130頁）も指摘するように，判断の重複を回避する手立ては必要である（詳細は，後述の 4「訴訟物論争」で触れる）。

他方，不確定金訴訟の代表例として，たとえば，5,000万円の損害賠償訴訟では，これを求める法的地位が訴訟物となり，いわゆる法的観点である不法行為構成か，債務不履行構成かは，請求原因の事実構成で行われるが，このことにより，訴訟物は個別化しなく，5,000万円を求める地位が単一の訴訟物である。とくに，損害賠償訴訟では，損害費目毎の訴訟物の構成，同一の事故から発生した物的損害と精神的損害を個別訴訟物に構成することの可否については議論もあるが，最判昭48・4・5民集27巻3号419頁は，財産上の請求と精神上の損害を併せて請求する場合にも，訴訟物構成は賠償請求として，単一と考慮される。

㈡ 非金銭訴訟は，四形態に区分して訴訟物構成を考える。①特定物・不特定物引渡訴訟は，競走馬の引渡しを例にとると，所有者が引渡しを求めるときは，競走馬の引渡しを求める地位が単一訴訟物となり，請求原因事実で挙示される所有権構成か占有権構成かによっても訴訟物は，個別化しない。これとの関連で，賃貸人が求める貸し室明渡し・引渡し訴訟もその原因事実が賃料支払い懈怠か，賃貸期間終了かによらず，単一の明渡しを求める地位が訴訟物である。②意思表示を求める訴訟では，執行法と連動して，訴訟物は，意思表示を求める地位が単一訴訟物となる。この種の訴訟の特色は，対人的で，原因事実により訴訟物の個別化を考慮する余地はない。ただし，この種の訴訟の該当例は，判例上も多く登場しない。③不作為を求める訴訟では，商号使用差止訴訟，指揮出演妨害禁止訴訟に代表される訴訟で，この場合も訴訟物は，単一の不作為を求める地位である。とりわけ，前者の例として，東鮨事件（札幌高決昭49・4・27判時744号66頁）は，執行法との連関で興味ある事例であるが，核心理論を考える貴重な訴訟例である。

なお，次の④の作為を求める訴訟と統一的に考慮する統一的不作為請求権論があるが，理論上および執行方法との連関で別異に訴訟物を考えている。最後

に，④作為を求める訴訟は，出演履行請求訴訟例の，マドンナ再演訴訟（東京地判昭63・5・12判時1282号133頁）に代表されるもので，この場合も，作為を求める地位が訴訟物として単一に存在し，原因事実毎による訴訟物の個別化は考慮されない。

(b) 確認訴訟の訴訟物　　確認訴訟の訴訟物は，実体法上の権利ないし権能を基盤に考慮するのが通説である。所有権確認訴訟，賃借権確認訴訟などの訴訟物は，原因事実毎により個別化しなく，取得原因事実，たとえば，時効取得・相続による取得などにより個別の訴訟物構成とはなりえなく，上位概念の権利・権能が単一訴訟物である。争いのある環境権確認訴訟の訴訟物については，前述したように，現在の学説および判例の状況が直截にこれを肯認しているかに係わるが，その形成過程は昇華しつつある。これとの関連で，環境権能を背後にした給付訴訟は，前述の(a)給付訴訟の訴訟物の把握から，その訴訟物適格を承認できると考える。その必要性と訴訟による解決の要請が理由であり，すすんで環境権確認訴訟の訴訟物適格も認められる時期も，やがて到来することになろう。また，居住権確認訴訟の訴訟物適格については，先の実体法上の基盤を前提にするかぎり訴訟物として，認めにくいが，裁判所の判断として，これを地上権ないし賃借権として判断できるとして，結果的に訴訟物を肯定する考慮は多とすべきである。

次に，不存在確認請求訴訟のように，実体法上の権利である賃借権などの不存在確認そのものを訴訟物とする場合と，加えて，給付訴訟に代表される請求権の消極的確認の訴訟も確認訴訟の一端を担う。たとえば，手形債務不存在確認訴訟，料金債務不存在確認訴訟などがこれであり，これらの訴訟物では，請求を求める地位の反対形相の確認であるので，訴訟物も多様となる。

(c) 形成訴訟の訴訟物　　形成訴訟の訴訟物は，相手方に対するある形成を求める地位が訴訟物であり，離婚訴訟，会社の決議取消訴訟に代表される。離婚訴訟に例をとれば，各種の離婚要件（民770条）に支えられた離婚を求める地位が単一訴訟物である。したがって，離婚の要件事実とされる形成要件ごとに訴訟物は個別化しない。つまり，不貞・悪意の遺棄・生死不明・不治の精神病（民770条1項1号－4号），抽象的離婚原因（民770条2項）などの事実により，訴訟物は個別化されず，訴訟上の請求たる離婚を求める地位が訴訟物である。

この点で，請求の趣旨と請求原因を二分肢的に訴訟物を把握することは，訴訟当事者の救済の観点から利点があるようにみえる。こうした身分関係訴訟の別訴禁止（人訴9条）の手当ても，訴訟物の単一性，ひいては，紛争の一体的解決に素地を提供している。会社関係訴訟も身分関係訴訟とは異なる観点から，紛争の一体的処理に資する手当て（商105条3項など）がある。

3　一部請求と訴訟物

　一部請求とは，訴訟物の全体の内，その一部を，訴訟物として請求するものであり，例を，1,000万円の貸金訴訟にとると，この内，600万円を一部請求する場合である。この問題は，多面にわたって考慮する必要があるが，訴訟物，時効中断，既判力，過失相殺などに関連している。

（1）　訴　訟　物

　先の例で，1,000万円の内，600万円の一部請求する場合，訴訟物は，基本的には，1,000万円が訴訟物となる。この場合，1,000万円の内，600万円を請求する旨を明示する，いわゆる明示的一部請求は，この時点での訴訟物は，提示された600万円を包摂する1,000万円全部が訴訟物となる。請求の趣旨で明示されていることに加え，相手方としても，防御活動を画する訴訟物を1,000万円全体（外側）まで含めても，格別，不利益とならないと見られるからである。これに対して，黙示的一部請求のように，請求の趣旨などで，全体の1,000万円が明示されない場合，提示（内側）された600万円が訴訟物となるものと考慮せざるをえない。審判対象としての裁判所の見地と当事者の防御活動の点から600万円を訴訟物と考える。判例の最判昭37・8・10民集16巻8号1720頁は，明示された一部請求の場合，当事者が提示した債権の一部のみが訴訟物であるとする。当事者の意思支配を訴訟物に反映する立場である。

（2）　時　効　中　断

　訴訟物と時効中断については，前の訴訟物把握の観点から，明示的一部請求の場合は，全体（外側）について，時効中断の効力が生ずると考える。これに対して，黙示的一部請求の場合は，訴訟物は，提示された訴訟物と考慮するので，時効中断は，提示された600万円に生ずる。最判昭45・7・24民集24巻7号1177頁は，先の訴訟物把握にもとづいて，明示的一部請求の場合は，その一

部のみについて時効中断の効力が生じ，黙示的一部請求の場合は，債権の同一性の範囲内において，全体（外側）につき生ずるとする。事案は，交通事故の損害賠償訴訟で，一部の損害額173万円余の請求提訴後，治療費等の5万円余を拡張して請求したものである。後の治療費の部分についても，時効中断の効力が生じているとして，追加請求を容認した例である。後遺症については，通説と同様，結果的に黙示的一部請求の範疇に入るが，当然，これを認める立場にあり，本件事例の時効中断の範囲は，提示内で生じ，追加請求部分は，消滅時効完成内に訴え提起する訴訟実務処理が求められる。

（3）　過失相殺

一部請求と過失相殺の関連も，訴訟物の把握が反映する。明示的一部請求の場合に，設例の600万円の一部請求は，1,000万円の全体が，訴訟物であるとすると，20％の過失相殺の額は，1,000万円の全体から行うことになり，200万円の相殺により，800万円となるが，一部請求額が，600万円であるので，この全額が認容されることになる。他方，黙示的一部請求の場合は，一部請求額の600万円が訴訟物となるから，相殺の20％は，600万円から行い，結局，480万円の認容となる。

なお，最判昭48・4・5民集27巻3号419頁は，一部請求と過失相殺について，一個の損害賠償請求権の内，一部が訴訟上請求されている場合は，過失相殺をするには，損害の全額から過失相殺による減額を行うべきだとして，いわゆる訴訟物について全体（外側）説の観点から説示している。ただ，事案が，明示的一部請求の事例と考えられるので，同様の帰結となるが，このことから，黙示的一部請求の判断予測はできない。前述の時効中断に関する判例の立場である全体（外側）説を，過失相殺の場合にも基盤として妥当する判例理論かを吟味する必要がある。

（4）　一部請求と既判力

既判力については，別章で扱われるので，必要な範囲について触れる。先の訴訟物把握を前提にすれば，明示的一部請求については，1,000万円の内600万円の請求では，全体の1,000万円について，既判力が生じ，残額400万円の請求は，既判力に触れて許されない。明示できる一部請求では，残額が訴訟中の追加請求が望ましく，このことで，全額に対する既判力効の広がりは，格別，不

当なものとはならない。次に，黙示的一部請求は，提示された600万円につき，既判力が生ずる。この場合，後遺症請求は，別異に請求可能であるとの立場であるので，訴訟起当時，1,000万円の全額につき，請求の趣旨で，明示されない残額についての処遇が既判力効との関連で考慮せざるをえない。訴訟提起者にも，まして，相手方当事者にも知りえない残額につき，既判力効を認めえないし，また，判断主体の裁判所としても，残額につき判断したと考ええないので，提示内の600万円に既判力が生ずる。判例では，明示的一部請求について次の判例がある。最判昭37・8・10民集16巻8号1720頁は，明示的一部請求の訴訟物を提示された金額に限定して判断し，既判力効も，その限りで生じ，残額には及ばないとしている。この判例の延長として，最判平10・6・12判時1644号127頁は，明示的一部請求の棄却判決後の残額請求につき，信義則の観点より，これを退けて，前訴の判断は，後に残部として請求する部分が存在しないとの判断を示すものに他ならないとして，既判力効ではなく，信義則より，後訴を退ぞけている。

（5）　一部請求の意義と機能

これまで見たように，一部請求と訴訟物，時効中断の範囲，過失相殺，そして，既判力との関連では，必ずしも，これらの間で，理論的整合性がつかないこともあり，そのことで，学説および判例が錯綜する起因がある。しかも，後述の訴訟物に関する論争で触れるように，訴訟物論と，この一部請求論とは，牽連性がなく，理論状況が展開されている。また，訴訟物を提示したが，金額の特定を欠く場合について（248条），損害額のうち600万円の請求は，黙示的一部請求とせざるをえない。つまり，設例と異なり，明示された一部請求の形態をとりながら，残額を損害額とする金額の不特定の黙示的一部請求であり，この場合は訴訟物構成を容認せざるをえない。

争点効と一部請求の関係は，残額請求は不可となる。すなわち，一部請求の残額につき，判決理由中の判断は，明示的一部請求の場合は，残額につき，当然，訴訟物として審理対象となっているので，既判力が及び，これに対して黙示的一部請求については，黙示部分400万円は，別異の訴訟物構成を認めざるをえないからである。後遺症請求部分では，争点効の肯認のための三要件を具備したことを前提に，その存在につき，争点効を認めざるをえない。

4　訴訟物と争点

　訴訟物構成との関連で，争点効理論に触れる。この理論は，判決理由中の判断にも，所定の要件規制の下で，既判力類似の効力を容認するもので問題となる。争点効理論は，否定論と肯定論が存在するが，現在は，肯定論の深化がなされている状況である。ところで，争点効理論は，訴訟物構成と直截に関連しないが，しかし，後訴の判断への拘束力を持つとの観点では，翻って，訴訟物との関連を考慮せざるをえない。単に，事実ないし事実群ではなく，訴訟物構成可能な内容についての要件の下に，争点効を容認する観点からは，明確に訴訟物として提示されない内容も，結果として拘束力を生ずるので，潜在的訴訟物として構成できる。たとえば，争点効肯定の判例が示すように，明渡訴訟の給付訴訟中の背後にある所有権の存否がこれである。争点効は，訴訟物構成をしない内容についての後訴への拘束力であるので，上記の場合，所有権の存否が拘束力の対象となると考えるが，あくまでも，訴訟物としては，潜在的な位置にある。

5　定期金賠償確定判決の変更を求める訴訟の訴訟物

　定期金賠償確定判決の変更を求める訴訟物は，原告には，当該執行名義（債務名義）の給付部分の新たな将来的執行名義の取得と，既存の執行名義の効力のないことを求める確認請求であり，被告については，既存の執行名義の効力なきことを求める確認請求と，新事情にもとづく執行名義部分の減額定期金賠償判決を求める法的地位である。本制度は，新法の創設によるもので，その利用が注目されるが，訴えの性質論とも関連して訴訟物把握に興味が持たれる。原告には，給付と確認の併合型，被告については，確認と広義の給付訴訟の併合型と構成せざるをえない。とりわけ，被告の当事者適格を，容認すると，既存の定期金賠償確定判決の効力なきことを求める法的地位と給付の部分については，被告側からの訴訟物構成が問題となる。自ら減額した給付部分の提示を求めることは，被告の側から避けたいところである。もし，請求異議訴訟の訴訟物として，認める余地がないとすれば，本訴で，定期金の減額判決を取得することとならざるをえない。つまり，請求異議訴訟の訴訟物では，そのつど，前訴の定期金の執行の際に，減額事由について減額の請求をせざるをえなく，

§3 訴訟の対象　69

将来にわたっての，減額を求めることは，請求異議の訴えの性質上許されないと見られからである。この点で，ドイツ法のように，明文により，被告に原告適格を容認する場合と異なる。日本では，立法上の手当てがない点で，議論の余地があろうが，上記のように，原告および被告とも，当事者適格をもち，かつそれぞれ上述のような訴訟物と理解する。

6　金額を明示しない訴訟物

　金額の特定なき訴訟物とは，金銭訴訟の場合に特定の金額を請求の趣旨に掲記しないで，訴訟物を提示するので，このようにいわれる。元来，請求の趣旨は，訴状の必要的記載事項である。金銭訴訟の場合，原告による特定金額の掲記は，通常，行われるが，訴訟物の提示と合わせて金額の特定掲示が必要かとして，従来より特定金額の提示なき訴訟物の可否が議論となっている。仮に，損害賠償訴訟の損害額が明示されない訴訟の進行を考えると，このことにより，損害額の過小評価を避けて，より実情に近い損害額の支払いを命ずることが裁判所としてできること，あるいは，当事者に過大な損害額の掲記による貼用印紙額の過払いをすることを避けたりするなどの利点がある。反面，一応の損害額の提示により，相手方の防御の範囲と程度も画する点から，金額の特定掲記は必要とするとの指摘もある。判決事項（246条）と損害額の認定（248条）に関連して考慮すべきである。とりわけ，248条を損害額の証明の軽減についての特則規定との立場で考慮すると，損害額の特定掲記は必要として，損害が発生したことは容認できるが，その損害額の立証がきわめて困難であるときには，裁判所が相当な損害額の認定をすることができるとして，損害額認定の特則として捉える。これに対して，損害額は，事実の認定よりむしろ，評価の問題であるとして，248条を損害額に関して，裁判所に裁量的な権限を付与したと捉えると，金額を明示しない訴訟物の成立ないし考慮の余地がありうる。248条の創設により，同条の所定の要件の下に，裁判所の裁量による損害額の認定が実質的になされることとなる。そこで，請求の趣旨で金額の特定掲記がなされている場合と，そうでない場合のいずれの時も，これに拘束のない損害額の認定がなされる結果，判決事項（246条）との関係では，たとえば，境界確定訴訟などと同様の訴訟物と判決事項との関係にならざるをえないと考える。ただ

し，境界確定訴訟の場合も，通常，原告による境界の提示がなされるが，裁判所はこれに拘束されずに，裁量による境界の確定を命じうる。この意味で，金額の特定掲記のない訴訟物も，新法では考慮できる手当をしたとみなされうる。したがって金額の特定掲記のないことを理由に，形式的な訴状却下は避けるべきであり，その内実は実体判断において解明して対処すべきである。

7　訴訟物論争
（1）　論争の効果

昭和30年代に，民事訴訟法学会のみならず，私法学会をも席巻したこの論争は，訴訟理論の深化と，私法学会全体の活動に，そして，その後の司法改革に多大の影響を与えた。訴訟法内理論の進展については，訴訟物の単一把握と既判力の広がり，そして，二重判決の回避，請求の基礎概念の広さ，訴えの変更および訴えの客観的併合の僅少化へ，釈明権積極行使とその義務化など，それぞれ理論の深化が進み，他方，派生的・制度的波及として，会社更生法の改正，法律家および準法律家に関する理論の高揚，法学教育のあり方，そして，裁判法ないし司法制度論などの講座の誕生が進み，民事訴訟法分野の各種法制定，そして，臨時司法制度調査会の設置，法曹基本問題懇談会および昨今の司法制度改革審議会の設置，などへと契機を提供したといえる。また，新訴訟物理論内では，確認訴訟の訴訟物の拡大把握，争点効の考慮と共同訴訟人などへの効力も理論展開がなされた。

（2）　訴訟物論の背景と内容

とりもなおさず，論争が提起された頃の訴訟理論は，当時の民事訴訟の基本的理解として，形式的真実を追求することが民事訴訟の目的であり，実体的真実を求める刑事訴訟との相違をここに標榜するのが常であった。

旧訴訟物理論と新訴訟物理論の登場と，その理論状況については，まず，旧訴訟物理論は，戦前から戦後の昭和30年代を通じて，民事訴訟法学会を支配した理論であり，実体法上の請求権を訴訟物に据える理論であり，ごく最近では，実体法説と呼ばれるところにも，その内実が読み取れる。とりわけ，紛争の三類型のうちの給付訴訟における訴訟物の把握に関しての理論的抗争がいわば，発端であり，次に，登場した新訴訟物理論との間で長年にわたって，学会に活

力と理論的華を咲かせることになった。

　(a) 旧訴訟物理論は、給付訴訟における訴訟物を、実体法上の請求権、そのものと把握する観点に立ち、先に挙げた金銭訴訟のうち、不確定金請求訴訟の典型である損害賠償訴訟を、実体法上の債務不履行と、不法行為の評価規範に裏打ちされた賠償請求として、それぞれ、個々に、訴訟物として構成できるとする。

　したがって、請求の趣旨で掲記された損害賠償請求は、請求原因により支えられた識別記載、すなわち、実体法上の規範である債務不履行か不法行為かの原因により個別の訴訟物と見るので、それぞれの判断は、お互いに既判力を及ぼさず、つまり、二個の判決の生成が見込まれる。また、同じ手形金と原因関係債権にもとづく金銭の支払いを求める訴訟物も、当然、二個の訴訟物として構成し、お互いに、既判力を及ぼさない。さらに、非金銭訴訟のうちの、明渡し訴訟の原因が、賃料不払いか、賃貸期間満了かでは、訴訟物構成に影響し、それぞれの原因にもとづく明渡訴訟の訴訟物となる。このように、各種の給付訴訟の訴訟上の請求に、実体法上の請求概念を投射ないし、基礎づける結果、訴訟物の個数は複数構成となる。

　また、形成訴訟の訴訟物構成でも、同様の考えから、形成原因とされる実体法上の事由ごとに、訴訟物構成ができるものとすることから、離婚訴訟に例を取れば、個別離婚原因ごとに訴訟物を異にして、同一当事者間での離婚訴訟の訴訟物は、それぞれに既判力を及ぼさない。このため、理論的には、複数の判決の生成がなされる可能性があり、人事訴訟法9条の別訴禁止規定に抵触することになるし、法感情としても、相容れないところである。

　(b) 新訴訟物理論は、上記の各種給付訴訟の訴訟物は、単一の把握を前提にして、簡明である。まず、損害賠償訴訟の訴訟物は、相手方に対する損害賠償を求める地位が、グローバルに単一の訴訟物と構成するので、たとえ請求原因で、債務不履行ないし不法行為の実体法上の法的構成がなされていても、これによって、訴訟物の個数に影響を与えない。したがって、既判力も可能な請求原因事実のすべてに及ぶ。手形金とその原因関係債権の請求訴訟でも、相手方に対する経済的利益は単一であるとして、訴訟物は一個である。ただし、新訴訟物理論の立場であるが、有力説は別異に、訴訟物構成か攻撃方法の構成かを

考慮する。

　すなわち，この場合には当事者による意思支配を考慮し，手形金請求の訴訟物と，原因関係債権の請求訴訟物とを別にして構成できるとし，また，当事者の意思により，新訴訟物理論の従来の把握である攻撃方法への位置づけを可能として，この場合は，訴訟物は，一個であるとする。次に，非金銭訴訟の明渡訴訟については，相手方に対する明渡しを求める地位が，単一訴訟物であるとして，新訴訟物理論内で一致している。

　また，前述の一部請求と訴訟物理論については，関連しないとされているが，至極当然であろう。訴訟物構成が，たとえば，一事故からの損害賠償請求額を分断して請求することと，法的観点を訴訟物構成の要素とするかは，別異に考慮すべきであり，事実，新訴訟物理論内でも，一部請求に対する学説は多様である。

　なお，形成訴訟の訴訟物では，相手方に対する形成を求める地位が単一訴訟物であるとする。先の離婚訴訟に例をとれば，各種の離婚原因（民770条）ごとに訴訟物は個別にならない。会社関係訴訟の訴訟物も，形成訴訟と考えられる訴訟の訴訟物では，単一の訴訟物把握である。ところで形成訴訟の訴訟物を今のように把握すると，訴訟物の範囲，ひいては既判力の範囲が広がりすぎて，当事者の救済に懸念されるとして，新訴訟物理論の中から，その抑制の理論が主張された。

　先に，形成訴訟の訴訟物で触れた二分肢説であり，訴訟物を，請求（趣旨）と，請求原因事実に分化して，考慮するもので，このような立場に立つと，例の離婚訴訟では，訴訟物の複数構成があることになる。釈明権行使が消極的にしかなされない時代では，意義があったとみられる。

　いずれにせよ，新訴訟物理論は，後に，名称も訴訟法説と称せられて，現在にいたっている理論である。

（c）　新実体法説は，その名称のとおり，旧訴訟物理論，後に実体法説とも称せられる時代に登場した説であり，旧訴訟物理論の各種問題点を，実体法規範の土俵で解決することを試みたものである。例の損害賠償訴訟では，処分対象が同一のときには，契約による請求権と不法行為による請求権とを，たとえ，どのように複数の請求権が観念できても，実体法上，唯一の請求権としてしか

認めえないとするものである。

（3）　総括と展望

(a)　このようにみてくると，訴訟物を訴訟法の視点から構成すべきとする新訴訟物理論ないし訴訟法説は，請求原因の中身を同一の識別に求めるか，理由記載に求めるかの，かつての対立構造を超えたところに展開される事実の中に，いわば，実体法上の法的観点は組み込まれているとみてよい。あくまでも，訴訟物は，相手方に対する訴訟上構成された請求であるし，また，形成を求める地位そのものであり，さらに既判力の対象もこの範囲で生成すべきである。現在のように，釈明権の行使について，積極的行使がなされたり，また，理念的ではあるが，真実義務が訴訟法上，民事訴訟法通則2条に棲息するにいたり，当事者が対立構造を前提にしながらも紛争解決に協同するとの構造に踏み出した新法の下では，とりわけ，訴訟物のグローバルな把握は必要不可欠である。ただ，手形金と原因関係債権の訴訟物については，理論的には，単一の経済的利益の請求であるとの前提に立ちながらも，昭和39年創設の手形訴訟制度の制度的手当てがなされた以上，手形金の支払いを求める手形訴訟の訴訟物と，原因関係の請求訴訟の訴訟物とでは，通常訴訟の訴訟物として，それぞれ個別に構成せざるをえない。判例（大阪高判昭62・7・10判時1258号130頁）も，同様の視点から，手形金債務不存在確認訴訟に対する手形金支払請求の手形訴訟ついては，訴訟の運用に求めている。審理併合は Gerichtsbarkeit（裁判管轄権）の関係で，不可能とすれば，一方の審理の停止等の実務的処理が求められるところである。最終的には，二個の生成された判決については，請求異議訴訟の対象となる。

(b)　訴訟物の把握に関する論争は，新法の誕生と共に，新たに展開をみせている。つまり，請求の趣旨とあわせて，請求原因の記載を要求することは，いかに評価すべきかであるが，たとえ新法が要求していても，このことから直ちに訴訟物論争に結論を出したとすることは早計である。

元来，新訴訟物理論の立場でも，たとえ部分的にせよ，請求原因の必要性を説いていたし，このことの必要性は，実務上も変わらず，訴訟物の特定には必要的であるからである。ただし，訴訟物の特定にあたり，どの程度の訴訟物構成の範囲で請求原因が必要かはよって立つ立場で，少なからず異なることがあ

ろう。

　本文に記述したように，新訴訟物理論に依拠して訴訟物理論を展開した。理由として，訴訟および訴訟物を含めて，Rechtsweg（裁判所への途）としての救済体系の「単純化」こそが，今までも，そしてこれからもなお一層求められる必要があるから，理論および実務ともども，利用されるべき訴訟が"畳の上の水練"になってはならないと考えられる。

§4　審理手続とその進行

1　審理手続の進行
（1）　当事者主義と職権主義

　訴えによって開始された訴訟の審理手続においては，大別して，審理のための資料の収集と，審理のための場の設定とその運営という二つの事柄が問題となる。そして，これらの二つの場面において，それぞれその主導権を裁判所に認めるか，当事者に認めるかに関して職権主義と当事者主義の対立がある。歴史的には，それぞれについて反対の立法例もあったが，現行法は，前者の面については当事者の支配権を認め（弁論主義），後者の面に関しては裁判所の主導権を認めている（職権進行主義）。ここでは後者に関して説明するが（前者に関しては，本章§5参照），これは裁判所に訴訟指揮権を与えることによって具体化されている。ただし，職権進行主義とはいっても，当事者はまったく受動的な立場に置かれるわけではなく，申立権が認められることや，裁判所にその意見を聴くことが義務づけられていることもある。また，当事者は責問権を有し，裁判所が職権で進める訴訟手続について，それが法律の規定に従って行われるよう監視することができる。

　〔**審理手続に関する合意**〕
　　実務上は，期日の指定や証拠調べの順序をはじめ，当事者の意見を聴くことが義務づけられていない場合でも，それを行い，さらには同意を取りつけた上で手続の運営をはかることも多い。各事件の個性や実態に即した手続，当事者の納得のいく手続という面での効用が期待され，最近では，そのような裁判所と両当事者間に結ばれる審理手続に関する合意の意義，位置付け，効果等に検討が加えられるようになっている（ミニ・シンポジウム「訴訟手続における合意」民訴43号113頁以下参照）。

（2）　期日・期間

　（a）　期日　　（イ）意義　　裁判所，当事者その他の訴訟関係人が，一定の場所に集まって種々の訴訟行為を行うために定められた日時を期日という。目的とされる事項に応じ，口頭弁論期日，証拠調期日，判決言渡期日，和解期日等

の名称で呼ばれる。審理手続の進行にとってはこれらの期日をいつ開くかが重要な問題となるが，職権進行主義の原則上，期日は裁判所（正確には裁判長）によって指定され，当事者の都合によって変更するには厳格な制限が加えられるというのが法の建前である。

㈡　期日の指定と呼出し　　期日は，申立てまたは職権により，予め日時・場所を明示した裁判長（受命裁判官・受託裁判官の行う手続にあってはその裁判官）の命令によって指定される（93条1項，規35条）。やむを得ない場合を除いては，日曜日その他の一般の休日に指定することはできない（93条2項）。

期日が指定された場合は，当事者その他の訴訟関係人に知らせて出頭を要求する。この呼出しは，書記官が呼出状を作成して当事者等に送達して行われるのが原則であるが，当該事件について裁判所に出頭している者に対しては口頭で告知することをもって足り（実際にも，第2回目以降の口頭弁論期日への呼出しはこの方法によることが多い），あるいはその他相当と認める方法（たとえば，電話等）によることもできる（94条1項）。ただし，最後の方法によったときは，名宛人が期日の呼出しを受けた旨を記載した文書を提出していないかぎり，その者に対し，法律上の制裁（63条・192条・193条等）その他期日の不遵守による不利益（157条2項・159条2項）を課することはできない。

期日が指定されていても呼出しがないときは，期日の実施は違法となるが，責問権の放棄・喪失により治癒されうる。判決言渡期日については，不出頭の当事者に対して改めて呼出状を送達することをしないのが旧法時の取扱いであったが，これには当事者の手続保障の見地からする批判も強かったので，裁判所書記官による通知が要求されることになった。ただし，その期日を前回期日において告知した場合（最判昭23・5・18民集2巻5号115頁，最判昭56・3・20民集35巻2号219頁），その不備を補正することがきない不適法な訴えを口頭弁論を経ないで却下する場合には，通知を要しない（規156条）。

㈢　期日の実施　　期日は指定された日時・場所において実施されるが，そのうち口頭弁論期日の開始には事件の呼上げが必要である（規62条）。期日は，予定された訴訟行為が済めば終了し，延期または続行によって終了することもある。延期とは予定された事項に入らずに期日を終了することをいい，続行とは目的とする事項に入ったが終了しないで次回期日に持ち越すことをいう。い

ずれの場合にも，その場で次回期日を告知するのが通常である。
　㈡　期日の変更　　期日の開始前にその指定を取り消し，別の期日を指定することを期日の変更という。いったん指定された期日の変更をむやみに認めることは裁判所や相手方当事者等の迷惑になるし，審理の遅延の原因にもなるので，法は，手続の進行状況に応じて変更の要件を厳格に定めている（延期の要件についても同様に考えるべきである）。

　弁論準備手続における最初の期日および弁論準備手続を経ていない口頭弁論の最初の期日の変更は，顕著な事由がなくとも，当事者の合意があれば許される（93条3項但書）。これらの期日は当事者の都合を聞かないで裁判所が一方的に指定した期日だからである。これに対し，2回目以降の期日の変更は，顕著な事由がある場合にのみ許される（93条3項本文）。規則37条所定の場合は顕著な事由にあたらないし，当事者の合意があっただけでも該当しないが（ただし，実務上，とくに弁護士訴訟の場合には，この場合に原則として期日の変更を許しているといわれる），訴訟代理人や当事者の病気による出頭不能は該当する（大判昭9・3・9民集13巻249頁）。さらに，弁論準備手続を経た口頭弁論期日の変更は，やむを得ない事由の存在する場合にかぎって認められる（94条4項）。この場合は争点や証拠の整理も既に済んでいるので，最も厳しい要件を課したものである。したがって，訴訟代理人や当事者の急病というだけではこれに該当せず，復代理人や訴訟代理人を選任する余裕がないということも必要とされる（最判昭28・5・29民集7巻5号623頁）。なお，争点と証拠の整理手続を経た事件の口頭弁論期日の変更は，事実と証拠についての調査が十分に行われていないことを理由としては許されない（規64条）。

　変更申立てを却下する決定に対しては，不服申立ては認められない（大決昭5・8・9民集9巻777頁）。ただし，変更申立てが却下された結果（あるいは，申立てをする余地すらなく），指定された期日に自己の責めに帰しえない事由のために出頭できず，重要な攻撃防御方法を提出できないで敗訴した当事者には，それを理由にした上訴・再審を認めるべきである（312条2項4号・338条1項4号）。変更決定に対しても不服申立ては認められない。
　(b)　期間　　㈠　意義　　一定の時間的な経過に訴訟法上の意味が認められることがあり，この時間の経過を期間という。期間には裁判所の行う訴訟行為

に関するものと，当事者その他の訴訟関係人が行う訴訟行為に関するものとがある。前者は職務期間（または不真正期間）と呼ばれ，それを徒過しても違法の問題を生じない訓示規定にもとづくものである（251条1項，規60条2項・159条等。ただし，256条1項の期間は訓示的ではない）。これに対し，後者は固有期間（または真正期間）と呼ばれ，その違反に違法の効果が結び付くものであり，期日と並んで，訴訟の進行を規律する役割を果たす。95条から97条の規定も（95条を除き），固有期間にのみ適用される。

(ロ) 固有期間の種類　訴訟手続の迅速・明確のため，当事者等が一定の訴訟行為をその間になすべきものとされている期間を行為期間という。たとえば，訴状の補正期間（137条1項），準備書面の提出期間（162条），上訴期間（185条・313条・332条）があげられる。これに対し，当事者等の利益のために，訴訟行為についての決断ないし準備をするための時間的猶予を与えるものが猶予期間（または中間期間）である。112条の期間等がこれにあたる。

　長さが法律で決められている期間を法定期間と，個別に裁判によって定められる期間を裁定期間という。たとえば，上記の上訴期間や112条の期間は前者の例であり，訴状の補正期間や準備書面の提出期間は後者の例である。また，法定期間のうち，裁判所が伸縮できないものを不変期間（96条1項）と，それ以外のものを通常期間という。不変期間は法律がそれとして明示しているものであり，主として上訴期間等の不服申立期間がこれにあたる。通常期間と裁定期間については，伸縮が可能である（96条1項本文。ただし，例外として，97条2項・112条3項）。不変期間については，伸縮の代わりに，遠隔の地に居住する者のために付加期間を定めることが許される（96条2項）。この場合には，付加期間と本来の期間とが合体して一つの不変期間となる。

(ハ) 期間の計算　民法の定めによる（95条1項）。期間の進行の開始時は，法定期間の場合には法定の事由が生じた時点，裁定期間の場合には裁判によって定められた始期であるが，後者の場合に特に始期が定められなかったときは，当該裁判が効力を生じた時点である（95条2項）。期間は末日の終了をもって満了するが（民141条），その末日が日曜日，土曜日，国民の祝日に関する法律に規定する休日，1月2日，3日，12月29日〜31日の日にあたるときは，その翌日をもって満了する（95条3項）。

(二) 期間の不遵守と追完　当事者その他の訴訟関係人が行為期間内に所定の行為をしない場合（期間の不遵守），その行為をすることができなくなる。しかし，期間の不遵守が当事者の責めに帰しえない事由によるものであった場合には救済をはかる必要がある。ことに不変期間の場合には裁判の確定や訴権の喪失（285条・313条・332条・342条）という決定的な効果を生じ，そのため，通常期間の場合のようになお係属している訴訟の中で救済をはかる余地もない。不変期間は，訴訟の迅速化のために元来短い期間（2週間—285条，1週間—332条）として定められているということもある。そこで，この場合，当事者には，その責めに帰することのできない事由が止んでから1週間（外国にいる当事者については2ヵ月）以内に限り追完という救済手段が認められている（97条1項）。追完は，遵守しなかった行為をその方式に従って行うことによってなされる（97条1項）。責めに帰することのできない事由の主張・証明責任は追完をする者が負う。追完が認められれば，期間内に所定の行為をしたのと同一の効果を認められるが，上訴の追完の場合には裁判の形式的確定まで解消するわけではないから，確定裁判による強制執行に対しては，再審の訴えの場合に準じて（398条1項1号），その停止を認めるべきである。

〔追完の許否〕

　当事者の責めに帰することができない事由とは，通常人の払うであろう注意をもってしては避けられないと認められる事情をいう。洪水・積雪による汽車不通のために上告状の郵送が延着した場合（大判明43・10・19民録16輯713頁），関東大震災による通信途絶のために当事者本人が訴訟代理人から裁判の結果を知らせてもらえずに上訴の決断をなしえなかった場合（大判大13・6・13新聞2335号15頁），年末年始の郵便業務の混雑のために控訴状が延着した場合（最判昭55・10・28判時984号68頁）は，これにあたる。ただし，これらの場合であっても，延着が当事者の予測しうる範囲内のものであれば，追完は認められない。また，訴訟代理人（最判昭24・4・12民集3巻4号97頁）またはその補助者（最決昭25・9・21民集4巻9号433頁）の過失によって期間を遵守できなかった場合にもこれらの者の過失は当事者本人の過失と同視されるので，追完は認められない（ただし，補助者の過失の場合については批判的な学説もある）。

　訴訟行為の前提となる送達が公示送達（110条）によってなされた場合，その送達を知らなかったというだけでは追完は認められない。公示送達は，当事者の住所等が不明の場合に送達を可能とするための手段であり，名宛人が送達を

知らない場合のあることを当然のこととして予定しているからである。そこで，たとえば，被告が同一原告からの別件訴訟，訴訟代理人同士の関係等の事情から，自己に不利な判決が下されることを十分予測しえたにもかかわらず，自己の住所を明確にしないために第一審判決の公示送達がなされた場合には，控訴の追完は許されない（最判昭54・7・31判時944号53頁）。これに対し原告が被告の住所を知りながら住所不明と偽ったために，訴状および第一審判決の公示送達がなされた場合には，控訴の追完を認めてよい（最判昭42・2・24民集21巻1号209頁）。すなわち，責めに帰すべき事由の判断にあたっては，公示送達申立人側の悪意・過失も考慮される。

(3) 送 達

(a) 意義　送達とは，当事者その他の訴訟関係人に対し，訴訟上の書類を法定の方式により送り届けることをいう。これにより，訴訟上の期間の進行が開始し（285条1項・391条1項等），訴訟上の通知の確実な伝達が行われ（47条3項・261条4項等），あるいは，訴訟行為の効力が完成されたりする（138条・388条1項）。いずれにせよ，送達は，裁判所および相手方当事者の行為の内容が記載された訴訟上の書類を了知させ，あるいは少なくとも了知する機会を与え，それを前提として以後の手続を進めるために行われるものであり，当事者の手続保障と審理手続の進行にとり重要な意味を有する。

送達は，裁判所が裁判権の作用として行うものであるため，わが国の裁判権に服しない者に対してはなしえない。また，手続の適法性について争いが生ずるのを避けるため，送達にはその事実についての公証作用が含ましめられている（109条参照）。

送達は裁判所の職権で行われるが（職権送達主義。98条1項），送達すべき書類の作成・受領，送達を受ける者・送達実施機関・送達方法の決定，それにもとづき送達を実施させること，送達報告書の受領等送達に関する事務を取り扱うのは裁判所書記官である（98条2項）。また，現実の送達の実施にあたる送達実施機関は郵便の業務に従事する者（郵便集配人）または執行官であるが（99条。例外，100条・108条），前者であることが通常である（郵便による送達。郵便法上の特別送達である）。

(b) 送達の方式　(イ) 交付送達・補充送達・差置送達　送達は，送達す

べき書類の謄本（呼出状は原本—94条，訴状は副本—規58条，裁判は正本—255条2項）を，送達名宛人に交付してする交付送達が原則である（101条）。名宛人は通常は当事者その他の訴訟関係人本人であるが，訴訟無能力者の場合は法定代理人（102条1項），在監者の場合は監獄の長（102条3項）である。訴訟代理人が選任されているときは，その者が名宛人となるが，本人に送達しても違法とまではいえないとされている（最判昭25・6・23民集4巻6号240頁）。

送達の場所は，通常，名宛人の住所，居所，営業所または事務所であるが，法定代理人に対する送達は，無能力者本人の営業所または事務所でもよい（103条1項）。また，以上の場所がわからなかったり，それらの場所での送達に支障のあるとき，さらには名宛人からの申出があるときは，送達は名宛人の就業場所でもなしうる（103条2項）。名宛人が日本に住所等を有することが明らかでないとき，それが明らかでも名宛人が拒まないときは，その者に出会った場所で送達することができる（出会送達。105条）。裁判所書記官は，その所属する裁判所の事件について出頭した者については，自ら送達することもできる（100条）。

送達場所で名宛人に出会わないときは，使用人その他の従業者または同居者で，書類の受領について相当のわきまえのある者に対して交付することができる。郵便局の窓口で書類を交付する場合も同様である。ただし，就業場所での送達の場合には，名宛人がその許で就業する他人，その法定代理人もしくは使用人その他の従業者であって，相当のわきまえのある者が任意に受領する場合に限られる（106条1項・2項）。これらを補充送達または代人送達という。名宛人または，送達場所が就業場所以外の場合の上記の代人が正当な理由なしに受領を拒めば，書類をその場においてくれば送達の効力を生ずる（差置送達。106条3項）。

上記のように，送達場所は住所等であるが，現行法は新たに送達場所の届出の制度を設け，当事者，法定代理人または訴訟代理人は送達を受けるべき場所（日本国内に限る）を受訴裁判所に届け出なければならず（その際，送達受取人を届け出ることもできる。104条1項），この届出があった場合は，その後の送達は届出場所においてなすこととしている（104条2項）。届出がない場合には，最初の送達は住所等でなされるが，2回目以降の送達は，原則として，そ

の者に対する直前の送達をした場所で実施される（104条3項1号）。

　(ﾛ)　郵便に付する送達　　裁判所書記官が名宛人の住所等の本来の送達場所に宛てて書留郵便によって書類を発送し，発送の時に送達の効力を生じさせる送達方法を郵便に付する送達（付郵便送達）という。裁判所書記官は送達事務を取り扱うとともに，送達実施機関ともなる。この場合，郵便による送達とは異なり，書類の到達とは関わりなく，発送の時に送達の効力が生ずるので（107条3項），運用面での慎重な取扱いが要請される（釧路地決昭61・10・17判タ639号236頁参照。なお，付郵便送達は以下の要件が具備される場合でも義務ではなく，それを行うか否かは裁判所書記官の判断に委ねられる）。

　付郵便送達は，本来の送達場所と就業場所での交付送達，補充送達，差置送達ができなかった場合に認められる（107条1項1号）。また，届け出られた送達場所において交付送達等ができなかった場合にもなしうる（107条1項2号）。最後に，送達場所の届出がなされず，かつ，そのような者について2回目以降の送達をなすべき場所とされている場所での交付送達等ができなかった場合にもなしうる（107条1項3号）。後二者の場合には，その後に送達すべき書類についても付郵便送達が認められる（107条2項）。

　(ﾊ)　公示送達　　裁判所書記官が送達書類を保管し，名宛人が出頭すればいつでも交付する旨を裁判所の掲示場に掲示して行う送達方法を公示送達という（111条）。名宛人の住所等の送達をすべき場所が知れない場合，および外国で嘱託送達（108条）の方法がとれないか，とっても効なしと認められる場合の最後の手段である（110条1項）。原則として，申立てにもとづき裁判所書記官によって行われる（110条1項。なお同条2項）。ただし，一度公示送達が認められれば，同一訴訟での同一当事者に対する2回目以降の公示送達は職権で行われる（110条3項。なお同項但書）。公示送達の効力は，掲示を始めた日から2週間を経過することによって生ずるのが原則であるが，2回目以降の分については翌日直ちに生ずる（112条1項。なお同条2項）。

　なお，公示送達された書類に，訴訟の目的である請求または防御の方法に関する意思表示（賃貸借契約終了を理由とする明渡訴訟における契約解除の意思表示等）をする旨の記載があるときは，当該意思表示は，公示送達のための掲示を始めた日から2週間を経過した時に，相手方に到達したものとみなされる

(113条。なお民97条ノ2)。

(c) 送達の瑕疵　名宛人や方法を誤った送達は無効である。もっとも，名宛人を誤っても本来の名宛人が追認すれば有効となり，方法を誤っても責問権の放棄・喪失により治癒される。ただし，不変期間の起算点となる場合は責問権の放棄は許されない。

〔送　付〕
　　訴訟関係書類を送り届ける方式として，送達のほかに送付がある。送達には手間と時間がかかるので，現行法は送達を要する書類を，名宛人への到達に伴って訴訟上の重大な効果が生ずるものに限定した（138条1項・255条1項・289条1項等）。送付のうち直送とは，一方当事者が裁判所を介しないで直接にする送付であり（規24条2項・82条2項・83条1項・2項等），その他の送付とは，裁判所が当事者その他の訴訟関係人に対してする送付である（353条3項・367条2項，規22条3項等）。送付の方式は，送付すべき書類の写しを交付するか，ファクシミリを利用して送信することによる（規47条1項）。直送を広く認めることにより，費用と時間の節約となるほか，当事者の主体的な訴訟活動を促進するという効果が期待されている。

(4)　訴訟手続の停止
　(a)　意義　　裁判所は，係属中の訴訟手続の進行をはかる義務を負うが，逆に一定の事由が発生すると，法律上その訴訟手続を進行しえない状態になる。これが訴訟手続の停止である。停止には，訴訟の追行ができなくなった場合に当事者を保護するための中断と，当事者または裁判所に障害がある等の場合の中止とがある（そのほか，除斥または忌避の申立てにもとづく停止として，26条）。これらの場合における裁判所の関与と当事者に対する双方審尋を保障する趣旨にもとづく。
　(b)　中断　　(イ)　中断事由　　その発生により訴訟手続を当然に停止せしめる中断事由には，当事者である自然人の死亡（124条1項1号），法人の合併（124条1項2号），当事者の訴訟能力の消滅や法定代理権の喪失（124条1項3号），当事者である受託者の信託の任務の終了（124条1項4号），訴訟担当の場合の担当者の資格の喪失（124条1項5号），選定当事者の全員の死亡その他の事由による資格喪失（124条1項6号），当事者の破産（125条1項）または破産

手続の解消（破産の取消，廃止または終結による終了。125条2項）である。ただし，上記のうち当事者である自然人の死亡の場合，訴訟物である権利が一身専属的であれば，手続は中断せずに終了する（最大判昭42・5・24民集21巻5号1043頁，最判平元・10・13家月42巻2号159頁）。対立当事者の地位の混同が生ずる場合にも，手続は中断せずに終了する。代位債権者（民423条）や取立債権者（民執157条）のように自己の権利の実現ないし保全のために訴訟追行資格を認められている者が資格を失った場合は，上記の訴訟担当者の資格喪失の場合に入らない。また，上記のうち破産と破産解止の場合を除いては，その当事者側に訴訟代理人がいれば中断しない（124条2項）。その場合は訴訟代理権は消滅しないから（58条），手続を中断させる必要がないからである（ただし，訴訟代理人は，中断事由の発生を書面で裁判所に届け出なければならない。規52条）。訴訟代理人がいなくとも，法定代理権喪失の場合は，その法定代理人が保佐人または補助人であって，被保佐人または補助人が訴訟行為をするについて保佐人または補助人の同意を得ることを要しないとき，あるいは，同意を得ることを要するが，その同意を得ているときにも中断しない（124条5項）。

(ロ)　中断の解消　　中断は当事者の受継申立てまたは裁判所の続行命令（129条）によって解消する（ただし，125条1項後段の場合には，申立てをまたず当然に受継の効果を生ずる）。受継申立ては，新たな当事者・訴訟追行権者（たとえば，相続人，相続財産管理人，合併によって設立された法人，破産管財人等。124条1項各号下段・125条1項後段・2項後段）のほか，相手方当事者もすることができる（126条）。受継申立ては書面で（規51条），中断当時訴訟が係属していた裁判所にすべきである（大判昭7・12・24民集11巻22号2376頁は，終局判決の送達後に中断を生じた場合には，上訴の申立てとともに上訴裁判所に受継申立てをしてもよいとするが，現行法では，上訴状は原裁判所に提出すべきものとされたので〔286条1項・314条1項・318条4項・331条〕，通常このような問題は生じない）。

　受継申立てがなされたときは，裁判所は相手方に通知し（127条），職権で調査し，理由がないと認めれば，決定で却下する（128条1項）。理由があると認めるときは，口頭弁論終結前の中断であれば，期日を指定して審理を続行すれば足り，明示の裁判を要しない。口頭弁論終結後の中断のときは，受継決定が

必要である（128条2項）。

　(c)　中止　　天災その他の事由により裁判所が職務を行うことができないときは，その事由が止むまで，訴訟手続は当然に中止する（130条）。当事者が不定期間の故障（当事者が伝染病で隔離され，いつ出てこれるかわからない等）により訴訟手続を続行することができないときも，訴訟手続は中止になる。ただし，この場合には，裁判所の決定によって初めて中止の効果が発生し，故障が止めば，裁判所は中止決定を取り消す（131条）。

　このほか，他の法令上，他の手続の進行をまつのが適当であると裁判所が判断して民事訴訟の手続を中止しうる旨の規定があり（人訴13条・26条，民調規5条，家審規130条，特許168条2項，会更37条），明文の規定がない場合にも，先決的法律関係に関する訴訟の係属を理由として，裁判所が裁量により訴訟手続の中止を命じうるかが問題とされている。

　(d)　停止の効果　　停止中は，当事者も裁判所も，停止を解消させるための行為を除き，当該事件についての訴訟手続上の行為をすることはできない。停止中の当事者の行為は，相手方に対する関係で無効である。その後停止が解消されても，遡って有効となるものではないが，相手方が責問権を放棄・喪失すれば有効となる。裁判所の行為も当事者双方との関係で無効であるが，責問権の放棄・喪失によって有効となる。ただし，口頭弁論終結後に中断した場合には，裁判所は判決を言い渡すことはできる（132条1項）。この場合は，もはや当事者の行為は必要ではなく，早く判決することが望ましいからである。しかし，判決の送達は中断解消後になすべきである。これに対し，口頭弁論終結前に中断している場合に裁判所が弁論を終結して判決したときは，適法に代理されなかった場合と同視できるから，不利益を受けた者の追認がないかぎり，代理権欠缺の理由を類推して（312条1項4号・338条1項3号），上訴・再審によって取り消される。停止中は期間の進行が止まり，停止の解消によって改めて全期間が進行を開始する（132条2項）。

（5）　訴訟指揮権

　(a)　意義　　手続を円滑迅速かつ適正に進めるために，裁判所には手続の主宰権能が認められており，これを訴訟指揮権という。この権能の行使として行われる裁判所の行為を訴訟指揮というが，その主要なものとして以下のような

行為があげられる。すなわち，①訴訟の進行につき，期日の指定・変更（93条），期間の伸縮（96条），訴訟手続の中止（131条），中断した手続の進行（129条），②期日における訴訟行為の整理につき，口頭弁論の指揮（148条），③審理の整理・促進につき，弁論の制限・分離・併合（152条1項），弁論の再開（153条），裁量移送（17条・18条），時機に後れた攻撃防御方法の却下（157条），④訴訟関係を明瞭にする措置として，釈明・釈明処分（149条・151条）等である。

(b) 訴訟指揮権の主体・形式　訴訟指揮権は原則として裁判所に帰属し（151条以下），裁判長がその代表者として行使するが，裁判長の措置に当事者から異議が出たときは，裁判所が決定でこれについて裁判する（150条・202条3項，規117条）。ただし，裁判長が独立して訴訟指揮権をもつ場合もある（93条1項・137条等）。受命裁判官または受託裁判官も，授権された事項を処理するために訴訟指揮権を有する（171条1項・206条，規35条等）。

訴訟指揮権の行使は，口頭弁論の指揮（148条）のように事実行為として行われる場合もあるが，多くの場合には裁判の形式による。裁判所としてするのは決定であり，裁判長・受命裁判官・受託裁判官がするのは命令である。ただし，訴訟指揮の裁判は，手続の進行や審理方法につき事態に適合した合目的的な措置として行われるものであるから，不適当と判断すれば，いつでも取消・変更することができる（120条）。

（6）当事者の申立権・責問権

(a) 当事者の申立権　職権進行主義の下では当事者は審理の進行・整理について主導権をもたず，たとえそれが裁判所に特定の行為を求めても，それは裁判所の訴訟指揮権の発動を促す意味を有するにすぎないから，裁判所がその求めを容れない場合でも，いちいち応答する必要はない。しかし，法律は一定の場合には当事者に訴訟指揮権の発動を求める申立権を認めている（17条・18条・126条・157条等）。この場合には，裁判所は申立てに対してその許否についての判断を示さなければならない。

(b) 責問権　訴訟行為は法律に定められた方式・要件に則って行われる必要があるのはいうまでもないが，実際には，法律違反の訴訟行為に気付かずに手続を進めてしまうこともありうる。その場合，当事者には，自己の利益を護

るため，裁判所の運営する手続が合法に行われるように監視し，異議を述べて違法な訴訟行為の無効を主張し，是正する権能が認められている。これが責問権であるが，違法な訴訟行為といえども，それを前提にその後の訴訟行為が次々と積み重ねられて手続が進行していくことがありうるから，その行使をいつまでも認めることは妥当ではない。そこで，法律は，当事者に責問権を遅滞なく行使することを要求し，違法な行為が行われたことを知り，または知ることができたにもかかわらず遅滞なく異議を述べなかったときには責問権を喪失するとした。それを積極的に放棄した場合にも同様である（90条）。

この責問権の放棄・喪失は，裁判所と相手方当事者の，訴訟手続に関する，責問権を放棄することの可能な規定の違反について問題となる。訓示規定については違法の問題を生じないから，責問権の放棄・喪失は効力規定に関してのみ問題となるが，効力規定のうちそれが認められる規定を任意規定，そうでない規定を強行規定という。何が任意規定であり強行規定かはそれぞれの規定の解釈問題であるが，当事者の訴訟追行上の私的利益の保護を主たる目的とした規定が任意規定である。具体的には，訴えの提起や訴えの変更の方式に違反した場合（133条・143条），口頭弁論期日・証拠調べ期日の呼出しに違法がある場合（大判昭14・10・31民集18巻1185頁），宣誓させるべき証人に宣誓させないで尋問した場合（大判昭15・2・27民集19巻239頁），法定代理人を証人尋問の手続で尋問した場合（大判昭11・10・6民集15巻1789頁）等に責問権の放棄・喪失が認めれられる。これに対し，裁判の適正や手続の迅速のような訴訟手続に対する信頼やその能率に関わる規定は強行規定である。たとえば，裁判官の除斥（23条），専属管轄（13条・20条），公開主義，弁論の更新（249条2項），上訴の要件，判決の言渡し（252条）に関わる規定がこれにあたる。

〔審理の方式・手続に対する当事者の意思の反映〕

職権進行主義の下でも，審理の方式・手続の選択について，当事者の利害が深く関わる場合，または当事者の意思に任せるのが相当な場合には，それを当事者の一方もしくは双方の意思に係らしめ，あるいはその同意もしくは異議のないことにもとづかせている。たとえば，管轄の合意（11条），最初の期日の変更（93条3項但書），弁論準備手続に付する裁判の取消し（172条但書），証人尋問に代わる書面の提出（205条）等である。また，裁判所に当事者の意見を聴くことが義務づけられていることもある。たとえば，弁論準備手続の実施（168

条)，書面による準備手続の実施（175条），証人の尋問の順序の変更（202条2項）等である。当事者の意向を尊重しつつ手続の円滑・迅速な進行をはかる趣旨であるが，その代わりに，当事者には，主体的に責任をもって手続の進行に協力する態度が求められている（なお，審理手続に関する合意につき，本章§4（1）末尾）。

2　口頭弁論
(1)　総　説

(a)　**口頭弁論とその必要性**　訴えが提起され，裁判所がこれに対して何らかの応答をするためには対立当事者の言い分を十分に聴く必要があり，そのために口頭弁論が開かれる。口頭弁論という言葉は，当事者が口頭で本案の申立てをなし，それを基礎づけるために攻撃防御方法を提出する行為を意味する（87条・161条等）。しかしまた，より広く，裁判所の行う証拠調べ，訴訟指揮および判決の言渡しを含めた，受訴裁判所の面前で行われる審理手続ないしその方式を指すこともある（148条・152条・153条・160条，規70条等）。

訴えや上訴について判決するためには口頭弁論を開かなければならない（87条1項）。この場合の口頭弁論を必要的口頭弁論というが，ここでは，口頭で陳述されたことだけが裁判の基礎となる。訴訟制度の史的展開の中で，後述する公開主義，双方審尋主義，口頭主義，直接主義などの近代の裁判制度の要請を満たすためにはこれが最もふさわしいものと考えられて，口頭弁論という審理方式も台頭してきたのである（竹下守夫「『口頭弁論』の歴史的意義と将来の展望」講座民事訴訟(4)1頁以下）。

必要的口頭弁論の原則の例外として，訴えが不適法でその欠缺が補正することができない場合等，口頭弁論を経ないで終局判決をできる場合が個別的に定められている（87条3項・78条・140条・290条・319条・355条1項）。また，陳述が擬制される場合もある（158条・277条）。

(b)　**任意的口頭弁論と審尋**　訴えや上訴自体ではなく，訴訟手続上生じた付随的事項については決定で裁判がなされ，この場合，口頭弁論を開くか否かは裁判所の裁量に委ねられる（87条1項但書）。これを任意的口頭弁論という（裁判長等の裁判官による裁判である命令も任意的口頭弁論の方式によってな

される)。任意的口頭弁論は書面審理を補充するために開かれるのであるから,それが開かれた場合でも,書面の記載も判断資料となりうる。

　決定手続では,口頭弁論よりも審尋という審理方式を用いることの方が実際上は多い。審尋とは,当事者その他の利害関係人の言い分を口頭弁論外で,口頭または書面により聴くことを意味する(87条2項)。この場合,手続の公開や期日を定めて当事者双方を呼び出す必要はなく,一方のみを呼び出して陳述の機会を与えることもできる。また,審尋は,当事者や参考人を証拠方法として供述させるという,簡易な証拠調べのためにも用いられうる(187条1項)。この場合には,当事者双方の立会いが可能な審尋期日であることが要求される(187条2項)。

　(2)　口頭弁論をめぐる諸原則

　(a)　公開主義　　口頭弁論は種々の審理原則の下で展開されるが,その一つとして公開主義がある。訴訟の審理・裁判を誰もが傍聴できる状態で行うべきことを意味し,これを一般公開という。衆人監視の下で審理を進めることにより裁判の公正を保障し,裁判に対する国民の信頼を確保することを目的としている。憲法82条1項は,「裁判の対審及び判決は,公開法廷でこれを行ふ」と定めている。裁判とは訴訟事件に関するものをいい(逆にいえば,非訟事件に関するものを含まない),対審とは口頭弁論と判決の言渡しを指す。ただし,公開が公序良俗を害するおそれがあると裁判所が全員一致で判断したときには,一定の例外の場合を除き,公開を停止することができるが(憲82条2項),この場合でも判決の言渡しは公開しなければならない。公開すべき場合に公開しなかったときには,それだけで上告理由になる(312条2項5号。ただし再審事由ではない)。訴訟記録の公開は公開主義と密接に関連している(本章§4・2(4)(d)末尾(ロ)⑦参照)。

　以上の一般公開と区別されるのとして,当事者に審理の立会い,訴訟記録の閲覧・謄写等を許す当事者公開がある。双方審尋主義を具体化するものであり,裁判を受ける権利(憲32条)の実質的な内容となる。当事者権とも関連する。

　(b)　双方審尋主義　　訴訟の審理において,当事者双方にその言い分を述べる機会を平等に与える原則をいう。当事者の側からみて,武器平等の原則または当事者対等の原則と呼ばれることもある。これを実質的に保障するために,

当事者が口頭弁論に出席して訴訟活動をすることが期待できない状況に陥った場合には，手続は停止される（中断・中止の制度。本章§4・1（4）参照）。当事者双方にその言い分を述べる機会を与えれば足りるから，口頭弁論期日への適式な呼出しがあれば，当事者の一方が欠席しても期日を実施することができる（158条参照。証拠調べと判決の言渡しは双方欠席でもできる。183条・251条2項）。ただし，期日への呼出しがあっても，当事者がその責めに帰しえない事情によって出頭できず，代理人をも出頭させえず敗訴した場合には，上訴の追完（97条）または代理権欠缺を理由とする上訴・再審を認めるべきである（312条2項4号・338条1項3号）。

　（c）口頭主義　　口頭で陳述されたものだけが判決の基礎となる原則をいう。このため，弁論と証拠調べは口頭で行わなければならない。口頭主義の内容は，そのまま前述した必要的口頭弁論の内容となる（87条1項）。口頭による陳述は，書面による場合に比べて，裁判所に新鮮な印象を与え，また当事者間の応答や釈明により即座に弁論をかみ合わせて，弾力的かつ無駄のない審理を行うことが期待できる点に長所を有する。公開主義を実効的なものとし，直接主義と結合してその機能を高めることにも役立つ。

　しかし，口頭主義には，複雑な事実や法律上の問題についての正確な陳述が困難であること，たとえそれがなされても，今度は，裁判所や相手方当事者が即座に理解して的確な対応することが困難であること，陳述の結果についての記憶の保存が困難であることといった短所も伴う。そこで，一定の範囲内で書面の利用により，口頭主義の短所を補う。すなわち，第1に，訴え・上訴・再審の提起，訴えの変更，訴え・上訴の取下げなど（133条1項・143条2項・145条2項・261条3項・286条1項・292条2項・313条・314条1項等）の審理の基礎となる重要な訴訟行為についての確実を期すために書面を要求する。第2に，複雑な事実や法律上の陳述の理解の助けとする趣旨で，準備書面や上告理由書の提出を要求する（161条1項・315条1項）。第3に，口頭の陳述の保存のために調書を作成する（160条1項）。第4に，裁判内容を明らかにし，上級審によるその審査を可能とするために，判決書（253条）またはそれに代わる調書（254条）が作成される。

　（d）直接主義　　判決をする裁判官自身が，当事者の弁論の聴取や証拠調べ

を行う原則をいう（249条1項）。他の者がした弁論の聴取や証拠調べを基礎として判決を行う間接主義に対立する。直接主義は，口頭主義と結びついて，裁判官が自らの五感の作用にもとづいて得た心証を重視する考え方である。直接主義違反は，それだけで上告理由（312条2項1号）・再審事由（338条1項1号）に該当する。

この原則を徹底すれば，訴訟の途中で転勤等による裁判官の交代があった場合，弁論や証拠調べを始めからやり直さなければならないことになろうが，これでは余りに不経済である。そこで，そのような場合には，弁論の更新の手続により，当事者が新たな裁判官に対して，従前の口頭弁論の結果を陳述することで済ませる（249条2項）。この手続を怠った場合も，絶対的上告理由（最判昭33・11・4民集12巻15号3247頁）・再審事由となる。ここでは，実質的には，直接主義の要請は後退している。ただし，証人尋問については，直接尋問に立ち会った際の印象が特に重要であるから，一定の場合には，当事者からの申出があれば再尋問が必要であるとされている（249条3項）。また，受訴裁判所ではなく，受命裁判官や受託裁判官によって証拠調べがなされることがあるが，この場合には最初から直接主義は放棄されている。もっとも，一般の場合（185条）より，証人尋問（195条）に関しては，受命裁判官・受託裁判官による証拠調べが認められる場合は限定されている。

(3) 口頭弁論の準備

口頭弁論において充実した審理をしかも迅速に行うためには，予め相手方の主張・立証内容を予知させた上で，それに対する応答の準備をさせておく必要がある。そこで，そのための制度として，現行法は，準備書面と争点および証拠の整理手続（争点整理手続）を用意している。

争点整理手続においては，当事者の事実主張の対立点（争点）を明らかにするばかりでなく，当事者と裁判所の間の率直な意見交換を通じて，訴訟の勝敗にとり重要でない事実については自白や撤回を促したりすることで，形式的な争点を証拠調べで証明すべき真の争点に絞り込む作業が行われる。そして，そのためには，各当事者が自らの事実主張の根拠となる証拠を明らかにしつつ議論を行うことも必要であり，そうなれば，価値の乏しい証拠の撤回などによって，真の争点となる事実を証明するために取り調べるべき証拠が限定されるこ

とにもなる。

　以上のような議論を的確に行うためには，当事者が事件の事実関係やそれを証明するための証拠の有無・内容を把握している必要がある。ところが，特に証拠の偏在するような訴訟においては，一方当事者が事実や証拠から隔離されている状況が見られる。そこで，主張・立証の準備のために，相手方当事者からの事実や証拠に関する情報収集を可能とするという趣旨で，当事者照会制度が設けられている。

　なお，争点整理と密接に関連するが，それとは区別されるものとして進行協議期日がある。この期日においては，口頭弁論期日における審理を充実させるために，当事者双方の立会権を保障しつつ，裁判所と当事者が，口頭弁論における証拠調べと争点との関係の確認その他訴訟の進行に関し必要な事項についての協議を行う（規95条―98条・165条）。

　〔旧法下の制度と実態〕
　　争点整理手続の整備は現行法の大きな改正点の一つであるが，この意義を理解するためには，旧法下の制度とその実態を見ておく必要があろう。
　　旧法下においても，争点と証拠の整理の重要性自体が認識されていなかったわけでない。すなわち，旧法は，そのための制度として準備手続を設けていたが（旧249条以下），この制度はその失権効（それをおそれる当事者が仮定的な主張をしたり，価値の乏しい証拠の申出をし，かえって争点整理の実をあげ得なかった），準備手続裁判官の権限の制約（証拠調べや手続上の中間的裁判をなしえなかった），準備手続実施にあたっての負担（準備手続の結果についての要約調書の作成または当事者による要約書面の提出が必要的であった）等により，ほとんど利用されなかった。また，旧規則上は準備的口頭弁論の制度も設けられていたが（旧規26条参照），これも，制度的な整備が不十分であるため，あまり利用されなかった。そして，その結果，裁判所も当事者も十分な準備をすることなく口頭弁論期日に臨むこととなり，期日は単なる準備書面交換の場と成り下がってしまっていた。しかも，このような期日が相当な間隔をおいて何回も繰り返されるとともに，証拠調べ（ことに証人尋問）を漫然と行い，それをまって改めて争点整理とするといったこともあった（五月雨型審理，漂流型審理）。これらの事情により，訴訟は著しく遅延していたのである。
　　しかしながら，現行法の制定の10年ほど前から，以上のような実態を改善しようとする動きが裁判所や各地の弁護士会に見られるようになった。その現れ

が弁論兼和解や新様式判決，ラウンド・テーブル法廷，集中証拠調べなどである。このうち弁論兼和解とは，法廷以外の準備室などでテーブルを囲んで，両当事者と代理人出席の上，実質的な討論をしながら本来の口頭弁論に向けて争点の整理を行い，あわせて和解の試みを行うものであった。そして，この方式は，状況に応じた柔軟な対応により審理の充実と促進をはかりうる点や，法廷以外の場所で書記官の立会いを要しないで行えるため，短い間隔で連続して実施でき，しかも1回の期日にまとまった時間を割きうる点などに長所を有するとされ，またたくまに全国の裁判所に普及した。ただ，これには，法律上の根拠や公開原則との関係，交互面接方式の下で心証がとられるおそれがないか，といった点で多くの批判もなされた（以上につき，上原敏夫「弁論準備手続」講座新民事訴訟法Ⅰ（弘文堂・平10）310頁以下参照）。

　このような状況の下で，現行法は，準備手続を改善し，あわせて弁論兼和解の問題点を解消する趣旨で，争点整理手続の一種として弁論準備手続を設けた（争いはあるが，弁論準備手続が設けられたこのような趣旨からいって，従来の弁論兼和解は現行法の下では許されなくなったと解する）。また，規定を整備するとともに，争点整理手続として明確に位置づけることによって活用をはかるべく，準備手続に関しても法律で定めることとした。さらに，遠隔の地に居住する当事者等が裁判所に出頭せずに争点整理を行う途を開くために，書面による準備手続を設けた。裁判所は，事件の特性に応じて，場合によっては当事者の意見を聴いた上で（168条・175条），裁量により適切な手続を選択することになる（従来どおり，通常の口頭弁論で争点と証拠の整理を行うことも禁止されているわけではない）。

　なお，先に言及した争点整理手続以外の口頭弁論の準備のための諸制度のうち，準備書面は旧法時から存在したものであるが，当事者照会制度は現行法によって初めて認められた新しい制度である。また，進行協議期日は，従来から行われてきた実務上の慣行に明文の根拠を与えたものである。

(a)　準備書面　　(イ)　記載事項　　期日において陳述を予定する事項を記載して裁判所に提出する書面を準備書面といい，簡易裁判所の手続を除いて（276条1項），口頭弁論についてはこの書面の提出が要求される（161条1項）。準備書面には，攻撃または防御の方法，相手方の請求および攻撃または防御の方法に対する陳述を記載する（161条2項）。訴状の送達を受けた被告が最初に提出する準備書面である答弁書には，請求の趣旨に対する答弁，訴状に記載さ

れた事実に対する認否，抗弁事実，立証を要する事実に関連する事実（間接事実）で重要なものおよび証拠を記載する（規80条）。準備書面に事実についての主張を記載する場合には，できるかぎり，請求を理由づける事実，抗弁事実または再抗弁事実（主要事実）についての主張とこれらに関連する事実（間接事実）についての主張とを区別して記載しなければならず（規79条2項），かつ，立証を要する事由ごとに，証拠を記載しなければならない（規79条4項）。また，相手方の主張する事実を否認する場合には，その理由を記載しなければならない（規79条3項）。なお，訴状の目的は請求の定立にあるが，準備書面の役割も併せもつ（規53条）。

(ロ) 提出・直送　準備書面は，記載事項について相手方が準備をするのに必要な期間をおいて裁判所に提出し（規79条1項），他方で，相手方に直送することが要求される（規83条1項）。裁判長は，準備書面の提出期間を定めることができる（162条。なお，証拠の申出をすべき期間を定めることもできる）。提出・直送はファクシミリによることができる（規3条・47条）。裁判所または相手方の求めがあれば，準備書面と併せて引用文書の写しの提出・直送も必要である（規82条）。

(ハ) 不記載・不提出の効果　準備書面に記載しなかった事実は，相手方が在廷しない場合には主張することができない（161条3項）。主張を許すのは不意打ちとなるからである。ただし，単に相手方の主張を争うにすぎない主張（否認または不知）は，当然に予測しうることであるから許される。証拠の申出を含むかには争いがあるが，当該証拠によって証明しようとする事実が争点として明らかになっている場合を除いては，含むと解する。含まれない場合に，さらに証拠調べをすることまで許されるかにも争いがあるが，反対尋問の機会の保障の観点から，証人尋問は許されないと解する。逆に，準備書面を提出しておくと，口頭主義の例外として，第1回口頭弁論期日に欠席しても，その記載事項を陳述したものと扱ってもらえる（158条。なお，277条）。

(b) 当事者照会　当事者は，訴訟の係属中，相手方に対し，主張または立証を準備するために必要な事項について，相当の期間を定めて，書面で回答するよう，書面で照会することができる。ただし，具体的または個別的でない照会，相手方を侮辱し，または困惑させる照会，既にした照会と重複する照会，

意見を求める照会，相手方が回答するために不相当な費用または時間を要する照会，証言拒絶権によって保護される事項についての照会はすることができない（163条）。

照会とそれに対する回答は裁判所を介さずに行われる（規84条参照）。適法な照会に対しては相手方に回答義務があるが，不回答や虚偽回答に対する制裁は予定されていない。ただし，そのことが口頭弁論中で主張立証されれば，事実認定にあたって相手方に不利に作用したり，そのことによって増加した費用の負担を命ぜられたり（63条参照），さらに，弁護士である訴訟代理人に関しては，弁護士倫理違反を問われる可能性がある。

(c) 争点および証拠の整理手続　(イ) 準備的口頭弁論　口頭弁論を2段階にわけ，争点と証拠の整理をまず行う方式である（164条）。口頭弁論の一種であるから公開を要し，ラウンド・テーブル法廷の利用が念頭におかれている。社会的に注目を浴びている事件とか当事者や関係人の多数いる大規模事件に向いているといわれる。争点および証拠の整理に必要な限りでは，証拠調べや中間的裁判を行うこともできる。争点と証拠の整理を終われば，裁判所と当事者との間で，その後の証拠調べで証明すべき事実を確認し，この手続を終了する。その際，当事者に争点と証拠の整理結果の要約書面を提出させることもできる（165条。なお，規86条）。当事者が期日に欠席する等の場合にも，終了することができる（166条）。この手続の終了後に新たに攻撃防御方法を提出した当事者は，相手方の求めがあれば，相手方に対し，手続終了前に提出できなかった理由を説明しなければならない（詰問権と説明義務。167条，規87条）。合理的な理由の説明がなされなければ，時機に後れた攻撃防御方法として却下されることもありうる（157条）。

(ロ)　弁論準備手続　争点および証拠の整理のための特別な手続であり，当事者の意見を聴いた上で採用される（168条）。いったん採用されても，当事者双方からの申立てがあれば，弁論準備手続に付する裁判は取り消される（172条）。口頭弁論ではないから公開の必要はないが，当事者双方の立会いが保障され，裁判所が相当と認める者および当事者が申し出た者の傍聴が許される。後者については，手続を行うのに支障が生ずるおそれがあると認める場合を除き，必ず傍聴を許さなければならない（169条）。裁判所の訴訟指揮，釈明，攻

撃防御方法の提出時期，最初の期日に当事者の一方が欠席した場合の陳述擬制，擬制自白等に関する口頭弁論に関する規定の準用がある（170条4項，規88条）。当事者が遠隔の地に居住しているときなどには，一方の当事者が裁判所に出頭すれば，電話会議システムを用いて手続を進めることも認められる（170条3項・4項，規88条2項・3項）。ただし，この場合には，現実に裁判所に出頭していない当事者は，訴えの取下げ，和解，請求の放棄・認諾を原則としてなしえない（170条5項）。争点と証拠の整理をするために，準備書面を提出させることができるほか（170条1項），証拠の申出に関する裁判その他口頭弁論の期日外ですることのできる裁判（訴訟引受けの決定，補助参加や訴えの変更許否の決定等）や文書の取調べをすることができる（170条6項3項）。受命裁判官にこの手続を行わせることもできるが，この場合には，これらの裁判や文書の取調べはできない。調査の嘱託，鑑定の嘱託，文書送付の嘱託は可能である（171条）。弁論準備手続の場合にも，その後の証拠調べで証明すべき事実の確認，その際の当事者による要約書面の提出，当事者が期日に欠席する等の場合の手続終了，手続終結後に新たに攻撃防御方法が提出された場合の詰問権と説明義務は，準備的口頭弁論の場合と同様である（170条6項・165条・166条・174条・167条）。ただし，弁論準備手続は口頭弁論ではないから，公開主義・口頭主義・直接主義（受命裁判官が手続を主宰した場合）の要請を満たすために，当事者は，この手続の結果を口頭弁論において陳述しなければならないとされている（173条）。この陳述は，その後の口頭弁論において証明すべき事実を明らかにしてしなければならない（規89条）。

(ハ) 書面による準備手続　当事者の出頭なしに，準備書面の提出等により争点および証拠の整理を行う手続であり，裁判所は，当事者が遠隔の地に居住しているときその他相当と認めるときは，当事者の意見を聴いて，事件をこの手続に付することができる（175条）。当事者の出頭なしに争点整理を行うには相当の経験を要すると考えられるため，高等裁判所の事件を除いて，裁判長がこの手続を実施し，受命裁判官が実施することは認められない（176条1項）。裁判長等は準備書面の提出期間を定めなければならない（176条2項・162条）。また，この手続においても，電話会議システムの利用が認められており（176条3項），手続の終了に際して要約書面を提出させることもできる（176条4

項・165条2項)。ただし，裁判所と当事者間での証明すべき事実の確認は，この手続終結後の口頭弁論期日で行われ（177条），新たな攻撃防御方法の提出に関する詰問権と説明義務は，この確認または要約書面の記載事項の口頭弁論期日における陳述があって初めて発生することになる。

(4) 口頭弁論実施上の諸制度

(a) 集中（継続）審理主義　　以上の準備制度を前提として，前述の諸原則（本章§4・2(2)）からなる口頭弁論が実施されるのであるが，それら諸原則を実現し，また，口頭弁論の円滑な実施をはかるためにさまざまな制度が設けられている。そのうち集中（継続）審理主義とは，一つの事件のための審理を集中的に継続して行い，それが終了した後に別の事件の審理に移る原則をいい，同時に複数の事件の審理を併行して行う併行審理主義に対する。口頭弁論の準備について既に述べたところ（本章§4・2(3)末尾）からも窺えるように，わが国の伝統的な実務の審理方式は併行審理主義であった。これには法曹人口の不足などのやむを得ない理由もあったであろうが，安易な法曹の意識も与っていたと思われる。しかし，併行審理主義によると，期日と期日の間隔が長くなり，その間に裁判官の交代やその記憶の減退も生じやすくなる。そして，そうなると，期日ごとに記録を読み直して記憶を喚起する裁判官や当事者等の労力も馬鹿にならないし，実質的な書面主義化（記録化された調書にもとづく裁判），間接主義化ということにもなりかねない。これに対し，集中審理主義によれば，事件の全体像が一気に解明され，裁判官も新鮮な印象にもとづいて裁判でき，口頭主義や直接主義の要請にもかなうこととなる。公開主義の実をあげることも可能となる。そこで，現行法は，争点整理手続の整備を前提とした上で，厳密な意味での集中審理主義はとらないものの，証人と当事者本人の尋問は，できるかぎり，争点と証拠の整理を終了した後に集中して行わなければならないとして，集中証拠調べを要求した（182条）。

(b) 適時提出主義　　(イ) 意義　　口頭弁論期日が数回にわたって開かれる場合，どの期日に提出された攻撃防御方法も等価値のものと認められ，口頭弁論は一体として捉えられる（口頭弁論の一体性）。そして，旧法は，この原則の下，随時提出主義を採用し，攻撃防御方法は時機に後れたものとして却下されないかぎり，口頭弁論の終結に至るまで何時でも提出しうるものとした（旧

137条)。歴史的には，攻撃防御方法の提出について一定の序列を設ける法定序列主義による立法例もあったが，これによると，当事者が失権をおそれて無用な仮定的主張や証拠の申出をして，かえって訴訟手続の混乱を招いていた点を反省して，随時提出主義は採用されていた。しかし，この原則は，訴訟の進行に緊張を欠く原因となり，当事者のかけひきや訴訟引延しの手段として利用されるという弊害も伴う。そこで，現行法は，攻撃防御方法は，訴訟の進行状況に応じ適切な時期に提出しなければならないとして，適時提出主義を採用することを明らかにした（156条）。

(ロ) 時機に後れた攻撃防御方法の却下　適時提出主義は，次の措置によって具体的に支えられている。すなわち，当事者が故意または重大なる過失により時機に後れて提出した攻撃防御方法については，これにより訴訟の完結を遅延させることになると認めれば，裁判所は，申立てまたは職権により却下しうる（157条1項）。時機に後れたとは，実際の提出時より前に提出することが可能であり，また，その機会があったということを意味する。控訴審においては，第一審以来の口頭弁論全体を通じて判断される（大判昭8・2・7民集12巻159頁）。ただし，156条は，当事者に理想的な攻撃防御方法の提出を訓示的に義務づけた規定であるのに対し，157条は攻撃防御方法を却下する場合の規定であるから，前者に違反して提出された攻撃防御方法も，常に時機に後れたものとなるわけではなく，適切な時期から相当程度後れて提出された場合でなければ却下されない（法務省民事局参事官室編・一問一答新民事訴訟法158頁）。当事者の故意または重大なる過失の有無は，当事者の法律知識，訴訟の経過，問題となった攻撃防御方法の内容・性質などを考慮して判断しなければならない。

〔その他の制限〕

趣旨の不明な攻撃防御方法に関しては，当事者が裁判所の釈明に応ぜず，あるいは釈明のための期日に出頭しない場合にも，当該攻撃防御方法は却下される（157条2項）。準備書面に記載されていない攻撃防御方法は，相手方が欠席した場合には提出することができないが（161条3項），この制限は一時的なものにとどまる。弁論の制限（152条1項）がなされた場合も，当面問題とすべきこととされた事項と関係のない攻撃防御方法は，この措置がとられているかぎり提出できない。さらに，中間判決（245条）がなされた場合には，そこにおいて判断された事項に関する攻撃防御方法は，当該審級に関するかぎり提出でき

なくなる。

　(c)　口頭弁論の制限・分離・併合　　訴訟を能率的に進めるために，裁判所は，口頭弁論を制限・分離・併合することができる（152条1項）。

　弁論の制限とは，口頭弁論の内容が複雑多岐にわたるときに，当面の弁論や証拠調べの対象を限定する裁判所の措置をいう。被告がある訴訟要件の存在を争っているときに，その存否の問題に弁論を制限するといった例がある。その結果，それだけで終局判決に熟すれば（たとえば，この例で訴訟要件の欠缺が明らかになれば），弁論を終結し判決を行う。そうでなければ（たとえば，この例で訴訟要件の存在が明らかになれば），中間判決（245条）をしてもよく，そうせずに，制限を取り消して他の点の審理に移ってもよい。

　弁論の分離とは，訴えの客観的併合や共同訴訟の場合に，審理の輻輳を避けるために，一部の請求を別個の訴訟手続で審判することとする措置をいう。分離後は，審理・判決とも別個の手続で行われる。必要的共同訴訟，独立当事者参加や請求の予備的併合などの場合のように，同時審判の必要な場合は，弁論の分離は許されない。

　弁論の併合とは，同一の（官署としての）裁判所に別々に係属する数個の訴訟を一つの訴訟手続にまとめて審判することを命ずる措置をいう。併合のためには，併合要件（136条）を具備している必要があるが，これを具備している場合でも，併合するか否かは裁判所の裁量に委ねられる。もっとも，審判の統一をはかるために，法律上併合が要求される場合もある（商105条3項・136条3項・247条2項等）。

　併合前におのおのの訴訟手続でなされた訴訟手続の結果が，併合後の手続において援用なしに証拠資料となりうるかには争いがあり，旧法下においては，証拠調べ調書の書証としての援用を要するとする見解，証拠調べの結果そのものをそれとして援用すべきとする見解，援用なしに証拠資料となるとする見解が主張されていた（最判昭41・4・12民集20巻4号560頁は，証拠調べの結果がそのまま証拠資料となるとするが，援用の要否には触れていない）。この点につき，現行法は，当事者を異にする事件を併合した場合において，その前に尋問をした証人について，尋問の機会がなかった当事者が尋問の申出をしたとき

は，改めてその尋問をしなければならないとした（152条2項）。これにより，従来の援用の要否をめぐる争いの原因は，実際上ほとんど解消したと思われる。また，併合により受訴裁判所の構成が変わったときは，249条3項を準用すべきと解されている。

　(d)　当事者の欠席　　双方審尋主義や口頭主義の要請を厳格に満たすためには，当事者双方の口頭弁論期日への出席が要請される。しかし，現実には，当事者はさまざまな理由から期日を欠席することがある。そこで，欠席の態様と期日の性質に応じて，このような場合（出席しても弁論をなすことなく退廷する場合を含む）に対処するための対策が設けられている。

　(イ)　一方の欠席　　㋐　最初の期日における欠席　　原告が欠席した場合，口頭主義の要請から，訴状の陳述がないと請求の定立がないことになる。そこで，欠席原告の提出した準備書面を兼ねる訴状の陳述を擬制する必要があり，これとの公平上，欠席被告についても同様に取り扱うのが妥当である。そこで，この場合，欠席者が提出していた訴状・答弁書その他の準備書面に記載された事項を陳述したものとみなし，出席者に準備書面にもとづいて（ただし，161条3項）弁論をさせるという方法で手続を進める（158条）。出席者が準備書面に記載しておいた主張事実は，欠席者がその準備書面において争っていないと擬制自白が成立する余地がある（159条3項）。ことに被告が欠席した場合には，原告の主張が法律的に首尾一貫したものであれば，直ちに弁論を終結して原告勝訴の判決を言い渡す（この場合，判決原本にもとづかないで判決の言渡しをすることができる。254条）。これを実務上欠席判決というが，欠席したことのみをもって欠席者に不利な判決をする欠席判決主義がとられているわけではない。なお，被告が認諾書面を提出したまま欠席した場合に認諾が擬制されるかには争いがあったが，現行法は明文でこれを認めることにした（266条2項）。

　なお，上記の陳述擬制と擬制自白に関する規律は弁論準備手続においても妥当する（170条4項・158条・159条）。

　　㋑　続行期日における欠席　　続行期日においては，陳述擬制は認められない。これを認めると，口頭主義が骨抜きになるからである。そこで，裁判所は，従前の弁論の結果と出席当事者の弁論の結果にもとづき審理を進め，その結果，裁判をなすに熟すれば弁論を終結し，そうでなければ続行期日を指定する。た

だし，審理の現状および当事者の訴訟追行の状況を考慮して相当と認めるときは，終局判決をすることができるが，その判決が出席者の不利になる可能性もあるので，その者の申出がある場合に限られる（244条）。欠席による訴訟の引延しに対処するために，現行法が新たに認めた措置である。なお，簡易裁判所の手続については，当事者の負担を軽減する趣旨から，続行期日においても陳述擬制が認められる（277条）。

(ロ) 双方の欠席　当事者双方が口頭弁論期日に欠席する場合には，期日はそのまま終了せざるを得ない（ただし，証拠調べと判決の言渡しはできる。183条・251条2項）。その後，1月以内に期日指定の申立てがないと訴え（上訴審では上訴）の取下げがあったものとみなされる（263条前段）。また，1月以内の期日指定の申立てに応じ，または職権で新期日が指定された場合でも，当事者双方が，また欠席すれば同様に扱われる（263条後段）。263条は弁論準備手続についても適用される。旧法には263条後段に相当する規定が欠けていたため，双方欠席と期日指定の申立てを繰り返すことにより訴訟の引延しをはかることが可能であったが，これにより，このような引延し手段に対処しうることとなった。もっとも，裁判所は，双方欠席の場合にも，263条の適用を予定した措置をとらずに，弁論を終結し，審理の現状によって終局判決をすることもできる（244条。なお，最判昭41・11・22民集20巻9号1914頁参照）。

〔口頭弁論調書と訴訟記録〕

(イ) 口頭弁論調書　口頭弁論の内容を明らかにするために，裁判所書記官は，期日ごとに口頭弁論調書という書面を作成する（161条1項）。公開主義，直接主義等の口頭弁論に関する諸原則の遵守を確保し，また，当事者や裁判所などの訴訟行為の内容を公証する役割をもつ。記載事項には，口頭弁論の方式に関する形式的記載事項（規66条1項）と内容に関する実質的記載事項（規67条1項）とがある。ただし，実質的記載事項のうち，証拠調べの結果の記載を省略できる場合があり（規67条2項），調書の記載に代えて，証人等の陳述を録音テープ等に記録することもできる（規68条）。また，調書の作成者である裁判所書記官の記名押印と裁判長による認印が必要であり（規66条2項），これらを欠く調書は無効である。調書には一種の法定証拠力が認められており，口頭弁論の方式に関する規定の遵守（公開の有無，証人の宣誓の有無，弁論の更新の有無，裁判の言渡し等）は，これによってのみ証明することができる（160条3項）。ただし，調書が滅失した場合や無効な調書（大判昭6・5・28民集10巻

(ロ) 訴訟記録　㋐ 総説　特定の事件に関して審理経過を記録した書類ないしそれらを編綴したものをいう。裁判所側の作成した口頭弁論調書，判決書，送達報告書等と，当事者その他の関係人が提出した訴状，答弁書，準備書面，証拠調べの申立書等からなる。裁判所書記官が保管し（裁60条2項），裁判官が審理や判決に際して利用するが，ことに，裁判官の交代があった場合や上訴審の裁判官など，新たに事件を担当することになった裁判官にとっては，従前の経緯を知るための重要な情報源となる。また，公開主義の趣旨を徹底し（本章§4・2(2)(a)参照），一般第三者であっても閲覧でき（91条1項。ただし，例外につき同条2項・5項），さらに，当事者と利害関係を疎明した第三者は謄写，正本等と証明書の交付も求めうるとされている（91条3項。録音テープ等の複製につき同条4項，謄写・複製の例外につき同条5項）。

㋑ 秘密保護の手続　以上のように，第三者であっても訴訟記録の閲覧・謄写ができるとされているが，そうなると，これを通じて，訴訟記録中に記載・記録された当事者のプライバシー，営業秘密が漏洩するおそれが生ずる。そして，そうなれば，この漏洩を危惧する当事者は秘密事項に関する十分な主張・立証をすることができなくなり，敗訴の危険にもさらされかねない。そこで，現行法は，秘密保護のための訴訟記録の閲覧等の制限の制度を新設した（92条）。すなわち，当事者の私生活についての重大な秘密で，第三者の閲覧等により当事者に社会生活上の著しい支障が生ずるおそれがあることや不正競争防止法2条4項の営業秘密について疎明があれば，その保護のため，裁判所は，当事者の申立てにより，訴訟記録の当該部分の閲覧等の請求をすることができる者を当事者に限ることができる。ただし，この措置がとられても相手方当事者には秘密が知られてしまうが，それが秘密を漏洩した場合には，民法709条や不正競争防止法4条により損害賠償義務を負うことになると解される（佐上善和「秘密保護と訴訟記録の閲覧制限」講座新民事訴訟法Ⅰ362頁以下）。

3　当事者の訴訟行為

(1) 訴訟行為の意義と分類

(a) 意義　民事訴訟に関連して，当事者と裁判所はさまざまな訴訟行為を行うが，ここでは当事者の訴訟行為について説明する。当事者の行為には訴訟法上の効果と私法上の効果の双方を生ずるものがあるため，それが訴訟行為か私法行為か必ずしもはっきりしないものもあるが，当該行為の主たる効果を基

準に区別すべきである。たとえば，訴えの提起は訴訟法上の効果（訴訟係属）と私法上の効果（時効の中断）を生ずるが，前者が主であるので，訴訟行為である。

　(b)　分類　　(イ)　機能による分類　　訴訟行為はさまざまな観点から分類されるが（以下の分類のほか，行為の性質による分類，時期・場所による分類もある），まず，訴訟行為の機能に着目した取効的訴訟行為と与効的訴訟行為という分類がある。すなわち，取効的訴訟行為とは，裁判所の応答によって初めてその目的を達し，裁判を離れては独自の意味ないし効果を有しない。訴えや攻撃防御方法（申立て・主張・立証）がこれに属する。これは，裁判所による適法・不適法と理由具備性の二段階の評価を受ける。相手方の利益を害しないかぎり，裁判所の応答があるまでは撤回が認められ，通常は期限・条件を付しえない。また，裁判所に対する行為であるから，一般には私法規定の適用を受けない。他方，与効的訴訟行為は，裁判所の応答を要することなく，その行為により直接訴訟法上の効果を生ずる行為である。これには，訴訟告知や弁護士選任届け，準備書面における申立てや主張の予告，その提出といった行為のほか，訴訟法律行為が含まれる。与効的訴訟行為の評価は，有効・無効である。

　(ロ)　内容による分類　　訴訟行為の内容による分類として，申立て・主張・訴訟法律行為がある。

　⑦　申立て（申出・申請）　　裁判所に対して一定の行為（裁判，証拠調べ，送達等）を求める当事者の訴訟行為の総称である。請求についての判決を求める本案の申立てと，訴訟手続上の派生事項に関する訴訟上の申立て（除斥・忌避の申立て，移送の申立て，期日指定の申立て，証拠の申請等）とがある。訴訟は，原告の請求認容を求める本案の申立てにより開始され，これに対しては，被告が請求棄却または訴え却下を求める反対の本案の申立てをする（ただし，請求棄却の申立ては，原告の請求を認容しなければ棄却することになるから不可欠ではなく，訴え却下の申立ても，職権調査事項である訴訟要件の欠缺を理由とするのであれば必要ではない）。申立ては，特別な規定（133条・143条2項・145条2項・286条等）のないかぎり，書面でも口頭でもなしうる（規1条1項）。また，訴訟上の申立ての中には，単に裁判所の職権の発動を促すのにすぎないものがあり（152条・153条・186条・228条3項），この場合には，裁判所

には応答義務はなく、当事者は不服を申し立てることはできない。

　⑦　**主張**　申立てを理由づける行為が主張であり、陳述とも呼ぶ。法律上の主張と事実上の主張とがある。

　前者は、申立てや請求を理由づけあるいは排斥するための、法規の適用の結果である権利関係の発生・変更・消滅の主張である。相手方のこの点に関する主張を認めれば権利自白の問題となる。訴訟物である権利関係に関わるときは請求の放棄・認諾となり、もはや申立てを理由づける判断資料の提出行為ではない。また、広義には、法規の解釈・適用に関する主張を含む。

　事実上の主張とは、事実の存否に関する当事者の認識ないし判断の報告である。具体的な権利関係についての主張を相手方が争う場合に、その権利関係を基礎づけるために、要件事実に該当ないし関連する事実を主張することになる。

　事実上の主張にも期限や条件を付することは許されないのが原則であるが、ある事実を主張しつつ、それが裁判所によって認められない場合に備えて、それとは両立しない別の事実を主張する、仮定的主張は許される。たとえば、貸金請求訴訟の被告が借りたおぼえはない（消費貸借契約の成立の否認）と主張しながら、借りたとしても返した（弁済）と主張するような場合である。この場合、裁判所は、本来の主張より仮定的主張を先に取り上げて主張者を勝訴させてもよい。判決理由中の判断には既判力を生じないからである（114条1項）。ただし、被告が弁済を主張し、それが認められない場合に備えて相殺を主張する場合には、相殺に関する判断には既判力を生ずるので（114条2項）、まず弁済の事実について判断しなければならない。

　事実上の主張の撤回は原則として自由であるが、撤回そのものが弁論の全趣旨（247条）として事実認定にあたり不利に斟酌されることはありうる。また、事実上の主張が相手方のそれと一致することにより相手方に有利な地位を生じさせる場合には裁判上の自白が成立し、撤回は制限される。

　事実上の主張に対する相手方の対応は、否認、不知、沈黙、自白の四つに区別される。不知は否認と推定され（159条2項）、沈黙に関しては自白が擬制される（159条1項）から、否認・不知の事実のみが事実認定の対象となる。また、一方当事者が主張する事実にもとづく法律効果を前提としながら、自己が証明責任を負う、その法律効果の発生を妨げ、またはそれを消滅させる別個の事実

を主張することを抗弁と呼ぶ。

　なお，本案の申立てを基礎づけるために提出される一切の裁判資料を攻撃防御方法（原告側が提出するのを攻撃方法，被告側が提出するのを防御方法）という。法律上および事実上の主張や立証（前述の申立ての一種である証拠の申出，証人に対する尋問，当事者尋問に対する陳述などを含む）が主なものものであるが，証拠抗弁（相手方の申し出た証拠方法の証明主題との関連性や証拠能力の不存在等の主張），責問権の行使，相手方の攻撃防御方法の却下の申立てなど，訴訟手続の方式や効力を争って裁判を求める行為も攻撃防御方法である。

　㋺　訴訟法律行為　　訴訟法上の効果の発生を目的とする意思表示である。当事者の一方の単独行為の場合（訴えの取下げ，請求の放棄・認諾，上訴権の放棄等）は，原則として撤回を許されない。管轄の合意（11条。その他，76条・93条・152条5項・281条等。なお，本章§4・3（3）参照）のように訴訟契約の場合と，選定当事者の選定（30条）のように合同行為の場合もある。

（**2**）　形成権の訴訟内行使

　私法上の形成権（相殺権，取消権，解除権，建物買取請求権）が訴訟内でいきなり行使されるとき，その行為の性質に関して見解がわかれる。従来の議論の中では，私法行為と訴訟行為が併存するという併存説，純然たる訴訟行為があるのみであるとする訴訟行為説，1個の行為が私法行為と訴訟行為の性質を併せ有するとする併有説，基本的には併存説によるが，訴訟行為としての意味を失えば私法上の効果も失われる余地を認める新併存説が説かれてきた。これらの見解が特に念頭においていたのは，訴訟内で抗弁として相殺権が行使されたが，時機に後れた攻撃防御方法として却下された場合（157条）に，相殺の意思表示により生じた私法上の効果が残存するか否かという問題であった。そして，上記のうちの併存説によれば，この効果は残存することになるが，これでは，被告は敗訴した上に，反対債権は消滅してしまっているのでこれを原告に対して改めて訴求することもできず，不当な結果が生ずることになる。訴訟行為説以下の見解はこの不当な結果を回避するために主張されたものである。しかし，訴訟行為説に対しては，相殺の抗弁を認めて請求を棄却する判決は実質形成判決ということになるが，そのようなものが認められるか，なぜ相殺と

いう私法上の効果を介さないで被告に有利な判決を基礎づけうるのか，といった批判が，両性説に対しては，ぬえ的であるとの批判が浴びせられた。そこで，最近は，理論的な側面からも実際上の妥当性からも，新併存説が通説化しつつある。すなわち，私法上の形成権が訴訟内で行使される場合には，私法行為と訴訟行為とが併存しているが，裁判所の判断を受けないこととなった場合には失効させるとの条件のついた条件付き行為があると見るべきである（新併存説には別個の理論構成を示すものもある。また，これによっても，意思解釈の問題として，私法上の効果が残存すると見るべき場合もある。これらの点については，三上威彦「訴訟における形成権行使」民事訴訟法の争点［第3版］（有斐閣・平10）176頁以下参照）。

　形成権の訴訟内行使に関しては，そのほか，相手方欠席の場合の形成権行使方法（私法上の形成権行使は準備書面の記載事項であり〔161条2項1号〕，この記載は形成権行使の意思表示を含み，相手方への送達・直送により私法上の効果を生じている），訴訟代理権の範囲（55条1項参照。攻撃防御方法として必要なかぎりで広く実体法上の権利行使の権限を含む），条件（予備的相殺の抗弁）（民506条1項但書参照。対立債権が相殺適状にあれば相殺するというのは，相殺の要件を述べているだけであって条件ではない）といった点も問題とされていたが，いずれも（新）併存説の立場からも解決を見ている。

(3) 訴訟契約

　当事者または当事者となるべき者の間で，特定の訴訟に対して一定の効果を及ぼすことを目的としてなされうる合意を訴訟契約（訴訟上の合意）という（裁判所をまじえた三者間でなされる合意につき，本章§4・1(1)末尾）。管轄の合意（11条），期日変更の合意（93条3項），不控訴の合意（281条1項但書），仲裁契約（公催仲裁786条・787条）など，法律が明文で定める場合に許されることに問題はない。これに対し，明文を欠く不起訴の合意，訴え（または上訴）の取下げ契約，自白契約，証拠制限契約等については問題があり，かつては，大量現象である訴訟について当事者間の合意を認めると効率的な進行をはかれなくなるからそのような合意は認められない（任意訴訟の禁止）との理由で，明文の規定のない訴訟契約は一律に許されないとされていた。しかし，処分権主義・弁論主義の支配する範囲内では，当事者はある行為（訴えの提起，

その取下げ，自白，証拠の申出）をするか否かの自由を有している。したがって，この範囲内では，それによる弊害が生じないかぎりで（合意の効果として訴訟上どのような不利益が生ずるかが当事者にとって明確に予測されるかぎりで），そのような合意も許されるとしてよい。

訴訟契約が許されるとしても，その契約は私法上の効果を生ずるにすぎないか（私法契約説），直接に訴訟法上の効果を生ずるか（訴訟契約説）も争われている。前説によると，私法上の契約として作為・不作為義務を生ぜしめ，義務違反の訴訟行為については，相手方が合意の存在を主張・立証すれば，裁判所は訴訟上それに対応した一定の措置をとるべきとされる。たとえば，訴え取下げ契約では，原告が訴えを取り下げなければ，被告がこの契約の存在を主張・立証すれば，訴えは権利保護の利益ないし必要を欠くものとして却下される（最判昭44・10・17民集23巻10号1825頁）。しかし，この見解では，契約から生ずる請求権は訴訟上の抗弁権を発生させる機能のみを有しているにすぎない。そこで，後説の説くように，むしろ当事者の意思を端的に捉えて，合意自体に直接訴訟上の効果を認めるべきである。この見解によれば，訴え取下げ契約では，この契約の存在が主張・立証されれば訴訟係属の消滅という処分効果を認め，裁判所は，訴え取下契約による訴訟の終了を宣言する判決をすることになる。また，処分効果のほかに，当事者に訴えの取下げを義務づける義務づけ効果も認めるべきであろう。義務違反について損害賠償義務を根拠づけうるという実益がある（なお，訴訟契約説によっても，その説く効果がいつ，いかなる方法によって生ずるかには議論がある。また，それと私法契約説のいずれに従うかにかかわりなく，訴え取下契約の有効要件〔能力，代理，意思表示の瑕疵，条件・期限，解除，方式等〕と効力〔再訴禁止，効力の及ぶ範囲等〕についても議論がある。これらの点については，西澤宗英「訴訟上の契約」前掲争点174頁以下参照）。

（4）　訴訟行為と私法法規

従来，一般に，訴訟行為は訴訟手続の一環をなすものであり，私法上の法律行為とは異なった規制に服するものとされてきた。しかし，近時は，訴訟行為にも，私法上の法律行為に関する規定にもさまざまなものがあるので，各訴訟行為ごとに，かつ，個々の規定ごとに個別的な検討が必要であることが説かれ

るようになってきた。問題とされる私法上の規定には，行為能力，代理，意思の瑕疵のような法律行為に関する規定のほか，期限・条件に関する規定がある。ここでは，訴訟行為に対する意思の瑕疵（錯誤，虚偽表示，詐欺，強迫）に関する規定の類推適用の可否について見てみる。

　伝統的な見解である否定説は，以下の理由をあげる。第1に，訴訟行為は裁判所に対してなされるのが通例であるから手続の安定をはかり，また，公的な陳述としての明確性を確保する必要がある。それ故，ここでは，表示主義，外観主義が妥当する。第2に，否定説によっても当事者の保護に欠けるところはない。なぜなら，訴訟行為は原則として撤回が自由であり，言い間違いや書き間違いには広く訂正が認められている。また，詐欺脅迫等刑事上罰せられるべき他人の行為によって訴訟行為をなすに至ったときは，再審事由に関する338条1項5号を類推して，確定判決をまたずに，当該訴訟手続内で，同条2項の有罪判決等の要件とは関係なく，その訴訟行為の効果を否定できる（再審事由の訴訟内顧慮。最判昭46・6・25民集25巻4号640頁）。しかし，この伝統的な見解も，代理権授与，管轄の合意のように訴訟前，訴訟外の行為については，裁判所の面前でなされるものではなく，訴訟手続との直接の関連性がないから手続の安定を害さないことを理由に意思の瑕疵に関する規定の類推を認める。

　以上に対し，近時有力な肯定説は，以下の理由をあげる。すなわち，再審事由の訴訟内顧慮の手法は詐欺脅迫等の場合を救済すべきことを認めるものであるが，これによっては特に錯誤の場合を救済しえない。そうであれば，意思の瑕疵に関する規定の類推適用の可能性を正面から認めるべきである。そして，この観点から，それを基礎として他の訴訟行為が積み重ねられることのないため手続の安定に対する配慮が不要である訴えの取下げ，請求の放棄・認諾，和解を，類推適用のある訴訟行為としてあげる。基本的にはこの立場が適切であり，要は，意思の瑕疵による無効・取消の主張を認めることが手続の安定要求に反するか否かが重要である（この観点からすると，訴訟前，訴訟外の行為であるからといって，一律に意思の瑕疵に関する規定の類推適用を認めることには疑問がある。伊藤眞・民事訴訟法（有斐閣・平10）276頁）。

§5　当事者の弁論活動と裁判所の役割（弁論主義）

1　当事者と裁判所の役割分担

(1)　当事者主義と職権主義

　訴訟の進行にあたっては，当事者のイニシアティブを重視する立場（当事者主義）と，裁判所のイニシアティブを重視する立場（職権主義）とが考えられるが，現在の民事訴訟法は，当事者と裁判所の役割を分け，審理の進行は裁判所の責任とする反面，審理，判決のための資料の収集，提出は当事者の責任とすることを原則とする立場を採用した。前者を職権進行主義，後者を弁論主義という。

(2)　弁論主義

　弁論主義とは，審理のための資料，すなわち，判決の前提となる事実主張および証拠の収集，提出を，当事者の責任，権能とする審理方法である（口頭弁論の「弁論」とは全く別の概念である。この弁論主義に対立する概念は，職権探知主義である）。これは具体的には，以下の三つの原則として現れる。

　(a)　（いわば第一原則）　裁判所は，当事者が口頭弁論で主張した事実（これを訴訟資料という）のみを判決の基礎として採用することができ，当事者が主張しない事実は，証拠調べの結果（これを証拠資料という）から認定できるものであっても，判決の基礎とすることができない。

　この原則は，右の訴訟資料と証拠資料という用語を用いて，証拠資料は訴訟資料にはならない，という表現で表されることもある。

　この原則を示す明文はないが，人事訴訟手続法14条，31条2項等との対比から，民事訴訟法上は，このように解されている。ただし，この制約に服するのは主要事実（後述）だけで，間接事実（後述）については，このような制約はないとするのが通説・判例（たとえば，最判昭27・12・25民集6巻12号1240頁）である。

　また，この原則は，裁判所と当事者の間の役割分担にもとづくものなので，主張責任（後述）を有する当事者が述べた事実でなければならないということはなく，どちらか一方の当事者から主張されていれば，裁判所はこれを判決の

基礎として採用することができる（最判昭41・9・8民集20巻7号1314頁）。このことを主張共通の原則という。

　(b)　（いわば第二原則）　　裁判所は，当事者間に争いのない事実は，そのまま判決の基礎として採用しなければならない。

　179条前段はこれを裏から規定したものである。ただし，この制約に服するのも主要事実だけで，間接事実については，このような制約はないとするのが通説・判例である。

　(c)　（いわば第三原則）　　裁判所は，当事者が申し出た証拠のみを調べることができ，当事者が申し出ない証拠を取り調べることはできない。

　これは原則で，例外もある（たとえば，207条1項）が，180条，181条の規定や，右例外規定との対比から，このように解されている。

　ただし，どちらの当事者から申出のあった証拠であっても，裁判所はこれから自由に心証を取ることができ，ある当事者が申し出た証拠を，その当事者に不利な証拠として事実認定をしても差し支えない（最判昭23・12・21民集2巻14号491頁，最判昭28・5・14民集7巻5号565頁等，この趣旨の先例は多い）。このことを証拠共通の原則という。

　(3)　主要事実と間接事実

　(2)に見たとおり，弁論主義の下では，主要事実と間接事実とでは規制が異なるので，その区分が重要となるが，主要事実とは法律効果を定める実体法規の構成要件に該当する事実であり，間接事実とは主要事実の存否を推認させる事実をいう。このほか，訴訟において現れる事実には，証拠の証拠能力または証明力に関する事実があるが，これを補助事実という。

　たとえば，売買であれば，「当事者ノ一方カ或財産権ヲ相手方ニ移転スルコトヲ約シ」たことおよび，「相手方カ之ニ其代金ヲ払フコトヲ約シ」たこと（民555条）が主要事実であり，消費貸借であれば，「当事者ノ一方カ種類，品等及ヒ数量ノ同シキ物ヲ以テ返還ヲ為スコトヲ約シテ相手方ヨリ金銭其他ノ物ヲ受取ル」こと（民587条）であり，不法行為であれば，「故意又ハ過失ニ因リテ」「他人ノ権利ヲ侵害」し，「之ニ因リテ」「損害」が生じたこと（民709条）がそれぞれ主要事実となる。

　また，右の消費貸借に即していえば，たとえば，貸借があったとされる頃に，

一方当事者甲が金を必要としていたこと，他方当事者乙が銀行から金を下ろして手元に用意しておいたこと，甲が乙の事務所を訪ねたこと，その後甲の金回りがよくなったこと等の事実があれば，これらは甲乙間で貸借があったことを推認させるもので，消費貸借の成立を推測させる間接事実である。

なお，補助事実の例を上げれば，一方当事者が提出した文書が偽造されたものであるとか，一方当事者が申し出た証人には虚言癖があるというような事実である。

〔一般条項と主要事実〕

主要事実と間接事実の区別は，常に明確なものではなく，要件によっては不明確であり，特に一般条項と呼ばれる抽象的な要件の場合にはそうである。たとえば，民法1条3項の「権利ノ濫用」，同110条の「正当ノ理由」，同709条の「過失」，借地借家法6条，28条の「正当の事由」などがそれに該当する。

たとえば，過失の場合，まず，条文の表現に即して，「過失」それ自体が主要事実であって，その内容を構成する具体的な事実（たとえば，自動車運転の場合であれば，前方不注視，ハンドル操作の誤り，ブレーキ操作の遅れ等）は間接事実に過ぎないという考え方もある。この考え方によれば，被害者・原告が，被告に前方不注視の過失ありと主張している場合でも，「前方不注視」の部分は間接事実であるから，裁判所は，被告のハンドル操作の誤りを認定しても弁論主義違反にはならない。

これでは当事者に不意打ちの恐れがあり，攻防の対象を明確にしておく必要があるとして，具体的な個々の事実が主要事実であるとする考え方もある。この考え方によれば，裁判所の判断は，被害者・原告が主張した過失の態様に拘束されることになる。

この他に，具体的な個々の事実は主要事実それ自体ではないが，当事者の攻防の範囲を明確にするものとして，主要事実に準じて弁論主義の適用があるとする考え方もある。

これに関する下級審の判断は分かれており，上記第2の立場が有力であると見受けられるが，大審院以来の判例は，実は「故意又ハ過失」が要件たる主要事実であるとするものであって，当事者が故意だけを主張している場合でも，裁判所は過失を認定して差し支えないし，また過失もないことを認定しなければ，請求を退けることはできないというものである（大判明40・6・19民録13輯685頁，大判大3・4・2刑録20輯438頁）。

（4）　弁論主義の根拠

　上に見たとおり，弁論主義の下では主張も証拠も，その収集，提出が当事者の判断と責任とされることから，当事者の訴訟上の技量によって勝敗が左右される度合いが後述する職権探知主義の場合よりもはるかに大きくなる。なすべき主張をしなかったため，ある事実をたやすく自白したため，あるいは，出すべき証拠を出さなかったために，本来は分のあった訴訟に敗訴するということはいくらでもありうることである。

　このような弁論主義が採用されている理由については，いくつかの見解があるが，民事訴訟においてはその対象が私人間で自由に処分できる権利であることから，その判断の根拠となるべき資料の提出も当事者の自由な判断に任せてよいからであり，これはいわば民事訴訟の本質に由来しているとするものであるとする考え方（本質説）と，訴訟の結果に強い利害関係を有し，そして事件の内容を熟知している当事者に資料の提出を任せることが適切な判断に到達するのに好都合であるからであるとする考え方（手段説）が従来の代表的な見解である。この他に，近時は，この双方が根拠となっていると考える立場（多元説）も有力である。

（5）　弁論主義の妥当範囲

　弁論主義は，紛争の対象が私人の権利としてその自由な処分が許され，また判決の効力も当事者に限られるという範囲で機能する。これに対して，判断事項の内容が公益に関係する場合や，判決の効力が第三者にも及ぶ場合には，私人たる当事者の判断に任せておくことはできないから，弁論主義は排除される。訴訟要件に関する事項のほか，人事訴訟（人訴10条・26条・32条1項参照），行政訴訟（行訴24条参照）等がその例である。

2　職権探知主義と職権調査事項

（1）　職権探知主義

　職権探知主義とは，弁論主義に対立する概念で，裁判の資料となる事実および証拠の収集について，当事者に任せきりにせず，裁判所の主導権を承認するやり方である。その結果，前記の弁論主義の三原則は適用されないから，裁判所は，当事者が主張しない事実も裁判の基礎とすることができ，当事者間に争

いがない事実にも拘束されず，また，職権で証拠調べをすることもできる。判決の効力が第三者にも及ぶ人事訴訟にはその顕著な事例が見られる（人訴10条・14条・26条・31条2項・32条。他に，行訴24条・38条等）が，一般の民事訴訟でも，強度の公益性を有する事項（たとえば，裁判権の存否，当事者能力の有無，訴訟能力の有無，専属管轄等）の判断は職権探知による。

なお，職権探知主義が取られる場合でも，資料収集の実際の中心となるのは当事者であって，裁判所は従たる立場に立つにすぎない。紛争の実情に通じ，その結果に切実な利害関係を有しているのは当事者であるからである。

(2) 職権調査事項

職権調査事項とは，当事者の意向如何にかかわらず，裁判所のイニシアティブで取り上げ，判断しなければならない事項であって，公益に関する事項である訴訟要件の存否の判断や，強行規定の遵守の有無の判断がこれに該当する（ただし，訴訟要件の中には，例外的に職権調査事項ではないものがある。訴訟要件の項参照）。

職権調査事項であるかどうかという問題は，裁判所がその事項を自ら積極的に取り上げて判断しなければならないかどうかということであって，職権調査事項であるとしても，それは直ちにその判断のための資料も裁判所のイニシアティブで収集しなければならない（職権探知主義）ということではない。職権調査事項であって，その資料も裁判所が収集すべきであるとされている事項に，裁判権の存否，当事者能力の有無，訴訟能力の有無，専属管轄，除斥原因，既判力の存否等があり，職権調査事項であるが，その判断のための資料は当事者の提出に任せておいてよいとされるものに，権利保護の利益，当事者適格，任意管轄，二重起訴の有無，訴えの取下げや和解の効力の有無，攻撃防御方法の却下等がある。

3 釈　　明

(1) 意　　義

釈明とは，裁判所が訴訟関係を明瞭ならしめるため，事実上または法律上の点について当事者に発問したり，主張や証拠の提出を促すことである。裁判所のこのような行為をする権限を釈明権という。

弁論主義は，十分な訴訟追行能力を持ち，互いに平等な地位に立つ当事者の存在を前提としているが，実際にはそうでないことも多く，その状況で機械的に弁論主義を適用すると，実質的には不公正な結果になることがあり得る。そこで，個別の事件の事情に応じて，弁論を充実させ，紛争の実態を審理および判決に適切に反映させるため，裁判所の後見的な役割が期待されることになる。これにもとづいて，事実上あるいは法律上の点につき，当事者の陳述の不明確な点や不完全な点を指摘して，疑問点をただす，訂正，補充の機会を与える，証明の不十分な点について立証を促す，などのことが行われるが，これが釈明である。これを裁判所の権限と捉えて，裁判所の釈明権と表現することが多いが，一定の範囲で裁判所の義務と捉えた場合には釈明義務という。

裁判所の釈明権ないし釈明義務をどう考えるかということは，それぞれの時代の訴訟の状況や訴訟観によって大きく影響される。紛争の妥当な解決のために，裁判所は受け身の立場にとどまっていてはならない，審理で積極的な役割を果たすべきであると考えられる時代には，釈明権／釈明義務は広く理解されるし，民事訴訟では当事者のイニシアティブこそ重視されるべきで，裁判所はそれに答えるだけでよい，一方当事者の肩を持つような結果になることは極力避けるべきである，訴訟技術が劣る当事者が敗訴することは当然のことである，またはやむをえないことであると考えられる時代には，狭く理解されることになるであろう。

（2）　釈明権の行使

釈明権が帰属するのは裁判所であるが，具体的にこれを行使するのは，原則として裁判長である（149条1項。なお同2項参照）。当事者は，相手方に対して直接発問することはできず，裁判長に対して必要な発問を求めることができる（これを「求問権」という）にとどまる。

釈明権の行使は，口頭弁論期日または弁論準備期日（170条6項）に行われるのが原則であるが，期日外に電話やファクスを用いて行うこともできる。この場合，それが攻撃防御方法に重要な変更を生じ得る事項であるときには，その内容を相手方に通知しなければならない（149条4項。なお規63条参照）。

当事者は裁判所の釈明に応じる義務はないが，釈明権の行使は裁判所の後見的役割によるものであるから，釈明に応じないと，裁判所の理解の範囲内で裁

判がなされるという不利益が考えられる。また，当事者が攻撃防御方法の趣旨が明瞭でないとして裁判所から釈明を求められていながら，これに応じなかったり釈明をなすべき期日に欠席したりすると，裁判所はその攻撃防御方法を却下することができる（157条2項）。

（3） 釈明処分

裁判所は，（1）で述べたような内容のほか，訴訟関係を明瞭にするため，当事者・法定代理人に出頭を命じること，（当事者ではないが）当事者を補助する立場にある者などに陳述させること，当事者が引用した文書などを提出させること，当事者が提出した文書などを留置すること，検証・鑑定を命じること，調査を嘱託すること，などの処分ができる（151条）。これを釈明処分という。

これはあくまで訴訟関係を明瞭にするためのもので，証拠調べとしてなされるものではないが，釈明処分の結果を口頭弁論の全趣旨（後述）として心証形成に勘案することは差し支えない。

（4） 釈明の限界

釈明の限界を考えるため，釈明には二通りのものが区別されている。その一つは，当事者の申立てや主張のうち，不明瞭な点や矛盾する点を明らかにするよう求めるもので，「消極的釈明」と呼ばれている。もう一つは，当事者に，勝訴に必要な新たな申立て，主張，立証を示唆するもので，「積極的釈明」と呼ばれている。

裁判所の権限としての消極的釈明は，弁論主義を実質化，充実化させるものでむしろ当然のことと評価できるが，積極的釈明の方は当該当事者の応対如何ではその当事者を勝訴させることになるので，弁論主義の下で厳正に中立であるべき裁判所として問題が生じ得る。そこで積極的釈明には，裁判所は慎重でなければならないとされている。しかし，それも当事者や代理人の力量，事件の内容，訴訟の進行状況等個々の事情によることで，その限界に関して一律の基準を設定することは困難である。積極的な釈明であっても，当事者のそれまでの陳述から見て，明確な表示はなくても陳述の意思ありと推定される事項について，それを指摘して陳述を促すこと，事案の内容から見て，未だ提出されていないが，その他にも当事者の主張を支える重要な証人や書証文書があると考えられるのに，それが提出されていない場合にその提出を促すこと，当事者

に有利な事実が証拠資料に現れているのに，当事者がこれを主張しない場合に，主張の意思を確認することなどは許容される場合が多いであろう。

なお，裁判所から積極的釈明の行き過ぎがあっても，これを是正する方策はない。釈明の行き過ぎを違法としても，当事者が裁判所の意向に気づいて，その旨の主張，立証をしてしまえば，これを元に戻す手段はないからである。

(5) 釈明義務

釈明が裁判所の義務となり，その行使を怠ると違法となることがある。法文の上では釈明は裁判所の権限であるとされているが，義務となることもあることは判例・通説とも認めており，とくに当事者間の実質的平等を確保し，紛争の実態に合致した解決を図るという観点からすると，裁判所が釈明権を適切に行使しなければならないという場合は当然あり得ることである。

判例上，釈明権不行使を違法として（すなわち釈明義務違反として）原判決を破棄した大審院の先例はかなりあり，その違法事由は法令違背，理由不備，審理不尽等に求められてきた。これに対して，初期の最高裁は釈明義務を認めるのに消極的であった（最判昭27・11・27民集6巻10号1062頁，最判昭28・11・20民集7巻11号1229頁等）が，昭和40年頃から釈明権不行使を違法として上告を容れた事例も現れるようになってきている（最判昭39・6・26民集18巻5号954頁，最判昭44・6・24民集23巻7号1156頁，最判昭51・6・17民集30巻6号593頁等）。

新法では，法令違背は絶対的な上告理由とはならなくなった（318条1項参照）が，理由不備は新法でも上告理由である（312条2項6号）し，釈明義務違反を含む「審理不尽」も判例上認められてきた上告理由として引き続き維持できるのではないかと考えられる。

もっとも，事案解明の責任はまず当事者にあることからすると，その責任を果たさない当事者が釈明権不行使を上告理由とできるとするのは疑問であるから，釈明義務違反が違法となるのは，当該の釈明をしないままで裁判をすることが公平を欠き，訴訟制度の理念に反するような場合に限られるであろう。

§6　立証活動と事実の認定

1　証明の意義と機能
(1)　証明の概念

　裁判の最終的な目的は，原告の主張する請求権の存否を判断することである。しかし，権利は直接判定することができないものであり，一方，それぞれの権利はその発生，発効，消滅の要件となる事実が法律上定められているので，裁判においては，これらの事実の存否を明らかにすることが審理の重要な要素となる。

　すでに見たとおり，当事者間に争いのない事実は立証が不要となるが，争いのある事実の存否は裁判官が証拠によって，当事者の主張する事実が認められるかどうか決着をつけることになる（これを事実認定という）。当事者の立証活動の結果，裁判官がある事実の存否について十分な確信を得た状態を証明という（裁判官にこのように十分な確信を得させるための当事者の立証活動を証明ということもある）。ただし，訴訟上の証明は一点の疑義も許されない自然科学上の証明とは異なり，通常人が疑を差し挟まない程度に真実性の確信をもちうるという高度の蓋然性の証明で足りる（最判昭50・10・24民集29巻9号1417頁）。

(2)　証明と疎明

　証明とは，(1)のとおり，ある事実の存在または不存在について，裁判官が十分な確信を得た状態であって，判決だけでなく，決定，命令の場合を含んで裁判の前提となる事実認定には，証明を要するというのが原則である（248条はその例外）。これに対して，裁判官に，ある事実の存在または不存在について，一応確からしいという程度の心証を得させた状態，または裁判官にその旨の心証を得させるための立証活動を疎明という。

　疎明で足りる（この場合，証明に達していてももちろんさしつかえない）のは，その旨の明文がある場合にかぎり，実体的権利関係を終局的に確定するのではなく，訴訟上の一応の措置を定める場合（35条1項・91条2項・198条，規10条3項等）や，迅速な判断が必要とされる場合（民保13条2項）にその例があ

る。

疎明は，即時に取り調べることができる証拠（たとえば，手持ちの文書，在廷している証人）によってしなければならないという制約がある（188条）。

(3) 厳格な証明と自由な証明

厳格な証明とは，法が許容する証拠を，法定の証拠調べの手続によって調べることによってなされる証明で，訴訟の本案の争点に関する証明はこれでなければならない。

これに対して，自由な証明とは，そのような制約のない証明で，職権調査事項，任意的口頭弁論の下で決定手続で審理される事項，証明が必要な場合の法規や経験則については，自由な証明で足りると解するのが多数説である。

(4) 証拠とその分類

裁判官の事実認定の資料となるのが証拠である。これは裁判官の心証形成との関係から，三つの意味を区別することができる。

取調べの対象となる有体物を証拠方法という。証人，当事者本人，文書，検証物，鑑定人等がこれに当たる。

裁判官が証拠調べによって得た認識を証拠資料という。証人の証言，当事者本人の供述，文書の記載，検証の結果，鑑定人の鑑定意見等がこれに当たる。

証拠調べの結果，裁判官がある事実の存在または不存在について確信を得た場合，その根拠となったものを証拠原因という。

また証拠を態様によって分類した場合には，証人，当事者本人，鑑定人を人証（じんしょう，または，にんしょう）といい，文書および検証物を物証という。

また，証明の対象となる事実との関係で分類すると，主要事実を直接証明できる証拠を直接証拠（たとえば金銭消費貸借について，借用証や，貸借の場に立ち会った証人），間接事実または補助事実を証明する証拠を間接証拠（たとえば上記金銭消費貸借についていえば，貸主が金銭を用意したという間接事実を証明する預金通帳（の記載），あるいは前記立会証人は虚言癖があって信用できないという補助事実を証明する証人）という。

(5) 証拠能力と証明力

証拠能力とは，ある有体物を当該訴訟において証拠として用いることができ

るという資格であり，当該有体物（たとえば文書）をその訴訟において証拠として使用することができる場合には，その証拠には証拠能力があるという。証拠能力は，あるかないかのどちらかであって中間的な段階はない。

現行民事訴訟法では，原則としてすべての証拠に証拠能力を認めており，刑事訴訟の場合とは異なって，いわゆる伝聞証拠も排除されない。

証明力（証拠力，証拠価値，信用性ともいう）とは，ある証拠が，どこまで信用でき，事実認定にあたってどこまで有用であるかという度合いを示す概念であり，証明力が大きい（または高い），小さい（または低い）と表現される。証拠能力とは異なって，段階的な概念である。

〔証拠能力の例外〕
　ただし，現行法上も，証拠としての適格について，以下のような例外がある。
- 訴訟上の代理権の証明は，書面によらなければならない（規15条・23条1項）。
- 口頭弁論の方式の遵守に関しては，原則として口頭弁論調書が唯一の証拠方法となる（160条3項）。
- 疎明は，即時に取り調べることができる証拠によってしなければならない（188条）。
- 忌避された鑑定人は，鑑定能力を欠く（214条）。
- 手形訴訟，小切手訴訟では，原則として書証に限られる（352条1項・367条2項）。
- 違法に取得された証拠や無断で録音されたテープについては，証拠能力を否定すべきであるという見解や，その点が争われた下級審の先例がある（たとえば，東京高判昭52・7・15判時867号60頁）。

(6) 本証と反証

本証とは，ある事実について証明責任（後述）を負う当事者が，その事実を証明するために提出する証拠（またはそのための立証活動）であり，この場合には，裁判官が当該事実の存在（または不存在）について確信を抱く状態（証明）にいたって初めて目的を達する。

これに対して，反証とは，その事実について証明責任を負っていない当事者が，相手方当事者（証明責任を負っている当事者）の立証活動の効果を減殺するために提出する証拠（またはそのための立証活動）であって，この場合には，裁判官に当該事実の不存在（または存在）を確信させるまでの必要はなく，そ

の心証を動揺させて当該事実を存否不明の状態に持ち込むだけで目的を達する。

(7) 事実認定の資料

裁判官の事実認定の資料となるのは，証拠調べの結果と口頭弁論の全趣旨である（247条）。証拠調べの結果とは前述した証拠資料のことである。

口頭弁論の全趣旨（単に，弁論の全趣旨ともいう）とは，証拠調べの結果以外のもので審理の過程に現れた一切の模様・状況をいい（大判昭3・10・20民集7巻815頁），具体的には，当事者・代理人の主張の内容，態度，時期，相手方当事者の主張に対する対応の状況，証拠申出の内容や時期，裁判所が釈明処分としてした検証，鑑定，調査嘱託の結果（151条5項・6項）などがある（なお，159条1項に，これとは異なった意味の「弁論の全趣旨」がある）。

証拠調べの結果と口頭弁論の全趣旨のいずれを重視するかということは，裁判官の自由心証に任されていて，証拠調べの結果より口頭弁論の全趣旨を優先しても差し支えないし，口頭弁論の全趣旨だけで事実を認定することもできるとされているが，その内容が曖昧なものになりやすいので，安易な認定とならないよう，弁論の全趣旨を事実認定に用いるには十分な根拠にもとづくことを必要とすべきであろう。

2 証明の対象

証明の対象となるのは，原則として事実であるが，それ以外に法規および経験則も一定の範囲で証明の対象となりうる。

(1) 事　　　実

裁判所は民事訴訟において，当事者の権利主張の当否を判断するわけであるが，権利とは一定の事実に法が与えた観念的な存在にすぎず，その一定の事実が証明されることによって，当該の権利の存否が確定される。法律問題よりも，係争事実に対する立証活動に当事者の時間とエネルギーの過半が注がれ，その証明の成否によって訴訟の運命が決まるというのが普通の民事訴訟の状況である。

証明の対象となる事実の種類として，主要事実，間接事実および補助事実があるが，この区分については弁論主義の項を参照のこと。

(2) 法　　　規

法規の適用は裁判官の職責であり，裁判官は法規の専門家としてこれに通暁していることを期待されており（「裁判官は法を知る」という法格言がある），当事者は法規を証明する必要はない。国内の成文法についてはこれはそのままあてはまる。

しかし，慣習法，地方の条例，外国法については，裁判官が知っているとは必ずしも期待できないから，証拠によって証明されるべき対象となる。

(3) 経 験 則

経験則とは，人間の経験によって得られた知識，法則である。これには，一般常識に属するものから専門的知識に属するものまでが含まれるが，そのうち前者に属するものは，普遍性を有し，何人も容易に知り得るものとして証明の対象にはならない。しかし，後者については，証拠による証明の対象となる。当事者による証明の対象とするということは，当事者に口頭弁論で攻撃防御を尽くさせることであって，裁判所が公正な判断をすることに資する。

3 証明を要しない事実

以下の事実は，証明を要しない。

(1) 裁判上の自白　(a) 自白の意義　裁判上の自白とは，口頭弁論または弁論準備手続において，当事者の一方が，自己に不利益な相手方当事者の主張を認めることである。

口頭弁論または弁論準備でなされたものにかぎり，それ以外の場でなされた自白は，裁判外の自白と呼ばれて，(b)に述べるような効果を伴わない。

自白は双方当事者の陳述が一致すれば足り，主張の先後を問わないので，一方がまず自己に不利益な陳述をし（これを先行自白という），相手方当事者がこれを援用すれば，これも自白になる（大判昭8・2・9民集12巻397頁）。相手方が援用する前は自白ではなく（大判昭8・9・12民集12巻2139頁），その陳述を撤回することができる。

相手方当事者の主張の全体を争っていても，その一部について一致した陳述があれば，その一致した部分については自白が成立する。たとえば，貸金返還請求訴訟において，金銭の授受は認めるが借りたのではなく贈与を受けたのだと主張する場合は，消費貸借の一要件である金銭の交付について自白が成立す

る（返還約束の部分を否認したことになる。このような主張を理由付否認という）し，借りたがすでに返還済みであると主張する場合には，消費貸借全体について自白が成立し，新たに抗弁として弁済という事実を主張したことになる（このような主張を，制限付自白という）。

　自白の対象となるのは事実であって，法令の解釈・適用に関する意見について当事者の陳述が一致しても，自白ではない。一方，権利や法律効果に関する陳述が一致した場合（これを権利自白という）の法律的効果については争いがあり，判例はこれを自白ではないとして，裁判所を拘束しないとする（最判昭30・7・5民集9巻9号985頁，最判昭31・7・19民集10巻7号915頁）が，裁判所としては，反証のないかぎり，これを尊重するのが妥当であろう。

　なお，訴訟物自体に対する権利自白は，請求の放棄または認諾として訴訟の終了原因となる。

　(b)　自白の効果　　裁判上の自白は，裁判所および当事者を拘束する。この二面の拘束力が裁判上の自白の特色である。

　当事者が自白した事実は，裁判所はそのまま採用して判決の基礎としなければならない（179条）。これは弁論主義（第二の原則）の帰結で，職権探知主義が適用される分野では，この拘束力は該当しない（人訴10条2項・32条1項参照）。

　また，自白をした当事者は，これを撤回することはできない。自己の責任でした行為を任意に撤回できることにすると，審理を混乱遅延させ，また，自白によってもう証明は要しないものと信頼した相手方当事者に不利益を与える恐れがあるからである。条文にはないことであるが，判例・学説が一致して認めている。ただし，絶対に撤回できないとしては不都合が生じることがあるので，以下のような場合には例外として，撤回が認められている。

①　相手方当事者が撤回に同意した場合（撤回に異議を述べない場合を含む。最判昭34・9・17民集13巻11号1372頁，最判昭34・11・19民集13巻12号1500頁）。

②　自白が真実に合致せず，かつ錯誤にもとづいて自白をしたことを証明した場合（大判大11・2・20民集1巻52頁）。本来は当該要件（たとえば消費貸借）は相手方が証明すべきものであったところ，当事者がいったんこれを自白すると，その後に撤回しようとする場合には，これが真実に合致し

ない旨（消費貸借が不存在である旨）を証明しなければならないから、証明責任（後述）の転換が生じることになる。なお、現在の判例上は、自白が真実に合致しないことが証明された場合には、特別な事情のないかぎり、錯誤に出たものと認められる（最判昭25・7・11民集4巻7号316頁）。
③ 当該自白が、詐欺、強迫等、刑事上罰すべき他人の行為によってなされるに至った場合（大判昭15・9・21民集19巻1644頁、最判昭33・3・7民集12巻3号469頁）。

〔間接事実、補助事実に関する自白〕

自白の対象となるのは前記のとおり事実であり、主要事実に対する自白についてはここで述べたことがそのまま当てはまるが、間接事実および補助事実に対する「自白」については、問題がある。

間接事実に関する陳述の一致も「自白」と呼ぶことができるが、その効果に対する見解は分かれている。現在の判例によれば、これは裁判所を拘束せず（裁判所はこれに拘わらない事実認定ができる。最判昭31・5・25民集10巻5号577頁）、自白した当事者をも拘束しない（撤回は自由である。最判昭41・9・22民集20巻7号1392頁）というものであり、学説も多数説はこれを支持しているが、それぞれ反対に解するものもある。

裁判所に対する拘束力は、自由心証主義との関わりが問題となっているのに対して、当事者に対する拘束力の根底にあるのは禁反言の原理であって、両者は異なったものである。したがって、一方の拘束力の存否の判断が当然に他方の拘束力の存否の判断を決めるというものではなく、一方の拘束力を肯定して、他方の拘束力を否定する学説もある。

補助事実とは、既述のとおり、証拠の証拠能力や証明力に関する事実であるが、補助事実に関する自白として特に論点となるのは、書証文書の成立の真正（後記）に関する自白である。かつては判例・通説とも、これを主要事実と同様の扱いとしていたが、その後、判例は転換し、現在ではこれに関する自白は裁判所を拘束しないとされている（最判昭52・4・15民集31巻3号371頁）。学説も多数説はこれに同調するが、有力な反対説もある。

(2) 擬 制 自 白

(a) 当事者が、自己に不利益な相手方当事者の主張を明示的に争わない場合は、弁論の全趣旨から見て争っていると認められる場合を除いて、当該主張を自白したものとみなされる（159条1項）。これを擬制自白という。

このことは，当事者が口頭弁論期日に出席しない場合にも同様である（同3項本文）。事前の準備書面の記載によって（161条3項参照）相手方の主張を知りながら，出頭して争うという途をとらない当事者にその旨を不利益を負わせても不当とはいえないからである。したがって，公示送達による呼出しを受けた場合には，そのことを知り得ないのが通例であるから，このことは当てはまらない（同項但書）。

(b) 擬制自白も裁判所を拘束するが，当事者への拘束力はなく，当事者は口頭弁論終結に至るまでその点に関して新たに「不知」または「否認」の主張をする（これは自白の「撤回」ではない）ことができる。もっとも，これが時機に遅れた攻撃防御方法の提出と判断された場合には，157条1項によって却下されることはあり得る。

(3) 顕著な事実

顕著な事実も証明を要しない（179条）。顕著な事実とは，客観的に明らかな事実という程の意味であるが，その内容には二種類のものがあって，その一は公知の事実であり，その二は裁判所に顕著な事実である。いずれももはや明らかである以上，証拠によって明らかにする必要はなく，裁判の資料として用いることができる。

公知の事実とは，通常の知識経験を有する社会人であれば，だれでも知っているような事実であり，歴史上の事件や有名な事故，天災などが該当する。もっとも，公知の事実かどうかが争われた場合にはそのことが立証の対象となるし，公知とされても相手方はこれを争って反証を出すことができる。

裁判所に顕著な事実とは，裁判所が職務を行うにあたって知った事実であり，以前に自らなした裁判（判決，破産宣告，禁治産宣告等）がその例である。他方，裁判官が職務外の私的な関係で知った事実（これを裁判官の私知という）はこれにあたらない。

4 証拠調べ

(1) 証拠の申出　　(a) 証拠の申出

裁判所の証拠調べは，原則として，当事者が申し出た証拠方法についてのみ行われる（大きな例外は，後述の当事者尋問および調査嘱託。他に，228条3

項・233条・237条も参照のこと)。前述した弁論主義の第三の原則である。証拠申出は, 口頭弁論期日のほか, 期日前にも (何らの期日のない時にも, 弁論準備期日にも) 行うことができる (180条2項) が, 訴訟の進行状況に応じて適切な時期にしなければならず (156条。適時提出主義), 争点および証拠の整理の後に提出されたものについては相手方当事者にいわゆる詰問権が生じる (167条・174条・178条) ほか, 時機に遅れた申出は却下されることがある (157条1項)。

申出は, 証明すべき事実を特定し (180条1項), 証拠方法を特定した上, 証明すべき事実と証拠方法との関係 (たとえば, 契約締結に立ち会った証人Aの証言をもって契約成立を証明する, というように) を具体的に明示して (規99条1項) 行う必要がある。この証明すべき事実と証拠方法との関係を立証趣旨といって, 裁判所が当該証拠の採否を判断する資料となるが, 裁判所はこれに拘束されるわけではなく, どのような証拠からどのような事実を認定するかということは裁判所の自由に任されている。

(b) 証拠申出の撤回　証拠調べの申出は, 採否の裁判の前はもとより, 採用の裁判の後でも, 証拠調べの開始前には, 申出当事者が自由に撤回できる。

証拠調べ開始後は, 相手方当事者の同意がなければ撤回できない。証拠共通の原則から, 相手方当事者もその証拠を利用できるからである。

証拠調べ終了後は, 当該証拠からすでに裁判官が心証を得た後であるから, 証拠申出はもはや撤回できない (最判昭32・6・25民集11巻6号1143頁)。

(2)　証拠の採否

(a) 裁判所の採否の判断　当事者が申し出た証拠の採否は, 裁判所の裁量に任されており, 裁判所が不必要と認めたものはその取調べを要しない (181条1項)。証明の対象となる事実が立証を必要とせず, あるいは訴訟の結果に影響がないとき, 証拠と証明の対象となる事実に関係がないとき, 裁判官がすでに十分な心証を得ていて, それ以上証拠を必要としないとき, などがこれに当たる。

証拠調べについて不定期間の障害があるもの (たとえば, 証人が臨床尋問もできない程の重病であるなど, いつその障害がなくなるか不明で, そのためにいつ証拠調べができるか見通しの立たないもの) についても同様である (同条

2 項)。

一方当事者の証拠の申出に対し，相手方当事者は意見を述べることができる（161条2項2号参照）。

(b) 唯一の証拠　ある証拠の申出が，その申出当事者にとって唯一の申出であるときには，裁判所はかならずこの唯一の証拠方法を採用して取り調べるべきであるとするのが判例である（証人につき，大判明31・2・24民録4輯48頁，大判明42・11・12民録15輯874頁，書証につき大決大3・9・25民録20輯687頁，当事者本人につき，大判大15・12・6民集5巻781頁，最判昭53・3・23集民123号283頁等）。当事者の立証活動を封じておいてその主張を退けるのは，不公正であるからである。

〔「唯一の証拠」の例外〕

　もっともこれには，かなり広範な例外が認められていて，その証拠が争点の判断に不必要である場合（大判大3・11・18民録20輯952頁），証拠申出書，尋問事項書（規107条1項参照）が提出されない場合（最判昭35・4・26民集14巻6号1111頁，最判昭36・11・10民集15巻10号2474頁），当事者本人が呼出にもかかわらず出頭しない場合（最判昭29・11・5民集8巻11号2007頁，最判昭39・4・3民集18巻4号513頁），必要な費用を予納しない場合（最判昭28・4・26民集7巻4号457頁），証拠の申出が時機に遅れたものであった場合（最判昭30・4・27民集9巻5号582頁），当事者の協力が見込めず訴訟が遅延すると認められる場合（最判昭35・4・26民集14巻6号1064頁）などの場合にはこのかぎりでないとされてきた。

(c) 証拠決定　証拠の採否の裁判を証拠決定というが，刑事訴訟の場合（刑訴297条）とは異なり，民事訴訟では，実務上，証拠の採否について明示の裁判を行わなくてもさしつかえないとされている。採用するときは申出のあった証拠の取調べが実施されるし，申出があった証拠について取調べがないまま口頭弁論が終結された場合には，その申出が黙示的に却下されたものと考えられる。

なお，証拠調べの決定がなされたときは口頭弁論は中止され，証拠調べ終了後に口頭弁論が再開，続行されるとするのが通説・判例（大判昭8・2・7民集12巻151頁）である。したがって，証拠調べの決定があってから裁判官が交替

した場合には，交替後の裁判官はまず証拠調べを実施し，その証拠調べが終了してから弁論更新の手続をすべきものである。

(3) 証拠調べの手続

証拠調べは，受訴裁判所が口頭弁論期日に法廷で行うのが原則であるが，必要に応じて，期日外に，法廷外で行うこともでき（185条1項前段），この場合には，裁判所は受命裁判官または受託裁判官をしてその証拠調べを施行させることもできる（同項後段）。期日外に証拠調べが行われた場合には，直接主義および口頭主義の要請を満たすため，当該証拠調べの調書を口頭弁論に上程し，当事者にこれに関する陳述の機会を与えなければならない（最判昭35・2・9民集14巻1号84頁）。

当事者は常に証拠調べに立ち会うことができるが，当事者にはその機会を与えれば足り，当事者が出席しなくても証拠調べを実施することはさしつかえない（183条）。

証拠調べの結果は，調書に記載される（規67条1項・78条）。

5 証拠調べの実際
(1) 証 人 尋 問

(a) 証人尋問とは，自然人たる第三者に，その事実認識を供述，報告させるという証拠調べの方法である。証人となりうる者は，当事者および法定代理人以外の第三者にかぎり，第三者であるかどうかは尋問時を基準とする。

裁判所は，わが国の裁判権が及ぶかぎり，原則として何人でも証人として尋問することができ（190条），これは具体的には，何人でも原則として証人として出頭（192条参照），宣誓（201条参照），証言する義務があるということである。証人は，鑑定人とは異なって，その人独自の経験による認識を証言するものであり，代替性がないので，正当な理由なく出頭しない証人を，裁判所は強制的に出廷させること（拘引）ができる（194条，規111条）。また，宣誓した上で虚偽の証言をすると，偽証罪の制裁（刑169条）がある。

(b) 証人尋問も，当事者の申出にもとづいて裁判所が採否を決定する。この申出には，証人を特定し，尋問に要する見込み時間を明らかにした（規106条）上，尋問事項書を提出しなければならない（規107条）。

証人尋問の申出が採用されたときには，裁判所は証人を呼び出す（規108条）が，当事者が証人を同行できる場合にはこの呼出手続は不要となる。

具体的な尋問は，まずその証人の尋問を申し出た側の当事者が尋問を行い（これを主尋問という），次いで相手方当事者が尋問を行い（これを反対尋問という），申出をした当事者がもう一度尋問（これを再主尋問という）の機会を持つという交互尋問の方式（202条1項，規113条・114条1項）によるのが普通であるが，裁判長は，当事者の尋問後に証人を尋問（202条1項。これを補充尋問という）するほか，尋問手続の全体を整理，指揮する権限を有している（202条2項，規113条2項－3項・114条2項・115条3項）。

証人は書類にもとづいて証言することはできないというのが原則である（203条本文）が，裁判長の許可があれば書類を見ながら証言することができ（同条但書），さらに裁判所が相当と認めて当事者に異議がない場合には，書面の提出をもって尋問に代えることができる（205条）。

なお，公務員の尋問には制約があり（191条），また証人は一定の事項については証言を拒むことができる（196条・197条）。

(c) 同一期日に2人以上の証人を尋問する場合には，先行する証言が後に尋問する証人に影響することを防止するため，後に尋問する証人を同席させないのが原則である（規120条参照）。

他方，裁判長は，必要と認めたときは複数の証人を同時に尋問し，証言の食い違いを互いに釈明させるという，対質を命ずることができる（規118条）。

(2) 当事者尋問

(a) 当事者尋問とは，当事者本人にその事実認識を供述，報告させるという証拠調べの方法である。主張と立証を峻別する弁論主義（前記第一の原則参照）の下で，当事者が当事者席で述べること（裁判所の釈明に対して答えることも含まれる。149条）は事実の主張であって，請求の原因や抗弁等の提出あるいは相手方の主張に対する自白や否認という訴訟資料になる。これに対して当事者が，裁判所の当事者尋問決定後に，証言台で述べることは証拠資料となる。尋問に対して述べたことは主張にはならないから，尋問に答える当事者本人は訴訟能力者であることを要しない。

ここでいう当事者本人には，当事者を代表する法定代理人を含む（211条）

が，法人等の代表者であっても当該訴訟で当事者を代表していないときには，当事者尋問ではなく，証人尋問の客体となる（最判昭27・2・22民集6巻2号279頁）。

(b) 手続は証人尋問とほぼ同様である（210条参照）が，主要な相違として，以下のような点がある。

① 裁判所は，当事者の申出を待たずに職権で尋問することもできる。書証，検証，鑑定，証人尋問，当事者尋問の5つの主要な証拠調べの方法のうちでは，裁判所が職権でできるのはこれだけである。

② ある事件において，証人尋問および当事者尋問の双方を実施すべきときには，原則として証人尋問を先に行う（207条2項本文）。一般的には，当事者より第三者である証人の方が，公平さや信用性が優っているという配慮であるが，裁判所が適当と認めた場合には，当事者尋問を先行させてもさしつかえない（同項但書）。第三者的な証人がいず，当事者本人が一番事情に詳しいというような場合がこれに該当するであろう。

③ 証人尋問の場合のような出頭や証言の強制はなく，当事者が正当な理由なく出頭，宣誓，陳述に応じないときは，裁判所は，当該尋問事項に関する相手方の主張を真実と認めることができる（208条）。

④ 宣誓した当事者が虚偽の供述（証人ではないから，「証言」とは言わない）をした場合，その制裁は偽証罪ではなく過料にとどまる（209条）。

(c) 近時の実務では，当事者（または当事者に近い立場の証人）尋問に先立って，その当事者（または証人）名義で尋問での供述内容をなす自己の体験，認識を時系列に沿って記載した書面（陳述書という）を提出しておくことが広く行われている。主尋問の内容をこれに譲ることによって主尋問時間を短縮できるということのほか，準備書面を補充して当事者の詳細な主張やその背景を明らかにするというメリットがあるとされるが，実質的には訴訟代理人がその作成に深く関与して，準備書面と同様のものであることから，その必要性を疑問視したり，あるいは，裁判官がこれで心証をとることは書面審理に拍車をかけ，安易な認定に走らせる恐れがあるとして，批判的に見る見解もある。

(3) 鑑　　定

(a) 鑑定とは，特別の学識経験のある者（鑑定人）に，裁判所が指示した事

項について，その専門的知識またはその専門的知識を用いた判断を報告させるという証拠調べである。意見・判断を述べるのが鑑定人であり，過去に体験した事実を述べるのが証人である点にこの両者の差異があるが，証人の事実の陳述といっても，そこにはどうしても証人の意見・判断が介入するものであるから，その区別には流動的な面もある。特別の学識経験によって知り得た事実に関する尋問は，証人尋問に関する規定により（217条），このような証人を鑑定証人という。

　(b)　わが国の裁判権に服して，鑑定に必要な学識経験を有する者は鑑定の義務を負う（212条1項。もっとも実際には，本人の内諾なしに鑑定が命令されることはない）が，証言または宣誓を拒絶することができる者と同一の地位にある者および宣誓義務のない者は鑑定人となることはできない（同条2項）。

　鑑定人の義務は，出頭，宣誓，鑑定意見の供述である（216条が証人尋問に関する規定の大部分を準用している。これらを怠った場合の制裁規定も準用される。）が，同等の専門的知識を有する者であれば誰でもよいという点が証人とは異なっている部分である。この代替性のため，鑑定人には忌避の制度が認められており（214条），また拘引はできない（216条但書）。

　鑑定も当事者の申出によって開始される。鑑定の申出には，鑑定事項を表示して鑑定を申請すれば足り，鑑定人を指定する必要はない。鑑定人を指定するのは，受訴裁判所，受命裁判官または受託裁判官である（213条）。

　(c)　鑑定人は，鑑定命令において特に鑑定の方法や資料について制約がある場合を除き，適当な一切の資料を用いることができる（最判昭31・12・28民集10巻12号1639頁）。

　鑑定人は鑑定意見を口頭または書面で述べるが，口頭で述べる場合には口頭弁論期日に陳述され，書面で述べる場合には期日外にその書面が提出される。口頭弁論期日に鑑定意見の陳述があった場合には当事者はその場で鑑定人を尋問することができる（216条）が，実務上は鑑定意見は書面（鑑定書）によって提出され，当事者がその内容について鑑定人を尋問したいときは，217条によって別途証人申請をするのが普通である。

　(d)　裁判所は，官公署や相当の設備を有する法人に鑑定を嘱託することもできる（218条）。これを鑑定の嘱託という。この場合には，裁判所は鑑定事項を

記載した書面（嘱託書）を当該官公署または法人に送付すれば足り，その代表者を呼び出す等の手続は要しない。またこの場合には，鑑定の嘱託ということの性質上，宣誓や不出頭に関する制裁の規定の準用はない。

(e) 以上のような正規の鑑定のほか，最近では，当事者が直接専門家に鑑定を依頼し，その鑑定意見を書証文書として裁判所に提出する事例が増えており，このような鑑定を私鑑定（わたくしかんてい）という。正規の鑑定では不利な判定をされた当事者が反対の専門家の意見を提出する場合や，裁判所からの正式な鑑定依頼ではなかなか専門家の協力が得られない場合等にその例がある。正規のルールに拠らない鑑定であることから，その証拠能力や証明力には議論があり，今後の課題とされている。

(4) 書　　証

(a) 意義　　書証とは，人の思想内容を文字（またはこれに代わるもの）によって表現した文書を裁判所が閲読して，その内容を証拠資料とする証拠調べである。このように書証とは，証人尋問，当事者尋問等と同じく証拠調べの方法をいう語であって，文字が書いてある書面は文書という（219条参照。ただし，民事訴訟規則では，文書の意で書証という語を用いているところもある。たとえば，55条2項・80条2項・139条）。また，書証は，文字を読み取るというプロセスを伴っている点で，視覚による検証と区別される。

したがって，文書の証拠調べにおいても，その形状，紙質，印紙の貼り具合，筆跡の同一性等を調べることは，文字を読み取るという作業を伴っていないので，厳密には検証である。

(b) 文書の種類　　(イ) 公文書・私文書　　公務員が権限にもとづいて職務上作成した文書が公文書であり，それ以外の文書が私文書である。公文書は，公文書であるというだけで真正に成立したものと推定される（228条2項）。

(ロ) 処分証書・報告証書　　処分証書とは，その文書を作成すること自体が作成者の意思表示その他の法律行為に該当するものを言い，民事訴訟でよく現れるものとしては，手形，遺言書，契約書等がある。報告証書とは，概念上は処分証書以外のもの全部を含むが，要するに作成者の経験や認識を記載したもので，帳簿，日記，報告書，診断書等がある。

(ハ) 原本・正本・謄本・抄本　　原本とは，最初に作成されたオリジナルの

書面であり，謄本とは原本の内容をそのまま記載した写（機械複写でなくてもさしつかえない）であり，謄本のうちで，とくに原本と同一である旨を権限ある公務員が証明したものを認証謄本という（たとえば，戸籍謄本，登記簿謄本）。正本とは，謄本（写）の一種であるが，とくに法律が権限ある公務員に作成を命じるとともに，原本に代わる効力を認めたものである（たとえば判決正本）。抄本は原本の一部のみの写である。

　文書の証拠調べは，原本，正本または認証謄本でするのが原則である（規143条1項）。

　なお正本にはもう一つ意味があり，それは副本に対するもので，当事者が官公署に提出する書類のうち，前者は記録に編綴する正式のもの，後者は相手方に送達されるもの（規40条1項・58条参照），あるいは控えとして手元に残る文書をいう。

　(c)　文書の証拠能力と証拠力　　(イ)　文書の証拠能力　　文書の証拠能力とは，その文書が証拠たり得る資格があるということで，換言すれば，その文書を当該訴訟において，証拠として合法的に使用することができる場合には，その文書には証拠能力があるという。

　民事訴訟においては，刑事訴訟とは異なり，どのような文書も証拠能力を有するとされている（訴訟提起後に第三者が作成した文書につき，大判昭14・11・21民集18巻1545頁，訴訟提起後に挙証者自身が係争事実について作成した文書につき，最判昭24・2・1民集3巻2号21頁）。

　他方，文書の証拠力とはその文書が証明に有用であるかどうかということを表す概念で，これには形式的証拠力と実質的証拠力がある。

　(ロ)　形式的証拠力　　文書の形式的証拠力とは，文書が立証者主張のとおりの特定人の思想を表現するものと認められることである。すなわち，文書は特定人の思想を表明したものであることから，まずそれは誰の思想内容であるのかということを特定する必要がある。立証者が，当該文書は何某（文書上の名義人である場合も，そうでない場合もある）の作成であると主張し，それが認められた場合には，その文書は真正に成立したといわれて，係争事実の認定資料に用いることができるようになる。

　文書が真正に成立したこと（提出者主張の者の作成であること）は，提出者

が証明しなければならない（228条1項）が，いくつかの推定規定がある。
① 文書の方式および趣旨から見て，公務員が職務上作成したものと認められる文書は，真正に成立した公文書と推定される（同2項。なお，同3項参照）。
② 本人またはその代理人の署名または押印のある私文書は，真正に成立したものと推定される（同4項）。ここで署名または押印があるとは，その署名または押印が本人または代理人の意思にもとづいてなされたとの意味である。なお押印について，その印影が本人の印章によるものであるときは，本人の意思によるものと事実上推定できるから，結局この場合にも本項の推定を使うことができる（最判昭39・5・12民集18巻4号597頁）。

文書の成立の真正は，筆跡または印影の対照によって証明することもでき（229条），また相手方の自白があれば証明は不要となる。また，当事者が故意または重大な過失で真実に反して文書の成立の真正を争った場合には制裁がある（230条）。

(ハ) **実質的証拠力**　文書の実質的証拠力とは，当該文書が係争事実の認定に有用である度合いであって，証拠能力および形式的証拠力の判断が，ある，または，ない，のどちらかであるのに対して，これは段階的なものである。普通，単に「証明力」という場合には，これを指すことが多い。

法は，弁論の方式に関して口頭弁論調書に絶対的な証拠力を認めている（160条3項）が，それ以外の場合には，証拠力の判断は裁判官の自由な心証に委ねられている（247条。自由心証主義）。

処分証書の場合には，真正に成立したと認められれば，それだけでその内容をなす意思表示がなされたものと認められ，相手方は，その点を争う余地はない。もっとも当該意思表示に瑕疵があったということや，当該意思表示が後日失効したということは，その文書の記載には含まれないことである。また，当該証書に日時や場所の記載がある場合，これらの記載は意思表示そのものではなく，性質上は報告証書になるから，その正確性を争うことは可能である。

報告証書の場合には，記載内容は作成者の経験，認識であり，相手方当事者は常に，その正確性，信用性を争うことができる。

(d) **書証の手続**　弁論主義の下で，書証も当事者の申出を要する。具体的

には，当事者が自ら所持している文書については，それを裁判所に提出し（219条），相手方当事者または第三者が所持している文書については，文書提出命令の申立て（219条）または文書送付嘱託の申立て（226条）をすることによって行う。後者のうち，文書送付嘱託の申立ては，所持者がこれに応じない場合にも何らの制裁がないので，文書の所持者が当該文書送付を拒まない場合にのみ機能するが，官公署の協力が得られる種類の文書には実務上よく利用されている。

　実務上，原告が提出する文書には「甲」，被告が提出する文書には「乙」という符号を付し，提出順に1番から番号を打つのが慣例である（甲第1号証，甲第2号証……）。

　(e)　文書提出命令　　(イ)　当事者が立証活動に必要とする文書を相手方または第三者が所持しており，任意の提出に応じない場合に備えて，法は文書提出命令の制度を設けている（220条以下）。文書は一般に人証（証人，当事者本人）より証明力が高いとされ，訴訟において大きな役割を果たしているが，とくに一方当事者が個人で，他方当事者が大きな力を持った国，自治体，大企業等である場合（公害，薬害，自然環境等の問題を争点とする訴訟では，このような形態になることが普通である）には，重要な文書がこれらの事件の原告となる個人の側にはなく，他方当事者側にのみ存在していること（このような現象を証拠の偏在という）が多いので，文書提出命令は，当事者間の実施的平等達成に寄与する制度として重要なものであり，今次の民事訴訟法改正でもその対象の拡充が図られた。

　(ロ)　文書の所持者がその文書を提出しなければならないのは，以下のような場合である（220条）。

　① 当事者が訴訟において引用した文書を自ら所持している場合
　② 挙証者側が文書所持者に対して，その引渡しまたは閲覧を求めることができる場合

　民法262条4項，商法153条1項・263条2項・293条の6第1項等にその例がある。

　③ 文書が挙証者の利益のために作成された場合，または文書が挙証者と文書所持者との間の法律関係について作成された場合

前者（利益文書という）に該当するのは，挙証者のためにする契約の契約書やその他の契約関係書類（委任状，同意書，領収書），挙証者を受遺者とする遺言書等であり，後者（法律関係文書という）では，一般の契約書およびその他の契約関係書類（申込書，承諾書，解除通知書）等がその典型例である。

④　上記の①ないし③に該当しなくても，以下のような例外に該当しないかぎりは，一般的な提出義務がある。

ⓐ　文書の所持者またはその親族等の者が刑事訴追を受けたり，有罪判決を受けたりする恐れがある事項を記載した文書

ⓑ　医師，弁護士等の職務上の秘密を記載した文書

ⓒ　もっぱら所持者の利用に供するための文書

ただし，公務員（公務員であった者を含む）がその職務に関して保管，所持する文書は，文書提出命令の対象範囲から除外されている（220条4号）。新民事訴訟法の立法時に大きな問題とされたところであり，取りあえずこのような形で立法を図るとともに，新法の公布後2年を目途として，行政情報公開制度の検討と並行して検討した上で，必要な措置を講じるものとされている（附則27条）とされているが，平成11年11月現在，当該の措置はまだ講じられていない。

(ハ)　文書提出命令の手続　　申立ては，文書の表示（文書のタイトル），文書の趣旨（文書の概要），文書の所持者，証明すべき事実，提出義務の原因を明らかにして，書面で行う（221条1項，規140条）。とくに，220条4号を原因とする申立てには，書証申出が文書提出命令の申立てによってする必要があることが要件とされている（221条2項）。

なお申立人は，当該文書が自己の手元にはないことから，文書の表示や文書の趣旨を明らかにすることが著しく困難であるという場合がありうるが，その場合には，申立て段階では，文書所持者側でどの文書のことをいっているのかということがわかるような事項を明らかにすれば足りる（222条1項前段）。この場合には，申立人のその旨の申出に従い，裁判所が所持者に文書の表示，文書の趣旨を明らかにするよう求めることができる（222条1項後段・2項）。

裁判所は文書提出命令の申立てに対して，決定で判断を示す（223条1項前段）が，第三者に文書の提出を命じようとする場合には，その第三者を審尋し

なければならない（同2項）。この決定は，認容，棄却いずれの場合であっても，即時抗告に服する（223条4項）。

　また，220条4号を原因として文書の提出が申し立てられている場合で，裁判所はその該当性の判断に必要があると認めた場合には，所持者にその文書を提示させることができる。これは提出義務の有無を判断するために裁判所だけが当該文書を閲読する手続（いわゆるイン・カメラ手続）であって，裁判所以外の者はその文書を見ることはできない（223条3項）。

　裁判所が文書の提出を命じたにもかかわらず，所持者がこれを提出しない場合の効果は，次のとおりである。

　当事者が提出しないときは，裁判所は，当該文書の記載に関する相手方（文書提出命令申立人）の主張を真実と認めることができる（224条1項）。その当事者が，使用妨害目的で文書を使用できないようにした場合にも同様である（同2項）。ここでいう「当該文書の記載に関する相手方の主張」というのは，その文書にはこういうことが書いてあるはずだ，こういう記載があるはずだ，というものであって，そのような記載から当該当事者が主張している事実（要証事実）が証明されるかどうか，ということは裁判官の自由心証による。しかし，相手方（文書提出命令申立人）が当該文書の記載に関して具体的な主張をすることも，当該文書によって証明すべき事実（要証事実）を他の証拠で証明することもともに著しく困難である場合には，裁判所はその要証事実に関する相手方の事実を真実と認めることができる（224条3項）。

　第三者が提出しないときは，20万円以下の過料という制裁がある（225条）。

（5）検　　証

　検証とは，裁判官が五感（視覚，聴覚，触覚，嗅覚，味覚。最も実務上の検証の大部分は視覚によるものである。）の作用によって，直接に対象物（検証物という）の状況を把握して得た内容を証拠資料とする証拠調べである。検証物には，たとえば，事故現場（の様子）や建物（の朽廃度）のように，法廷外の大きな物もあるし，人体（の負傷の程度）や小型の工業製品のように法廷で検証できる物もある。

　検証の申出，検証物の提示・送付・留置には書証に関する規定が準用される（232条）。また，裁判所（受命裁判官，受託裁判官も）は，検証をするに当

たって必要な場合には，鑑定を命じることもできる（233条）。

検証の結果は調書に記載され（規67条1項4号），法廷外の検証の結果は口頭弁論に上程されるが，証拠となるのは，調書の記載ではなく，裁判官の認識それ自体である。

(6) 調査嘱託

調査嘱託とは，裁判所が，官庁もしくは公署（条約等の定めがあれば，外国のものでもよい），学校，商工会議所，取引所その他の団体に必要な調査を嘱託するという形式で行う証拠調べである（186条）。たとえば，一定の場所，日時における気象情報を気象台に，ある商品の特定の日時における取引価格を取引所あるいは商工会議所に問い合わせるのがその例であって，当該団体の記録，資料で容易に調査できるような事項の報告を求めるための制度である。申立てによっても職権によってもできる。

嘱託先は，上記のとおり団体にかぎり，個人にはできないが，団体であればよく，法人格を有する必要はなく，公法人・私法人も問わない（大判昭15・4・24民集19巻749頁）。

嘱託を受けた団体が提出した報告書を証拠資料にするには，これを口頭弁論において当事者に示して弁論の機会を与えればよく（最判昭45・3・26民集24巻3号165頁），当該報告書について書証の手続をとる必要はない。

(7) 証拠保全

証拠保全とは，あらかじめ証拠調べをしておかないと，後日その証拠を使用することが困難になるような事情があると認められるときに，事前にその証拠を取り調べておくことである（234条）。証人が重病で生命に危険が迫っている場合，係争物件の建物の現状が変更されそうな場合，重要な文書が改竄されそうな場合などがこれに当たるであろう。

当事者の申立てよる（234条）ほか，訴訟係属後は，裁判所は職権ですることもできる（237条）。

証拠保全の申立ては訴え提起の前後を問わない。訴え提起後の申立ては，その証拠を使用すべき審級の裁判所にするべきであるが，ある審級において，最初の口頭弁論期日指定（もしくは弁論準備手続付託）から口頭弁論終結までの期間は受訴裁判所が活動していることになるから，受訴裁判所にすることにな

る（235条1項。同3項に例外がある）。訴提起前の申立ては，証拠調べの対象となる人，物の所在地を管轄する地裁または簡裁が扱う（同2項）。

証拠保全をするという裁判所の決定は，いまその証拠調べをしておくべき緊急の必要性があるという判断にもとづくものであるから，これに対しては，相手方当事者から不服を申し立てることはできない（238条）。証拠保全の申立てを却下した決定は抗告の対象となる（328条1項）。

証拠保全で行う証拠調べは，具体的には証人尋問，当事者尋問，鑑定，検証，書証等で，その手続はこれまでに見てきたとおりである。申立人および相手方は立会権があるが，急速を要する場合はこのかぎりでない（240条）。

6　自由心証主義
（1）意　　義
裁判所による事実認定は，「口頭弁論の全趣旨および証拠調べの結果をしん酌して，自由な心証により，事実についての［当事者の］主張を真実と認めるべきか否かを判断する」（247条）という方式で行われる。すなわち，それぞれの証拠をどの程度信用できると考えるか，どのような証拠からどのような事実を認定してよいか，ということに関する法令上の制約（たとえば，契約の成立を認めるには書面が必要であるとか，事故の認定には目撃者の証言が必要であるとか）がなく，それぞれの証拠の証明力の判断や，証拠から認定できる事実の範囲は裁判官の合理的な評価，裁量に任されている。このような方式を自由心証主義という。これに対して，証拠の証明力等に法令上の制約を設け，裁判官の認定に一定の制限を加える方式を法定証拠主義という。

法定証拠主義は，その根底に裁判官に対する不信の思想を持つ制度であるが，現代の複雑な社会において，証拠に関する法則を法令でいちいち決めておくことは到底不可能であるし，裁判官の資質の向上を含む司法制度の整備の進展によって，裁判官を信頼してその自由な心証によって判断をさせる方式が近代国の通例となっている（刑事訴訟については，刑訴318条参照）。

（2）自由心証主義の内容
自由心証主義の基本的特質は，前記のとおり，証拠の証明力の程度を裁判官が自由に判断できるということである。どの証拠を信用できるとし，どの証拠

を信用できないとして，どのような事実認定をするかということが裁判官の裁量的判断に任されている。

もっとも，その判断は，論理則，経験則に従った合理的なものでなければならず（最判昭25・2・28民集4巻2号75頁），経験則に違反した認定は上告理由となると解されてきた（最判昭24・9・6民集3巻10号383頁，最判昭36・8・8民集15巻7号2005頁等はその例）。

なお，従来，経験則違反が一種の法令違反と解されてきたのは，経験則が法令同様三段論法の大前提の位置に立つとされてきたからであるが，新法では，法令違反は重要なものに限って上告受理の対象となるに過ぎない（318条1項）ことから，経験則違反を理由不備と構成する（312条2項6号参照）余地も残されているとはいえ，これによって経験則違反を理由に上告できる範囲は相当狭くなったものと理解される（上告の項参照）。

（3）　自由心証と判決書

判決書には理由を記載しなければならない（253条1項3号。なお，254条2項・280条・374条2項に例外がある）。その一環として，争点となっている事実の認定については，どの証拠によって心証を得たのか，どの証拠は採用できないと判断したのかということを記載しなければならない（最判昭43・8・20民集22巻8号1677頁）。

さらに，その認定が合理的である理由まで説明しなければならないかどうかということについては見解の対立があるが，判例は，古くからこれを消極に解してきた（大判明36・6・27民録9輯809頁，最判昭25・2・28民集4巻2号75頁，最判昭32・6・11民集11巻6号1030頁等）。事実認定は，多数の証拠資料や間接事実を総合してなされるものであって，直感的要素による場合，裁判官の全人格的判断による場合もあって，認定の合理性に必ず理由を付すべしとすることは不可能を強いることになるという理由である。

7　証明責任
（1）　証明責任の意義と機能

前述のとおり，証明とはある事実の存否について裁判官が確信を得た状態をいうが，事実認定は，時間，費用，提出証拠等に制約があるなかで，認識能力

にかぎりがある人間がすることであるから，証拠調べが終了した後でも，裁判官が係争事実の存否について明確な心証が形成できない場合，すなわち，事実が存否不明である場合がありうる。このような場合にも，裁判所は紛争の解決を放棄することは許されないから，何らかの基準を設けて裁判ができるようにしておかねばならない。そこで，事実の存否が不明のままに終わった場合（真偽不明，ノンリケットともいう）には，当該事実を証明する負担を負う当事者に不利益に判断してその事実の不存在（要件によっては存在）を擬制する扱いが行われている。

当事者が，ある事実の証明ができないことによって負うこの負担を証明責任という。もっとも，責任といっても，当事者の裁判所や相手方に対する義務や責任ではなく，ある事実が最終的に証明されなかった場合に負う不利益のことである。

〔**客観的証明責任**〕

この概念は，以前は挙証責任あるいは立証責任と呼ばれていたが，ここでの問題は，当事者が証拠を提出して立証するという主体的な責任ではなく，証拠調べ終了後に裁判官が明確な心証を形成できなかった場合に，その不利益はどちらの当事者が負うべきかという確定的，客観的な責任であることから，証明責任（または客観的証明責任）という語が適切であることが理解されるようになった。この証明責任の所在は，最初からいずれかの当事者に決まっているのであって，訴訟の途中で変動することはない。

なお，弁論主義の下では証拠の提出は当事者の権能とされているから，敗訴を免れるためには，当事者は立証活動をしなければならず，相手方の立証が有力となれば，今度はこれに対抗する立証活動が必要になるという現実がある。そこで，当事者のこの行為責任を主観的証明責任（または主観的挙証責任）というが，概念上のものに過ぎず，訴訟における重要さは前記客観的証明責任の方がはるかに大きい。

（2）　証明責任の分配

ある事実（たとえば売買なり，弁済なり）について証明責任を負うということは，その事実が証明できなかったときに，これにもとづく法的効果（売買の場合なら代金支払請求権または目的物引渡請求権，弁済の場合なら債務の消滅）が発生しないということであるから，訴訟上，敗訴の危険につながる大き

な負担を負うということである。そこで、この証明責任を双方当事者にどのように分配するかということは、訴訟の結果に直結する大きな問題となる。

　この分配については、まず明文で定められている場合（たとえば、民117条1項・453条・949条但書、商560条・577条・590条・645条2項但書、手45条5項）には、当然これによるべきことになるが、このような規定の存在は断片的である。

　それ以外の一般的な場合については、訴訟法に規定がなくさまざまな見解が提出されているが、現在の判例であり学説上も通説と目されているのは、法律要件分類説と呼ばれる考え方である。

　これは、ある法律の規定にもとづく法律効果を主張する者が、その規定の構成要件に当たる事実について証明責任を負い、その事実を証明できない場合にはその法律が適用されないという不利益を負うというものである。具体的には、すべての権利は、発生し、発効し、消滅するわけであるから、法律の規定を、権利の発生を定める権利根拠規定、権利の発生を阻止する権利障害規定、権利の消滅を定める権利消滅（滅却）規定、の三つに分類して、権利の発生を主張する者は権利根拠規定の要件に当たる事実（たとえば、契約、不法行為）を、権利の発効が阻止される（たとえば、錯誤、取消）と主張する者は権利障害規定の要件に当たる事実を、権利の消滅（たとえば、弁済、時効消滅）を主張する者は権利消滅規定の要件に当たる事実を、それぞれ証明しなければならず、証明できなかった場合には、それぞれ権利の発生、発効の阻止、消滅が認められないことになる。そして、この法律要件分類説は、実体法の法文の構造を分析することで、上に見たような規定の分類が可能となると考えるのである。

〔解釈による証明責任分配の補充、変更〕

　もっとも、法律要件分類説も、具体的な条文によっては、証明責任の分配を考慮せずに作られたものがあることを認める。その場合には、解釈でこれを補充、変更しなければならない。

　たとえば、民法415条後段は、債務不履行による損害賠償請求につき、債務者ノ責ニ帰スヘキ事由ニ因リテ履行ヲ為スコト能ハサルニ至リタルトキ亦同シ、と表現しており、これから見ると、履行不能で債務者の責任を追及するには、債権者が債務者の帰責事由を要件として証明すべきもののように見えるが、債務不能の場合に債権者がこれを証明する必要はなく、逆に債務者の方で自己に帰責事由のないことを証明して責任を免れるものであることは、現在の判例

（大判大14・2・27民集4巻97頁，最判昭34・9・17民集13巻11号1412頁）・通説である。

（3）　証明責任分配の原則の修正──証明責任の転換

立法者が，何らかの政策的理由（たとえば被害者の救済）で，証明責任の一般原則を変更し，反対事実の証明責任を相手方当事者に負わせることがある。これを証明責任の転換という。

たとえば，一般の不法行為を理由とする損害賠償請求では，被害者が他の要件と共に加害者の故意・過失を証明する責任があり，これが証明できなければ被害者の敗訴となるが，自動車事故による損害賠償請求では，加害者の方に自己の無過失を証明する責任があり，これが証明できなければ加害者の敗訴となる（自賠3条）。

（4）　証明責任分配の原則の修正──推定

(a)　推定とは，ある事実（これを前提事実という）の存在から別の事実（これを推定事実という）の存在を推し量ることであるが，法律上，ある事実A（前提事実）が認められるときには別の事実B（推定事実）があると推定すると定めていることがあり，これを法律上の推定という。法律効果発生の要件となるのはB事実であるが，その証明が容易でないとき，それより証明の容易なA事実の証明があれば，反対立証のないかぎり，B事実の証明があったと扱うという技術である（民186条2項・619条1項・629条2項・772条，商20条2項，手20条2項等）。

ある法律効果（たとえば取得時効成立）を求める挙証者は，その要件であるB事実（民186条2項の例でいえば，占有の継続）を証明してもよいが，それに代えてそれより証明の容易なA事実（前後両時の占有）を証明してもよい。

これによる法律効果の発生を阻みたい相手方当事者の取り得る手法は，まずA事実の存在を疑わせること（反証で足りる）またはB事実の不存在を証明すること（本証を要する）ことであるが，A事実が証明された後は，これからB事実が推定されるので，法律効果の発生を防ぐためには，相手方当事者側にB事実の不存在を完全に証明する責任が生じる。このように，法律上の推定は，証明責任を相手方に転換する技術でもある。

(b)　上に述べたのは，法律上，ある事実の存在を推定することであるから，厳密には法律上の事実推定と呼ばれる。

　これに対して，法律上，前提事実から直接ある権利の存在を推定することがあり，これを法律上の権利推定と呼ぶ（たとえば，民188条・229条・250条・762条2項）。

　これに対する相手方の対応は，前提事実の存在を動揺させること（反証）または権利の不存在を証明すること（本証）であるが，権利の不存在の証明は，その権利のあらゆる発生原因の不存在を証明することになって殆ど不可能であるので，実際には，当該権利の存在と両立しえない事実が証明されることをもって足りるとされることが多い。

　(c)　上記(a)，(b)は法律上の推定であるが，法律上の規定がなくとも，経験則にもとづいて，ある事実の存在（たとえば，間接事実）から別の事実（たとえば，主要事実。なお，場合によっては権利）の存在を推定することは，実社会にも多くあることであるし，訴訟の場においても普通に行われていることである。これを事実上の事実推定（たとえば，不動産登記の推定効果はこれであるというのが多数説である），あるいは事実上の権利推定（不動産登記はこのような推定効果を有するという見解がある）という。

　この場合には，立証者側に一貫して証明責任があって，証明責任の転換は発生せず，相手方の対応は，前提となる事実，あるいは推定されるべき事実の存在に関する裁判官の心証を同様させるという反証で足りる。

　〔暫定真実〕

　　推定と似て非なるものに，暫定真実と呼ばれるものがある。これは，前提事実なしで無条件で一定の事実を推定するものである。たとえば，民法186条1項や商法503条2項がその例である。これは，同項の効果を争う者に証明責任を転換するための技術であって，同じ内容を本文・但書の形式で書き換えることができるというのが特徴である。

　　たとえば，民法186条1項は，162条1項と組み合わせて，「20年間他人の物を占有した物は，その所有権を取得する。ただし，所有の意思をもって善意，平穏かつ公然に占有しなかった場合はこのかぎりでない。」と，商法503条2項は，その1項と組み合わせて，「商人の行為は商行為とする。ただし，その営業のためにするものでない場合にはこのかぎりでない。」と書き換えることができる。

(5) 間接反証

間接反証とは，ある主要事実について証明責任を負担する者がそれを推認させるに足りる間接事実を証明した場合，相手方がその間接事実と両立するが，それが存在することによって主要事実の存在の推認を妨げるような別の間接事実を証明することによって，争点となっている主要事実の存在に関する裁判官の心証を動揺させる証明活動をいう。

相手方当事者から見た場合には，主要事実の不存在に関する証明責任は負わず，その存在を真偽不明の状態にするだけで足りる（反証）が，そのための間接事実は完全に証明（本証）することが必要となるので，この名がある。

この間接反証理論は，主要事実に関する証明責任自体を動かすものではないとされるが，実質的には証明責任の分配を修正していることになるのではないかという批判もある。

〔間接反証の具体例〕

たとえば，子（原告）が父（被告）に認知を求める訴えでは，原被告間に父子関係があることが主要事実であり，原告としては，これを推認させる中心的な間接事実として，子の母が懐胎可能期間中に被告と関係を持ったという間接事実A_1，A_2，A_3……を証明することになるであろう。しかし，これらの事実が証明されても，被告が，同じ期間に母が別の男子とも関係を持ったという別の間接事実B（A_1，A_2，A_3と両立する事実である。）を証明すれば，Aから原被告間の父子関係を推認することが妨げられ，原被告間の父子関係の存在が真偽不明に陥り，被告としては目的を達する。

このB事実の証明は，認知訴訟において俗に「不貞の抗弁」と言われてきたものであるが，間接反証理論においてはその典型例とされる。

(6) 主張責任と証明責任

(a) 主張責任の意義　　弁論主義の下では，当事者が主張しない（主要）事実は，裁判所が事実認定の基礎として採用することができない。そこで当事者は，これによる不利益を受けないよう，自己の申立てを支える事実を主張しなければならない。このように，ある（主要）事実が弁論に現れない結果，これにもとづく有利な効果の発生が認められないという当事者の危険を，証明責任の場合と同様にして，主張責任という。

原告には，自己の請求を基礎づける事実（請求の原因。たとえば消費貸借）の主張責任があり，これと両立して請求を阻む事実（抗弁。消費貸借に対して，たとえば売買代金をもってする相殺）があればその主張責任は被告に，抗弁と両立して抗弁の効果を排除する事実（再抗弁。売買代金をもってする相殺に対しては，たとえば当該売買の錯誤無効）があればその主張責任は原告に，再抗弁と両立して再抗弁の効果を排除する事実（再々抗弁。錯誤無効の再抗弁に対して，たとえば重過失）があればその主張責任は被告にある。

　(b)　主張責任と証明責任の関係　　この両者は一致するというのが現在の判例であり，多数説である。ある事実が主張されなかった場合，または主張はされたが証明がなかった場合に，法規不適用という不利益を受ける当事者は一致すると考えられるからである。

　そこで，請求原因事実の主張・証明責任は原告に，抗弁事実の主張・証明責任は被告に，再抗弁事実の主張・証明責任は原告に，再々抗弁事実の主張・証明責任は被告にあることになる。

第4章　訴訟の終了と終局判決

　両当事者と裁判所との間に生じている訴訟法律関係——これを訴訟係属と呼ぶ——は，次の事由にもとづいて消滅する。一つは，当事者の訴訟行為を通じて消滅する場合であるし，もう一つは裁判所の当事者からの働きかけに対する応答としての判決による場合である。前者は，具体的には，訴えの取下げ，請求の放棄・認諾，そして訴訟上の和解があるし，後者は，裁判所の当該審級としての最終的な返答である終局判決にもとづく判決の確定がそれである。なお，この他の特殊なケースとして，当事者の対立構造がなくなってしまう場合も考えられる。両当事者が合併によって，結果的に同一になってしまうようなとき，あるいは当事者能力，当事者適格等が喪失し，しかも受け継ぐべき者がいないときがこれに当該することになる（要するに，二対立当事者という基本的パターンが後発的に消えているものである）。先の二つが訴訟の客体に関する消滅事由であるとするなら，この三つめのものは訴訟の主体に関する消滅事由である。

　なお，訴訟法律関係は上のような事情で消滅しても，これですべてがなくなるというわけではない。たとえば，裁判によらないで完結した場合等にも，訴訟費用の負担が付随事項として残っている。

§1　当事者の訴訟行為による終了

　広く民事訴訟の領域を通じて，私的自治の原則が認められている。そこで解決をはかることが要求されている。これは，歴史的に，フランス革命以来の個人主義思想を尊重する立場から流れ出ているもので，その当然の帰結としての訴訟上の処分権主義も，一つの論理的な支柱を与えられている。すなわち，実体法上の権利関係を反映して，訴訟法上も訴訟物については，いかなる権利関係について，いかなる範囲で，いかなる形式で，いかなる裁判（審判）を求め

るかは，ひとえに当事者にまかせられている。

　それゆえ，まずもって判決事項としても当事者は，その権利義務の主体であることから，自由な管理処分の権能一切を有するのである。そもそもの訴えを提起する段階から，このようにして当事者，それも第一義的には原告の，意思を基礎にしている。私人間の権利の発生，変更，移転，消滅等の生活関係は，その私人の自治に委ねられるのが原則で，それを巡って生ずる紛争も同様に自治的解決の途が広く認められ，国家権力が積極的に介入することはない。この自治的解決がうまくはかれなかったときに，初めて国家の設営する公権的な紛争解決手段を利用する。かくして，これを用いて解決をはかる段階においても，当事者の意思に係らしめている。結局，国家（裁判所）は，当事者によって求められているときのみ，それが要求されている範囲においてのみ，またそれが要求されている限度においてのみ，紛争の解決をはかれば充分である。このような当事者に主導権を持たせる原則を処分権主義と呼ぶ（246条）。裁判の対象となる訴訟物について，自由に処分する権限を認めているのであるが，こうした効力を訴訟の入り口で許すのであるならば，同じくその出口でも許さねば終始一貫した態度とはいえなくなる。同様の理念は，訴訟の終了についても妥当するからである。具体的にいえば，原告側としては訴えの取下げによって，訴訟物についての審判を求める申立てを撤回するのは，もちろんのこと，請求の放棄によって，自ら定立した訴訟上の請求を審理の途中で維持しないことも認めて，本案についての裁判所の判断を加える必要性を略くこともできる。一方の被告側としても，同じような配慮から，請求の認諾によって原告の言い分に積極的に理由のあることを認めることにより，これまた裁判所の判断を加える必要性を略くことができるのである。さらには，また，原告および被告の双方が，訴訟物である権利義務，法律関係等に関連して，訴訟上の和解の合意をなすことによっても，同様に裁判所の積極的な判断を排除することが可能となる。このような各場合のいずれにおいても当事者の訴訟行為の結果として，訴訟手続はもはやそれ以降は維持する必要がなくなり，訴訟物に関して裁判所の判断は不必要となり，訴訟は終了する。これが，いわゆる訴訟の出口での処分権主義である。

　以上，述べてきたのは，法律上，私的自治の原則が認められる結果として，

またその訴訟上の効果として処分権主義が適用され，当事者の訴訟行為により訴訟が終了する場合であった。しかしながら，例外なく民事訴訟法の全般を通じて，このような取扱いが可能となる訳ではない。同じく民事訴訟の範疇に属しながらも，実体法的な法律関係において，もともとの私的自治の原則が，それ相応の制限を受け，このため当事者の処分権も自由にならない領域が中には存する。その例としては，婚姻事件とか親子関係事件を扱う人事関係の訴訟をあげることができる。

　この種のものは，公序にかかわる分野であることから，処分権主義をそのままの形で出すことはできず，後退した形となっており，請求の放棄・認諾，あるいは和解等が否定されることがある（人訴10条参照。もっとも，これも一般論としては，和解にも親しむとみるべきであろう）。そもそも，このような婚姻事件，養子縁組事件，親子関係事件とかの人事関係にあっては，原告と被告間だけの訴訟対象についての処分権が自由には認められているとは言い難い（たとえば，人訴18条の既判力を拡張している）。裁判所にも，それだけ積極的な審理手続上の介入の度合いが強まってゆき，弁論主義から職権主義的な色彩が，おもむろに現われて，公益的な色取りが施されてくるのである。

　これ以外にも債権者代位訴訟にみられるように，当事者の実体法上の権能が制限を受けるため，請求の放棄や和解が認められない場合もある。

　訴訟というものも，一人原告だけの活動する場ではない。主体的にも相手方となる被告，国家の代表者として公権的解決を託された裁判所等も加わって，一つの共同体を形成して，そしてそこに訴訟行為がいくつにも積み重ねられていく。一方，当事者だけの訴訟行為によって訴訟を終了させることについては，一定の全体としての締めくくりがどうしても要求される。相手方当事者や裁判所等の利益もはかる必要性が存するのである。いわば総括としての意味を持つもので，訴え取下げを考えてみると，相手方が本案について準備書面を提出したり，弁論準備手続において申述をしていたときには，その者の同意を得ることを要件にしているし，本案に関して終局判決が下された後で訴えを取り下げたときには，もはや再び訴えを起こすことはできない。こうした個々的な実定法の定めは，その調和点の一つとみてよい。訴えを起こされたことから生ずる相手方や裁判所の諸々の労力を，まったく考慮しない訳にはゆかないからであ

る。原告に訴訟終了の自由を認めるかわりとして，相手方や裁判所については，すでに行った訴訟行為になんらかの効果を認めて，それらを無にすることのないように工夫をはかっている。なお，請求の放棄・認諾，訴訟上の和解を調書に記載したときは，確定判決と同じ効力を認めている。これは，形は違っていても，その効果が同じであることを謳ったものである（267条）。

通常事件の終了状況（最高裁を除く）

全簡易裁判所（306,662）
- 判決 152,657
- 和解 80,571
- 取下げ 63,487
- その他 6,218
- 認諾 257
- 放棄 75
- 命令 640
- 決定 2,757

全地方裁判所（156,683）
- 判決 79,632
- 和解 50,102
- 取下げ 21,365
- その他 2,088
- 認諾 1,660
- 放棄 153
- 命令 620
- 決定 1,063

全高等裁判所（16,008）
- 判決 9,024
- 和解 5,363
- 取下げ 1,325
- その他 68
- 認諾 5
- 放棄 3
- 命令 215
- 決定 5

（　）内は，総数。1998（平成10）年『司法統計年報1』民・行政編より。

1　訴えの取下げ

（1）　訴え取下げの性質

　原告が自ら訴えを撤回する訴訟行為であり，直接の相手方は裁判所に向けられている（261条）。原則的には，原告の一方的な行為で判決にいたる以前に訴訟が終了することになる。請求の放棄とも一脈，相通ずる面もあるが，申立そのものを撤回して訴訟係属の効果を遡及的に消滅させてしまい，請求の当否についてなんらの訴訟上の効果も生じない点で異なっているといえよう。申立ての撤回という点だけを見れば，上訴の取下げ（控訴の取下げ292条，上告の取下げ313条）と同じであるが，上訴の取下げはあくまで上訴審の係属だけを消滅させようとする審判要求の撤回であり，訴訟係属を一括して消滅させるものではない。取下げの合意がなされたにもかかわらず，依然として取り下げずに原

告が後にそれを争った場合，この事実が訴訟上主張されたとき，合意の内容が訴訟係属の遡及的消滅に向けられているのであるから，通常の訴え取下げの場合と同じく，効果としての併存を認め，一方の訴訟契約の効果として訴訟係属の遡及的な消滅を認めるのが論理的にも正しいと思う。したがって，訴え取下げの合意と，裁判所に向けられた訴えの取下げを同一視してもよく，裁判所としては合意の効力を認め，訴訟終了宣言判決でもって対処すべきこととなろう。訴え取下げは，確定前にしなければならない（261条1項）。判決確定前であっても，すでに被告が請求の当否に係わる事項，すなわち本案について，準備書面を提出し，弁論準備手続で申述し，ないしは口頭弁論などをした後は，相手方の同意を得なければ効力を生じない。相手方は，争う意図を明確に示しているのであり，訴訟追行によって請求棄却である本案判決を受ける利益を保護されているからである。本訴について取下げがなされたとき，反訴の取下げについては，反訴被告たる原告の同意は不要である（261条2項但書）。

原告は，判決の確定にいたるまでは訴えを取り下げる自由を有するが，手続の明確性の原則からいって，これに条件をつけるとか，あるいは一度，取り下げたものを撤回するとかは許されない（最判昭50・2・14金法754号29頁）。判例は，訴訟行為に私法規定の適用はないとして，終局判決後の取下げにつき338条1項3号または5号に該るとき，これを無効として許すのであるが，狭きに失していよう。終局判決後の取下げは，再訴禁止が伴うのであるし，また，無効を認めたところで手続の安定が害されることもないからである（最判昭46・6・25民集25巻4号640頁，新堂幸司・新民事訴訟法（弘文堂・平10）307頁，伊藤眞・民事訴訟法（有斐閣・平10）382頁）。

取下げは，数個の請求のうちの一部についても可能である。訴えの客観的併合，主観的併合のいずれかについても，原則として許される。請求原因を維持しつつ，金額のみ減縮する行為は，請求の一部放棄として，後訴を請求しなおすことは遮られ，給付命令の上限を制限する行為と考えるべきであろう。訴状の請求の趣旨の変更になり，書面で相手方に送達すべきことになる。

原告が取下書を訴訟の係属している裁判所へ提出することを要する（261条3項）。この外，口頭弁論等の期日においては，口頭で取下げの意思表示をすることも可能である（261条3項括弧書参照）。取下げの提出により，その時に

取下げの効力を生ずる。もし被告の同意を要する場合であれば、取下書の副本または取下げの陳述内容の記載ある調書の謄本を相手方に送達し（相手方が期日に出頭していれば、その必要はない261条4項）、被告のこれに対する意思表示も書面または期日における口頭の陳述でなされ、同意を示していれば、その時に効果が生じる。この被告の同意も裁判所に対する意思表示であり書面または口頭でしなければならない。不同意のあった時には、取下げの効果は生じないし、この後に再び同意をしても取下げの効果はない（最判昭37・4・6民集16巻4号686頁）。取下げのあった日から、または取下書、取下げの記載ある調書の送達の日から、2週間以内に異議を述べないときは、同意あったものとみなされる（261条5項）。期日の指定を申し立てたり、期日に弁論するとき、特段の事情がないかぎり、黙示的な異議があったものとみるべきであろう。

（2）　訴え取下げの効果

効果としては、はじめから訴訟係属がなかったことになる（262条1項）。しかし、訴えがあったという事実や調書等の事実の記録は、消滅するわけではなく、他の訴訟で援用されうる。またそれ自体が独立して訴訟法律関係の基礎になりうるものは、効力は残る。起訴に伴う実体法上の効果については、一律には決められない。実定法が規定を有している場合は別にして、それ以外は、訴訟行為としての性質を見極めて、合理的に解釈してゆくほかない（判例によれば、相殺の効果は消滅するのに対し、履行の請求については私法上の効果は消滅しない）。

訴訟費用の負担は、申立てにより第一審の裁判所が決定を行い、その具体的な額は、書記官が定める（73条）。原則として原告が敗訴者とみなされる（61条）。示談が成立し、その結果、取下げのあったようなときは、被告に費用の全部または一部を負担させることも可能である。

本案について終局判決がなされた後に、取り下げると、何のために判決をしたのかわからなくなる。それ故、自らこのようなことを惹起した原告に、制裁処分として再訴の禁止を課したが、むしろ取下げを禁じた方が簡単明瞭である。当事者側から見ても和解をすることによって、訴訟外の別個の解決の途を選ぶこともできるのである（兼子一・新修民事訴訟法体系（酒井書店・昭40）269頁）。同一の訴えであるかどうかの判断は、当事者と訴訟物である権利関係で決まる。

何らかの訴えの利益に差異がでてきているような場合には，それは否定され別な訴えとみられる。被告が後になって，一度，認めた権利を争うような場合である（最判昭52・7・19民集31巻4号693頁）。新訴訟物理論をとれば，同一の行為を不法行為と構成した請求は，債務不履行と構成する後訴と同一の訴えということになる。前訴の訴訟物を前提とする後訴は，やはり同一の訴えに準じて考えるべきであろう。元本債権が前訴の訴訟物であったとすれば，その利息債権を訴求することは，認めるべきではない。しかし，確認の訴えにおける利益やそれの基礎となる事情などが違えば，別な訴えとなり，新たな必要性が生じる（たとえば，前訴を取り下げた後，別な確認の必要性が生れたような場合）。給付の訴えでも期限の猶予やその他，給付義務のあり方に変化が生じたために取り下げたが，その後に履行期が到来したため，改めて訴えを起こすことはさしつかえない。

　本案判決後であるならば，その内容は考慮する必要はなく，訴訟審で訴えの交換的変更がなされた場合，旧請求については本案判決後ということとなる。第一審の本案判決が第二審で取り消され差戻しを受けた場合，第一審で判決がでるまでは，再訴禁止の効果がでてこない（最判昭38・10・1民集17巻9号1128頁）。

　再訴禁止の効果は，あくまで訴訟上の効果に止まり，訴訟外での処分は自由にでき，弁済，相殺等は可能である（新堂・前掲312頁）。

　権利関係についての処分権を持っていない（したがって，請求の放棄・認諾または和解が認められない）場合，訴えの取下げが許されるかについては明文の規定を欠く。取下げ自体は，実体的法律関係に影響を及ぼすものではなく，離婚訴訟や親子関係訴訟のような人事関係のものについても，取下げは可能で，再訴も原則として禁止される。しかし，身分関係という長さを持つ特殊性から厳密な意味での再訴は，通常，考えにくい。

　再訴禁止の効力は，既判力の効力とは異なり，主観的範囲に関する明文の規定もない。原告の一般（包括）承継人だけに及ぶと解し，特定承継人には及ばぬと解すべきであろう（三ケ月章・民事訴訟法［法律学全集］（有斐閣・昭34）434頁）。原告の訴訟行為に対するペナルティーとして課すのであり，その範囲は限定的に理解すべきである。原告が目的物を譲渡等によって，いとも簡単に回

避できるとの批判もあるが，このような甚しい場合には承継人に訴権濫用でもって対処しうることになろう（伊藤・前掲386頁）。

　取下げの有無や効力は，訴訟手続の消長を決定づけるもので，職権で調査すべき事項であるが，当事者も，これらを主張できる。当事者間に争いが生じたときは，その手続を利用して，これについての判断を示す。期日指定の申立をしてきた場合，必ず裁判所としては期日を指定し，口頭弁論を開き調査すべきで，却下することは許されない（大決昭8・7・11民集12巻2040頁）。取下げにより訴訟が終っているときには，訴訟終了の旨の終局判決をすべきで，取下げが認められないときには審理を続行し，その判断は中間判決ないしは終局判決の理由中で示すこととなる。終局判決後に争いが生じた場合は，上訴によって上級審で主張すべきこととなる。第一審の勝訴の原告が取り下げた後，その無効を主張して上訴を行い，上訴審がそれを無効と判断したときは，上訴人の本案に関する控訴は，第一審で勝訴している関係上，利益は認められない。結局，取下げ無効の宣言判決をするのが妥当な解決策ということになろう（新堂・前掲313頁）。なお，上訴期間については，上訴の追完（97条）を認めるのが普通である。

　以上のほか，当事者双方が口頭弁論期日に欠席し，あるいは弁論せずに退廷もしくは退席した場合に，取下げがあったものとみなされる（263条）。

2　請求の放棄および認諾
（1）　請求の放棄および認諾の性質

　請求の放棄とは，原告が訴訟物である権利関係，法律関係の理由のないことを認め，争う意思のないことを，口頭弁論期日，弁論準備手続期日，または和解期日に，裁判所へ対して行う訴訟行為である。請求の認諾は，訴訟物につき原告の主張通りであることを陳述するもので，裁判所へ対して行うものである。裁判所が書記官に放棄または認諾を調書に記載させることにより，訴訟終了の効果と確定判決と同一の効果が生ずることとしている（267条）。当事者の一方が相手方の主張を全面的に争わないとき，裁判所には裁判をする実益がなくなるからである。

　個々的な事実や先決的な権利関係についての陳述ではなく，あくまで訴訟物

である権利関係についての陳述である。それ故，金銭の貸与とか所有権侵害の損害賠償請求における所有権とかの陳述があっても，法律的判断は残されているのに対し，放棄や認諾の裁判所の判断はまったく不要となる。また，自白が事実審に限られるのに反して，放棄や認諾は上告審でも可能となる。条件つきの陳述も許されず，債権の成立は認めるが相殺するとの陳述は，裁判所の判断を全面的に排除する訴訟上の陳述とはならない。原則的に明確さを持ってなければならず，不安定さは極力，避けなければならないからである。口頭弁論等の期日（266条1項・261条3項）において陳述されることを要するが，これらの期日に出頭しない場合であっても，放棄または認諾の書面を提出したときは，陳述をしたものと認められる（266条2項・170条6項）。同一内容を訴訟外で相手方や第三者に伝えたとしても，ここにいう陳述には該当しない。もちろん，私法上の行為として認められたり，裁判官の事実認定の心証に何らかの効果を及ぼすことはあろうが，別問題である。訴状等の陳述の擬制の適用はさしつかえないであろう（新堂・前掲315頁）。もとより，訴訟上の効果を目指しているとはいえ，結果において実体法上の効果を引き起こすのであることは，間違いない。それゆえ，当事者の意思が問題の出発点であり，かつ中核をなすものである（新堂・前掲316頁）。

（2）　請求の放棄および認諾の効果

認諾，放棄のいずれも，当事者の口頭陳述でなされるのが基本であるが，相手方の存在していることは要件ではない（266条1項）。当事者が書面を提出していたときには，期日において陳述がなされたものとみなすことができ，迅速な処理の要請に対し今次の改正で応えたものである。放棄は，被告の欠席の際にも可能であるが，被告の請求を前提とするのか否かについては，既判力の援用を訴訟上，信義則違反としてチェックする考えに与したい（伊藤・前掲391項）。なんらの点で訴訟上の放棄や請求を任意に処分できるものであることは多言を要しまい。処分権主義の働く下での，訴訟終了の一形態であることを，思えば極めて当然である。しかし，理念的には同一のカテゴリーに属する訴えの取下げの処置と異なり，放棄や認諾は，調書に記載されることで，確定判決と同一の効力が与えられている（訴えの取下げには，こういった枠はとられていない）。このことから，調書の記載には一定の場合，放棄や認諾の効力を生

じることがない場合もあるし，当事者が仮にそれらの陳述をしたところで，なんら，法律的には認められない。たとえば，請求の当否を裁判所が職権で探知すべき領域である，婚姻事件や養子縁組のような，人事訴訟には，このような意味で処分権がないのである。人訴14条および26条をみると，訴訟手続を維持するためには職権探知（片面的職権探知主義という）をとっているし，また同様の趣旨から，請求の認諾も制限されていることが分る。これらの関係につき解消の効果を生ずる認諾は退けられることになる。このことの逆として，先の関係を維持することになる放棄は許される（最判平6・2・10民集48巻2号388頁）。ただ，一方において協議離婚，協議離縁を認めておきながら，他方において請求の認諾を否定するのは，明らかに矛盾というものである（三ケ月・前掲156頁，新堂・316頁）。同じく離婚の無効や離婚取消しの訴えとなると，実体法的に無理なような感じがする。これらの訴訟物を放棄することは，すなわち被告の請求棄却の主張を丸呑みすることであり，離婚状態にあることを，原告側が認める訳である。片面的職権探知の意味を，いかに理解するかにかかわってこよう。「婚姻を維持するため」（人訴14条）に片面的な探知をとり，それ故に請求の放棄が許されるのも，その原理にのっとったとみれば，放棄について消極的な考えの方が判りやすい。しかし，同じ実体法が協議離婚のようなルーズな方式を認めており，高い視点からの統一的な把握という方式が望まれよう。本質は実体法と訴訟法の立法論的な課題ということができる。

　また親子関係の訴訟は，職権探知が双面的に認められるのであり（人訴31条2項），請求の放棄および認諾は，いずれもなしえないこととなる。事実および証拠の取調べは，職権をもって裁判所が行うのであり，当事者の弁論主義は後退しているのである。関係者が多数にのぼり，判決効によってその影響力が大きく一般第三者の利益が侵害されやすい社会関係訴訟は現行法の解釈論としては，認諾は許さないとすべきであろう（商109条1項・136条3項・142条等，解釈上，同様の理解がなされている会社解散（商406条ノ2）についても判例は同趣旨に解している。大阪地判昭35・1・22下民集11巻1号85頁）。放棄や認諾（消極的確認訴訟の放棄も同様である）によって，弁論主義で審判される性質のものであり，請求の当否を職権をもって探知すべき職権探知事項は，通常は認諾から外れる。特定されている請求が，法律上，許されないタイプのものや，わが

国の公序良俗に反したものでないことを要す。法定主義と完全に相容れない物権や，殺人行為を求める請求権の場合である。しかし，権利自体が存在の許されるものであり，その理由が不法な原因にもとづくときや，強行法規に反するときにも，裁判所の請求（訴訟物）の当否に係わる判断は，弁論主義との関係上一切，排除されざるをえず，当事者の意思に任かせるとの考えが，有力な見解としてあった（兼子・前掲300頁）。一つの形式的に割り切った考えであろうが，裁判所が不法な行為に手を貸すようなこと（強制執行を背後に控えている）は，無責任としかいいようがない（新堂・前掲317頁）。もっとも，訴訟物の要件事実が主張されておらず，主張自体が理由のない場合であっても，認諾の効果は認めるのが正当であろう。なぜなら認諾の概念は，原告と請求と一致する内容の陳述であれば十分だからである。

訴訟要件の具備していることを必要とするのが通説，判例の態度であるが（兼子・前掲301頁，三ケ月・前掲437頁，最判昭28・10・15民集7巻10号1083頁），本案判決の要件ではあっても，放棄，認諾の要件と同一視する必要はないといえる。紛争解決の実効性を求めて，当事者間では紛争解決ははかられたのに等しい状態である。それにもかからず，なお各訴訟要件の具備を求めるのかは疑問に思える。あまりに本案判決の代用に引っ張られた見解というべく，当事者の意思を全く無視している（新堂・前掲318頁）。しかし，どの学説も，確定判決と同一の効力を生じさせるために，当事者の実害や訴えの利益などは要求しており，両者の差異は，本案判決の代用か当事者意思の，どちらに比重を置くかの違いということになろう。

放棄や認諾にあたる陳述が，口頭弁論などの期日においてあれば（261条3項，電話会議による弁論準備手続の場合，あらかじめ書面の提出が必要である170条5項），裁判所は，その要件を具備するかどうかを調査しなければならない。進行協議期日においても行うことはできる（規95条2項）。しかし電話会議による方法の場合は，これはできない（規96条3項）。裁判所に向けられた陳述であるから，相手方の出欠の有無は問わない。また，放棄または認諾の書面を提出したときは，期日における陳述とみなすことになった。これは，手続の迅速をはかる意味で設けられたものである（266条2項）。口頭弁論期日が開かれる前になされた陳述は，意味を持たない。原告による本案の弁論をまって，初

めて意味を有するのである。

　この陳述があったとみられる場合，裁判所は要件を具備しているかを調査し，真意であったとすれば，書記官にその記載を命じる（規67条1項1号）。事後，裁判所は，調書の記載に拘束させ請求の当否の判断にはタッチしない。当事者も陳述に拘束され，撤回も相手方の同意が必要となる。もし，それが無効な場合は，もちろん，審理を続行してさしつかえなく，当事者間で争いがあるときには，中間判決で，その決着をつければよい（245条）。

　放棄調書，認諾調書は，確定判決と同一の効力を持つ（267条）。放棄調書は請求棄却，認諾調書は請求認容と同一であり，形成の訴えならば形成力を生ずる。しかし，確定判決と同一の意味での既判力とみることはできない（新堂・321頁）。一方の意思表示で訴訟を終了する点で，訴訟上の和解とは違うが，根本的には当事者の意思表示が決定的なメルクマールとなっている点は，まったく同じである。この意思決定にいたるさまざまな要因は，裁判所が判決で紛争を終了させる場合と決定的に異なっている。ところが，結果はまったく同一の効果をもたらすことになる。意思があれば，判決と同一の効力が認められるのは当然であるが，もしその意思決定のいたる段階で瑕疵があれば，民法上の和解と同様の同一の基準で，無効ないし取消しを主張しうると解さなければならない。判決に較べると放棄ないし認諾には，既判力はない（岩松「民事裁判における判断の限界㈡」曹時3巻11号，新堂・前掲321頁）。結論が紛争の終了という点では同じであるにしても，根底となる当事者の公平という理念を忘れてはならないであろう。正義を旨とする司法権の行使にほかならないから当然である。それが争いとなった場合，訴訟上の和解を争う方法と同一に考えればよい。

3　訴訟上の和解

　訴訟の係属中，当事者双方が期日において，訴訟物に関する主張を互いに譲歩し合い，訴訟を終らせる旨の陳述（合意）を指す。効力発生のためには，調書に記載されなければならない。事実上も，受訴裁判所は，調停に付したり，和解を試みたりすることが多い（89条）。和解の試みというのは，ここにいう訴訟上の和解も，その中に含まれうるが，和解の試みと訴訟上の和解とは本来，別物である。新たに取り入れられたものに，書面による受諾（264条）と裁判

所が定める和解条項（265条）がある。期日外の和解は，民法上の和解契約であり（民695条），訴訟上は効力を有しない。簡易裁判所の和解手続で行うものは，訴訟の係属を前提としないので（したがって，即決和解と呼ぶ），この和解にはあたらない。しかし，裁判所における和解としては共通であり，起訴前の和解（即決和解）と訴訟上の和解を両者一括して裁判上の和解と呼んでいる。

　請求に関する主張の対立を，当事者双方で互譲する必要があり，一方の言い分をすべて認めるのは，請求の放棄または認諾である。しかし，互譲さえあれば良く，その程度は問わない。原告が請求をすべて放棄して被告が訴訟費用の負担で応ずるとか（大判昭8・2・13新聞3520号9頁），被告が債務を認め，代わりに原告が期限を猶予ないしは利息を免除し，あるいは期限の猶予に代えて新たな担保をたてるとか，訴訟物にまったく触れず，ともかくも裁判は苦手で不得意で止めようとか，改めて仲裁契約にすることにしようとかいうものも，ここで訴訟上の和解に含まれうる。上級審での訴えの取下げに再訴の禁止が結びつくことを考えると，やはり訴訟上の和解とみたい（兼子・前掲305頁，新堂・前掲324頁は，訴えの取下げと被告の同意とみる説，これに対して訴訟上の和解説をとるのは，三ケ月・前掲442頁）。

　離婚訴訟にあっては，「和諧」という手続がある。冷静になり気分が融和して婚姻を維持できるようにみえた場合，一時的に訴訟を止めておく方法である（人訴13条）。それが効を奏して両者，仲直りということになれば，これに越したことはない。これを裁判所の権限として認めたものである。訴訟物たる離婚請求権には，なんら触れることなく，当然には手続は終了ということでもなく，また，訴えの取下げでもなく，取り下げるか否かは，別の訴訟法的な評価対象である。

　原告と被告との同時の一致した合意により成立する。互譲を前提とするもので，当然のことである。保証人が第三者として債務履行について参加することもさしつかえない。

　訴訟上の和解が認められるためには，まず，係争利益が自由に処分できる，弁論主義に服するものでなければならない。職権探知主義の行われている手続については許されず，人事訴訟事件は原則として対象から外れるが，大局的に考えると，民法上の協議離婚や家事審判法上の調停離婚との整合性を考えても，

立法上の不統一は可及的すみやかに解決しなければなるまい。

　またその権利関係が，法律上，認められるもので，また，公序良俗に反しないことを要する。私法上のものか，公法上のものかは問わないが，訴えの利益が処分可能かどうかがポイントとなる。請求について訴訟要件が備ってなくとも問題ない。確定判決と同一の効力を生じるために，専属管轄には違反せぬことが必要である。請求の放棄や認諾と同様であるが，訴訟上の和解の中には起訴前の和解も認められており，訴訟要件一般を備えていることは，要求されてはいない。訴訟能力は必要であるし，代理権も特別の授権や委任が必要である（32条2項1号・55条2項2号）。訴訟の口頭弁論等の期日（すなわち口頭弁論期日，弁論準備手続期日，和解の期日，261条3項。なお，電話会議の方法による弁論準備手続では，和解をすることはできない。150条5項。訴えの取下げと請求の放棄や認諾は，口頭弁論の期日外の，進行協議期日においてすることが示されている。しかし，当事者が主張を譲歩しつつ歩み寄るという和解は，その特殊性を持つために，この中には謳われていない。規95条2項参照）に，双方の口頭でその旨を陳述することを方式として要求している。上告審でも可能である。陳述の擬制に関し158条・170条4項があるが，264条により当事者の一方が，一定の事情で出頭することが不可能なとき，裁判所に，和解条項案を受託する旨の書面を提出し，他方の当事者が口頭弁論等の期日に出頭し，受諾した場合，和解成立とみなす規定ができた（規164条も参照）。なお，手続的な特色として，仲裁的和解制度という新しい型の方式が目を引こう（新堂・前掲325頁参照）。

　裁判所は，訴訟中，随時，和解をすすめることができる。口頭弁論終結後でも場合によっては可能である。その目的で期日を開くこともでき（規32条），受命裁判官または受託裁判官に行わせることができる。また，訴訟代理人がいても，当事者本人ないし法定代理人の出頭を命じることも可能である。

　なお，調停に受訴裁判所が事件を付する途も考えられている（民調20条，もし調停が成立すれば訴えの取下げがあったものとみなしている。家審19条も同様）。

　和解を行うのに，特別の必要があるときは，裁判所以外の場所を用いてもさしつかえない（規32条2項）。

　法は，私的自治から導かれる解決方策としての和解を，できうるだけ生かそ

うとしている。こうすることで裁判所の労力当事者の費用等も減るのであって，また比較的，穏便に片がつくので望ましいことといえる。しかし，判決を当事者が真に欲している場合や，客観的事情から好ましくない場合，形式的な要件が揃ったことの一事で，和解へ向わせるべきではない。実質上，裁判を奪い，あるいは裁判の拒否になるからである（三ケ月・前掲448頁）。こうした危険性を反面において有していることを充分，認識したうえ，裁判官の微に入り細をうがった訴訟指揮と熟達した合理的な判断が望まれよう（新堂・326頁）。

　和解の陳述があった場合，適法になされたときは，書記官にその内容を調書に記載させる（規67条1項1号）。和解を不成立ないしは無効と認めた場合には，審理を続行する。効力に両当事者間で争いがあるときも同様である。本案に対する関係では，有効か否かは中間の争いであるから，中間判決でその点の判断もすべきこととなる。

　和解調書は，確定判決と同一の効力を有する（276条）。

　①　訴訟の終了　　和解の成立した範囲内で，訴訟は当然，終了する。

　②　執行力　　もし和解調書に定められた権利関係につき，給付義務を内容とするときは，執行力を有する（民執22条7号）。主観的範囲は，判決のときと同じであり，承継人には執行文の付与を受ければよい。

　③　既判力　　既判力が生じるとみるべきか否かは，争いがある。和解に瑕疵がある場合，いかにして争うかの見解の対立である。「判決と同一の効力を有する」との意味を判決で確定された場合と同じと考えれば，和解の無効は主張しえない。再審事由に相当する場合だけ，調書を取り消してもらうことができる。これが既判力肯定説である（兼子・前掲309頁）。

　他方，訴訟上の和解といっても，本質上は民法上の和解契約と同様で意思表示の瑕疵にもとづく，無効ないしは取消を認めようとする見解も有力で，和解条項のどの範囲で生ずるのかが明瞭とならないことも，同時に挙げている。（三ケ月・前掲444頁，岩松・前掲曹時3巻11号，民事裁判の研究99頁以下）。やはり，判決と訴訟上の和解の両者は，決して同一ではない。何よりも裁判所の関与の態様は実にさまざまで，それを十把一絡げに論ずるのは無理である。これを通常の判決の場合と同じく，再審という壁を設けるのではなく，そのまま無効や取消を争わせるのが正当であろう（新堂・前掲329頁）。

以上のほかに既判力を肯定しながら，要素の錯誤の場合を認め，訴訟終了の効果も否定する考えに，制限的既判力説というものがあり，判例の立場はこれであり（新堂・前掲328頁参照），正義を救おうとする実務家の本能的な直覚による解決法と指摘される（三ケ月・前掲444頁）。しかし，内容が有効正当であれば，既判力があるとする考え方は，ナンセンスにすぎないとされ，肯定説，否定説の双方から批判されている。それにもかかわらず，これを支持する見解も，再度また出てきている（伊藤・前掲393頁）。法的性質をめぐっても，学説の対立がある。もっとも，どのようなものと考えるかの議論であり，見解の違いが効力の違いをもたらすものではない。その意味では，確かに hoffnungslos な（見込みのない）議論である。

　(a)　私法行為説　　訴訟の期日にたまたま，当事者の間で結ばれた契約であり，本質は私法上の和解契約で，和解調書への記載は公証するために必要とされるにすぎないとみる。訴訟終了は，和解にもとづく訴訟物が消滅するか，または，別に訴えの取下げがあるとみている（石川明・訴訟上の和解の研究3頁，25頁，新堂・前掲330頁）。

　(b)　訴訟行為説　　和解とは全然，別個の訴訟上の合意で，さらに訴訟終了を目的にした訴訟法上の合意とするものと（中田・民事訴訟法講義（上）155頁），双方が結果を裁判所に陳述する合同の訴訟行為とするもの（兼子・前掲309頁，三ケ月・前掲441頁）がある。

　訴訟法上の和解は，処分権主義の下で当事者に与えられたことによるもので，和解契約の無効，取消は訴訟法上の和解に直接の影響をもたらすものではないとする。

　(c)　両性説　　民法上の和解と訴訟法上の合意との双方の要素を兼備すると考へる見解である。この中にも，両者の結合した形のものとみる併存説と，単一の行為であるが，訴訟行為の形式で行われる「私法上の和解」という，いわば二色飴のように，いずれの特質を持つ両面説とがある（菊井維大・民事訴訟法下（弘文堂・昭43）373頁，宮脇・民事訴訟法演習1231頁，中村（英）・民事訴訟法講座(3)（有斐閣・昭29）828頁，吉村・新版民事訴訟法演習II（有斐閣・平元）65頁）。判例も基本的には，この考えによっている（古くは，大判昭6・4・22民集10巻380頁から，最高裁にいたる最判昭33・6・14民集12巻9号1492頁など）。実

体法上の取消原因，無効原因は，訴訟上の和解も，また無効を呼び起こし，なんらの効果も生じない。

　和解の瑕疵，確定判決と同一の効力を持つ（267条），調書に書き間違い等，記載上の誤謬が認められる場合，いつでも更正決定をすることができる（257条）。氏名冒用の場合のような判決の無効原因は，当然に訴訟法上の和解の無効原因となる。手続上，有効な外観を呈するのであるから，それを取消す必要性がある時には上訴，再審にある取消も認められよう。また，判決の取消原因は，再審によるまでもなく，訴訟上の和解も無効として取り扱ってよい（新堂・303頁）。私法上の無効原因となるものは，処分権限がないとき，実体権は，実体私法上，法律行為の無効原因にあたるものであり，虚偽表示や要素の錯誤が入る。訴訟法上の無効原因となるものは，訴訟能力，訴訟代理権がないとき，和解調書に記載上の不特定などが考えられる。また，取消原因としては，私法上の和解契約で，その成立過程において詐欺や強迫が入ったとき，を想定すればよい（兼子＝松浦＝新堂＝竹下・条解民事訴訟法（弘文堂・昭61）719頁）。和解調書の成立後，和解の当然無効を主張しうるか。和解，既判力を認めるのであれば，再審に準じた訴えにより，調書の取消と訴訟を再開という途によるほかない。再審によるまでもないとする既判力否定説や制限的既判力説では，その具体的な手立てはさまざまである。判例は，幅広く救おうとする考えが根底にあるためか，種々の場合に処置を講じている。私法上，無効だとしたならば，訴訟法も無効で，訴訟は存続することになるとして，裁判所に対して期日指定の申立てをして，前訴の続行を求めるとするものや（大決昭6・4・22民集10巻380頁），調書の当然，無効を前提に別訴による和解無効確認の訴えを許容するもの（大判大14・4・24民集4巻195頁），また執行力を有する調書のとき，請求異議の訴えで対処してもよいとするものもあり（大判昭10・9・3民集14巻1886頁），ほかにも訴訟上の再審事由たる420条1項1号や2号（新法338条1項1号あるいは2号）のように，実体法上の無効原因と直結しない理由の場合，再審の訴えによってもよいかのように読めるものもある（大判昭7・11・25民集11巻2125頁）。

　学説は，上記の態度はあまりにも場当り的すぎ，もっと論理的に精密化した作業が必要であるとしてきた。それで，個別的な救済策を整理統合化して，期

日指定の申立てに一本化するか（菊井・前掲下375頁），和解の無効を新しい紛争とし無効確認の訴えないしは，必要に応じて執行段階での請求異議の訴えによるべきとの主張が強くなった（三ケ月・前掲445頁）。

　しかし，その後，当事者の側面と裁判制度の側面ともに，それなりの重みを持っていることが再び認識されるようになった。和解前の訴訟手続を利用するか，無効ということを新たな紛争として別訴の手続にするのかは，当事者に任せようという考えである（新堂・前掲332頁）。このほか，原則は期日指定とし，無効確認の別訴は訴えの利益を欠くが，第三者が和解契約に入っているとき，期日指定の申立てが不可能となるので，この場合は利益ありとする考え方がある（条解民事訴訟法〔竹下〕721頁）。もとの訴訟の被告は，自らの主導権で訴訟を引き続き利用できるので，期日指定の申立てによるべきこととなる。ただ，執行まで進んでいるとき，調書の債務不存在を主張するには，請求異議の訴えを提起することは差し支えないとする。旧訴の訴訟物ではなく，和解上の権利であり，請求異議の訴えは執行法上，制度上の独自性を有するからで，一般論としては，再審事由に該当するものでも，その主張は必ず期日指定の申立てによることになる。結局，和解調書で一応，終了している訴訟を，どの段階で取り上げるのがよいか，という議論にかかわってくると思われる。期日指定の方法か，別訴によるのかの差であろう。

§2　終局判決による終了

1　終局判決の概念

（1）　訴え提起によって開始された訴訟手続は，やがて終了のときを迎える。裁判自身，事件について，決着をつける行為であるが，その中でも終局的判決は，裁判所の最終的な回答であって，訴訟についての最も正式の終了原因としてとりわけ重きを持つものということができる。訴訟事件を解決するため，裁判所の国家によって認められた公権的な判断たる回答を指すが，訴訟法上の用語としては，最も狭い意味での終局判決といわれるものを示す。訴訟審理を重ねていき，当事者の求めていた訴えに対し，必要な訴訟資料も全部出ていて，それに対する価値評価も終わり，今こそ結論を示すことができる状態をさすわ

けである。この結論にあたる判断を終局判決と呼ぶ。それは，第一審ならば訴えによって，上級審ならば上訴によって，自己の裁判所に係属した訴訟事件の全部または一部を，自己の審級から完全に断ち切る判決のことである。いうまでもなく一つ一つの事件は，それぞれに個性を有している。したがって，その全体量も，時間的な幅も，等しく独自の特性を有していることや，また，裁判所の仕事量もあることから，その結末もあくまでケース・バイ・ケースである。具体的に訴状を受領後，何週間とか何ヵ月とか，一般的に時間的な定めを決めておくことはできない。このような理由で「裁判をするのに熟したとき」という実質的で内容的な表現をとるほかはなく，243条の条文もそれを受けた形になっている。この事件を完結するかどうかに関しては，当事者の合意の入る余地は原則としてなく，裁判所の裁量に属するものとされる（最判昭22・12・5裁判集民(1)11頁）。逆にいえば裁判所が認めないかぎり，判決は出ないのである。したがって，判決がおりるのが遅いということで，個別的に不服を申し立てることは許されない。しかし，他方において，国家的な機関としても独占的に裁判を取りしきることから，できるかぎり迅速な解決をはからねばならないはずである。誰の目から見ても，もう結論は出ているにもかかわらず，訴訟手続を中断するとか，あるいは未定の不確かな出来事を前提条件として扱い審理を続行するとかは，国民の司法制度への信頼感を著しく損じることになり，厳に慎まねばならない。審理の充実と訴訟の促進は，互いに矛盾する制度充実の要求の声である。しかし，まさに判決を下すべき時機であると判断したときには，訴訟判決であれ本案判決であれ躊躇なく判決を下すべきである。間接的にせよ責問権や各種の申立権といった形で，当事者にも督促と異議を申し立てる権能を認めているのも，背後にある当事者対等の原則を，実質的に保障するものの一つである。充実した，そして同時に審理の促進にも役立つ方式に向かう，民事訴訟の完成に向う一つの共同体というものを，抜きには考えにくい性格もあろう。終局判決には，請求の理由があるかなしか（上訴審ならば上訴による不服申立ての理由があるかどうか）を判断する本案判決と，訴訟要件の欠缺を理由として（上訴審ならば上訴を不適法として）却下する訴訟判決の二種類がある。以下では主として本案判決を念頭におく（訴訟要件については，第3章§2参照）。

終局判決といっても，その裁判所の審級を完結するという意味に止まるのであり，それを越えて事件から見ての完結性を指すものではない。控訴審の終局判決である差戻判決が確定したとしても，事件そのものは未解決なのである。この差戻判決の考え方について，かつては判例の流れの中に中間判決と解している時期もあった（大判昭5・10・4民集9巻943頁）。しかし，その後，最高裁になって，この説を改めた（最判昭26・10・16民集5巻11号583頁）。ともかく，控訴審判決による第一審判決は正しいとの結論を上告審で得たうえで，差戻後の第一審をやり直した方が，労力が少ないのは明らかである。最終的な訴訟物についての判決が出るまで，当面の差戻判決については争えないとするのでは，争いを先へ引き延ばすだけである。審級制度との兼ね合いから見て，むろん，最高裁の態度の方が正しい（なお，309条も同じに解してよい）。

（2） 形式的には判決が許される場合であっても，実質的には終局判決を差し控えた方がよいときもある。訴訟の個別的な側面で終局判決は，少し猶予を与えねばならぬ場合のことを指す。示談が進行中で，裁判所から見ても合理的なものと認められるときや，口頭弁論の最終段階で和解案に双方とも乗り気になってきたとか（和解勧告89条）の場合である。人訴の離婚訴訟において，離婚原因が明らかに認められるとしても，和諧の見込みがあるときには，終局判決は控えなければならない（人訴13条）。機が熟したとして，弁論を閉じたが，記録を詳しく点検したところ，事実関係あるいは法律関係の点で不明確な箇所があるのを発見し，再度，精緻に吟味する必要があるという場合にも，口頭弁論の再開を命じる必要がでてくる（153条）。訴訟能力，代理権の欠缺等の理由で，補正の必要があるとき，そのための期間を設けてやらねばならず（53条・58条・87条），したがって，補正期間前は判決を出すことはできない。さらに，裁判官，裁判所書記官の除斥，忌避の申立てがなされたとき，手続は停止されるので（26条），除斥，忌避の裁判（決定）が確定するまでは，終局判決はなしえない（25条）。職務執行の違法性を当事者が主張して，その点を黒白をつけることなしに，先へは進めず，終局判決の前提が争われており，急速を要する行為にも入らないからである。所有権確認と所有権にもとづく妨害排除請求のように，一つが他方の先決的関係におかれているとき，矛盾した判決が出ては困る場合で，一部判決として事件を片づけることはできない。

当事者のために早い判決が望ましいのは、当然である。したがって、一部でも裁判できる場合、その実益も窺われるし、審理も整理にも寄与する面もあろう。他方、一部だけが独立して上訴がバラバラになり、一つの審理が、独立した別物に分かれるから、当事者や裁判所にも無駄なロスを生じさせるばかりか、統一的な解決はほど遠いものとなる危険性を秘めている。訴訟の一部が裁判に熟していようとも、それをするかしないかは裁判所の裁量しだいである（243条2項・3項）。

客観（単純）的併合の場合、それぞれに有効な事実が争われているときを除き、一部判決が可能であろう。予備的併合の場合、主位請求を棄却するということは、予備的な請求につき判断せざるをえないはずで、主位的な部分の一部判決は許されない。主位請求を認容する判決は、全部判決である。弁論を併合した結果、数個の訴訟が、一部につき熟すれば一部判決も可能となるが、訴訟物が同一のときなど、一部判決では解決にならない場合は許されない。

主観的併合の場合、請求が可分なもののときは一部判決をすることができる。債権者が数人の連帯債務者を相手どった訴訟で、一部の被告が相手の主張事実を認めている場合、その部分だけを終結してしまうことは可能である。固有必要的共同訴訟、類似必要的共同訴訟や、独立当事者参加は性質上、一部判決はできないこととなる。誤まって一部判決をした場合、上訴で是正するほかはないが、その際、訴訟経済と公平の観念を働かしたうえで処理する必要がある（新堂・前掲642頁）。

2　終局判決の成立

終局判決は、裁判官によって下されるのであるが、外形的に見てゆくと大略、次のようなものになる。処分権主義という大枠でくくられた升の中で、弁論主義で形成された訴訟資料から、請求の当否の判断を決める順序である。訴訟という解決方式では不可欠の作業というべきで、必ず一方が勝ち、他方が負けとなるのは、このことを言い表わしたにすぎない。主張責任、自白等の"原則上"、当事者に第一次的に主張責任があり、積極的に事実を主張し、証拠を挙げないと負けになる。そして、裁判所は、どのような判決内容とするかを決め、それを表示するための判決書というものを作り、外部に決定的、最終的な意思

判断を発表（判決の言渡し）する。この言渡しは，原則として判決原本にもとづいて行われる。言渡前には既に判決原本としての判決書が，できていなければならない。外部に発表されることにより，無闇に取消を受けたり，公権的な判断として存在を無視されたりすることはない。こうして判決が成立する。次に，原告，被告等の両当事者に判決正本（判決原本は裁判官が最初に作成した確定的なものとして，判決正本は判決原本と同一の効力を有する書記官が作成したものである，255条，規159条）が送達されることとなる。

（1）判 決 内 容

判決内容をどのようなものとするかは，判決の結論と理由との一番，核心ともいえる部分で，裁判官で構成された裁判所で確定される（249条12頁）。弁論の聴取や証拠の取調べについて受訴裁判所が行うという直接主義の要請から，この規定は設けられたものである。しかし，諸般の事情にもとづき審理の途中で裁判官が入れ代わることもあるが，直接主義の要請を形式的に貫くと，最初から審理をやり直さねばならないことになる。それでは訴訟経済に大きく反するので，弁論終結前に裁判官の異動が生じたときは，それまでの口頭弁論の結果を陳述することにして，調和をはかった（249条2項）。口頭弁論の期日が数回以上に及ぶとき，裁判官も病気，転任，死亡等によって，交代も止むなきにいたる理由が生じた場合に対処した規定である。以前の口頭弁論や証拠調べの結果を無効にする必然性もなく，調書に記載されており，それを利用すればよいことになる（規66条・67条）。交替したとき，当事者が行う手続のことを弁論の更新と呼んでいる。しかし，単に当事者が「従前の口頭弁論の結果を述べます」等の紋切り型の言い回しで終っているのが，実情のようである。弁論終結後，判決内容を確定する以前，裁判官が交代したときにも，口頭弁論の再開を命じてからのち，判決すべきこととなる（153条）。審理が長期日に渡るとあらかじめ予想されるため，前もって補充の裁判官が関与している場合であれば，これも必要ない（裁78条）。もし，こうした事体が判決内容が確定した後に生じたときは，合議制の場合であれば，残りの裁判官が当該裁判官の病気，転任，死亡などの交代事由を判決書に記載すれば足りる（規157条2項）。単独制の場合は，このような方法はとれないので，判決としての下書き等があり，署名捺印を待つばかりといった状態でも，弁論を再開しなくてはならない。

（2） 合　議　制

判決内容は，合議制のときには，合議制を構成するに足りる数の裁判官が出席のうえ，評決して採決しなければならない。合議制の裁判長は，評議の進行役として，整理し，かつ，まとめていく権限を有している（裁75条2項）。しかし，評決権に関しては他の陪席と何ら変わるところはない。評議は，全体としての統一した一つの判断を創り出す作業であるから，そのための議論を行う場であり，公開はしない（単独制の場合は，この点はその脳裏の中で行われるのであり，はじめから客観的には知りえない。合議制の場合は，複数の裁判官で構成されることにより，一つに筋道をつけねばならぬから，評議を取り入れているのである。それゆえ，単独制にあっては，評議にあたる部分には分りようがないし，そもそも分かる必要もない）。

各裁判官は，すでに評議した点で少数派に属し自己の意見がはねつけられた場合であっても，次の事柄では前に多数意見が踏み台としたところを，共通の足掛りとして次の事柄に臨まねばならない。そうでなければ，評議を重ねるごとに，裁判官の数が少なくなっていき，判決自体から見ても何のために合議制を設けたのか分らなくなってくる。これでは，判決が少数の者の意見となる不合理が出てくるし，賛否の数が中途で同じになると先へは進めなくなってしまう。

なお，その経過や各裁判官の意見の内容，そこでの多数決なども秘密は守らなければならない（裁75条2項，なお，同11条参照）。言渡しをするまでは裁判所内部に止まっていて，評決後に全員が同意すれば，もう一度，評決しなおすことができる。

（3） 判　決　書

内容が確定すれば，これを書面に作成するが，判決の場合は判決原本（判決書）と呼ぶ。判決原本を，まず作成して判決内容を言い渡すのである（252条・254条）。しかし，少額訴訟の場合には，一期日審理の原則上，判決原本にもとづかないで行う。

判決書（判決原本）により言い渡すことを原則としているのは，判断と結論に至るまでの経緯を，確実に知らせるためであり，上訴の可否や既判力等の効力を的確に間違いなく推察できることになる。裁判は，名宛人である両当事者

および関係者に告知されることにより、いよいよフィナーレを迎えるわけである。判決の場合，特別の方式として，公開法廷で言い渡すことが要求されている（憲82条，裁70条，民訴250条）。決定と命令に関しては，裁判書の送達，その他，相当と認める方法による告知方式がとられている（119条）。判決は常に言渡しが不可欠となっており，これを終えることで，外部的にも成立したことになる。なお，言渡期日は裁判長によって決められ，必ず当事者にも知らされなければならない。口頭弁論終結の日から2ヵ月以内に行うように条文には書いてあるが（251条），違反が直ちに無効をもたらすものではない。言渡期日も裁判長が指定しておかねばならず，当事者に告知されない期日に，現実の言渡しが行われたときには，判決成立手続の違法をひきおこすことになる（306条）。もっとも，権利関係が特段の不利益を受けないのであれば，上告理由とまでなるかは疑問である。呼出状の送達という手段（あるいは期日の告知，簡易な呼出し）によって当事者を呼び出すのが筋であろう。

　上告審で，口頭弁論を経ないで判決できる場合，呼出手続は，以前からとられていなかった。これには反対する考えが多かったのであった。新法では決定で上告を却下することができるようになった。現実に出頭しない当事者に対しては，呼出状の送達が必要である（317条参）。しかし，もし最終口頭弁論期日に出てこなかった者には，呼出状を送達せず言渡しを行っても違法とはならないであろう。なお，当事者の一方あるいは双方が出頭しないときであっても，言渡しは行える（251条2項）。これは訴訟手続の中断中にあっても同様である（132条1項）。この言渡しは，受訴裁判所を構成するのに必要な数の裁判官の出席のもと，裁判長が判決主文を朗読することにより行う（規155条1項），判決原本にもとづいて行うのが原則である（252条）。実務上，判決の理由には朗読を省くことが多いし，内容もその要旨をまとめる形でするのが普通である（規155条1項・2項）。判決原本にもとづかないで言い渡すときには，全体の要旨を告げる形で行われる（規155条3項）。この裁判官とは，必ずしも口頭弁論に関与し判決原本に署名した者と同じである必要はない。

　上記以外に，迅速で簡易な争いを収める必要上，判決原本にもとづかずに言渡しを容易にする方式を認めている（254条）。ことに被告が原告の主張した事実を争わず，なんらの防御の方法を提出しない場合や，公示送達を受けた被告

が口頭弁論の期日に出頭しない場合に，この方式が採用される。

また少額訴訟においては，裁判官が相当でないと認めたとき以外は，弁論終結後，直ちに判決を言い渡すこととした（374条1項・2項）。

なお，判決原本にもとづかない言渡しをしたとき，当事者および法定代理人，主文，請求ならびに理由の趣旨を，口頭弁論期日の調書に裁判所書記官が記載することになっている（254条2項・374条2項但書）。

判決原本にもとづく言渡しの場合，遅滞なく裁判長は裁判所書記官に原本を交付し，裁判所書記官は言渡交付の日を記入し，押印する（規158条）。こうして，判決原本と同一の効力を有する判決正本を作成し，その交付の日から2週間以内に当事者のところへ送達する（255条，規159条）。判決原本によらないで言い渡されたとき，原本がないのであるから，交付することもありえない。言い渡された日から2週間以内に，判決に代わる調書を作成して，その謄本または正本を送達する（255条，規159条）。正本を受け取ることにより，誰との間で，いかなる請求について，どの限度で，どのような効力が生じたのかという判決内容を適格に認識しうる。不服があれば，さらに上訴し，審理しなおしてもらうこともできる。なお上訴期間は，送達を受けたときから起算される（285条・313条）。

（4）記載事項

判決書（判決原本）に記載する事項は，主文，事実，理由，口頭弁論終結の日，当事者および法定代理人，裁判所，裁判官の署名押印である（253条，規153条）。主文は，最も重要な部分で，終局判決の場合，訴えまたは上訴に対するとしての意味を持つ。訴訟判決の場合であれば「訴えを不適法として却下する」との，また原告の請求を否定する本案判決であれば「請求を（理由がないとして）棄却する」という形の文章になる。原告勝訴の判決であれば，それが確認判決なら「本件家屋は原告の所有であることを確認する」，給付判決なら「被告は本件家屋を明渡せ」，形成判決なら「原告と被告を離婚する」というように，請求の趣旨の記載に対応した書き方になる（253条1項1号）。

この部分を簡潔，明瞭なスタイルにしたのは，どんな権利関係について，いかなる裁判が行われ，いかなる効果が生じるかを，判りやすく他との誤解を招かないようにするためである。このほか職権にもとづく訴訟費用の裁判（67

条), 申立てまたは職権にもとづく仮執行, 仮執行免脱の裁判 (宣言) (259条), 仮執行失効による原状回復の裁判 (命令) (260条2項), 上訴濫用に対して金銭の納付を命ずる裁判 (303条・313条・327条2項) も示される。裁判官の署名押印が必要であり, 合議体の場合は判決に関与した全員のものが要求される (規157条)。判決に関与したとは, 通常, 評議にまで加わることである。評議後に転任, 退官, 死亡などで, できないときには, 残りの裁判官が事由を付記して署名押印する。その事由は明確さをハッキリと書く必要はなく,「差支えにより」というだけでもよい。他の裁判官とは, 裁判長である必要はなく, 三人の合議体で二人に支障が生じたときには, 残り一人で補充すればよい (大判昭9・12・27法学4巻6号749頁)。全員が支障をきたした場合, あるいは単独制の場合, 弁論を再開して審理しなおすか, 原本の作成をやり直すことになる。その後に退官した者の場合は, 署名はできないと見るべきであろう (大判大11・5・31新聞2012号21頁)。

3 判決の効力

判決は, 一度, 言い渡されると, それを撤回したり変更したりすることはできない。自縛性あるいは不可撤回性とよび, 確定的な判断の表示として尊重し, 言い渡した裁判所自身を拘束するものである。例外は, 法定要件のもとに変更判決が認められている限度で緩められているし, 判断内容には触れず表現の過誤, 不適切を訂正補充するには更正決定という手段で対処している。

(1) 判決の変更 (256条)

言い渡した後に, 裁判所が自ら法令に違背したことに気がついたとき, 判決の判断内容を変更することをいう。

自縛性を否定することであるが, 上訴で取り消されるような瑕疵なら, 自分で是正した方がベターであるし, 法的安定性を害する心配もないからである。言渡しから1週間以内という制限がつけられ, 1週間内であろうとも不控訴の合意, 上訴権の放棄などにより確定してしまえば変更はできない。法令の違背であるから, 事実認定の誤りを発見しても変更はできない。

変更判決は, 常に職権で行うし, 変更されるべき判決に関与した裁判官のみがこれを行う。当事者が変更を望むのであれば, 上訴の手段によるべきことと

なる。

(2) 判決の更正（257条）

判決書の表現の過誤や不適切な点を訂正したり補充したりすることで，上訴などによらず簡易に更正することを認めようとするものである。判決書に計算違い，書き損じ，これに類する表現上の誤りが明白に認められる場合，判決の全趣旨から，何を表現しようとして，何が欠けていたのかが，明確に読み取れるときである。誤りは，判決書のどの部分にあってもさしつかえないし，裁判所の過失によるか当事者の陳述にもとづくものかは問わない。手続は，申立てまたは職権でいつでもでき，確定後でもさしつかえない。自己の間違いを正すのであるから，判決をした裁判所が更正するのが正道であるが，上訴裁判所も原判決の審査権限を持つことから誤りを訂正できよう（新堂・前掲563条）。更正決定に対しては即時抗告できるが（257条2項），却下した決定に対して抗告は許されない。

(3) 形式的確定力

判決がなんら変更されることもなく，また当事者からも通常の不服申立手段による判決の取消，変更をもとめることがなければ，判決は，訴訟手続上，取り消される可能性がなくなるわけである。確定判決のこの取消不可能な状態を形式的確定力と呼び，その訴訟を離れた場でも生ずる既判力（実体的・確定力），執行力，形成力等も，この形式的確定力が生じて始めて論じられるものである。

(4) 判決の無効

判決が訴訟法上の意味で存在するということは，裁判官が職務遂行上，発表したものでなければならない。意思能力を欠いた裁判官や書記官の書いた判決，言渡し前の判決原本等も判決とはいえない。訴訟法上は何の効力もなく，上訴の対象ともなりえない。これを判決の不存在（Nichturteil）と呼ぶ。これに反し，その内容や手続に瑕疵があったときには，まったく無視してよいことにはならない。判決は一応，有効に成立していることから，瑕疵も，判決の変更，上訴，再審等の法律上，認められた不服申立手段で除去せられることになる。これを瑕疵ある判決と呼ぶ。

(5) 内容的に無効な判決

訴訟手続上は有効に存在し，上訴の対象にもなりうるもので，確定により訴訟は終了するが，既判力，執行力，形成力等を生じないものである。死者を当事者とした判決，治外法権者に対する判決，当事者適格のない者の得た婚姻取消等の形成判決等であり，判決の外形は存在するので，上訴または再審による取消の実益がある。

(6) 確定判決の騙取

悪意の当事者が裁判所を欺いて，被告の知らないうちに勝訴判決を得たとき，相手方としては判決の無効を主張して，または強制執行を違法として，損害賠償の請求をなしうるであろうか。古くから争いがあるが，伝統的な学説は，上訴の追完なり再審の訴えによって，判決を取り消したうえでそれを行うべきであるとする（兼子・前掲333頁）。これに対し判例は，損害賠償をただちに訴求しうる方策をとってきている（最判昭44・7・8民集23巻8号1407頁）。その後学説も場合を分けて考え，有力説は，悪意の当事者による訴訟追行の場合のような，被告の裁判を受ける権利がまったく保証されなかったときには，氏名冒用訴訟のときと同様に，当然無効の主張を認めてよいとする（新堂・前掲568頁）。

(7) 羈 束 力

判決を含めた裁判全般の判断内容が，当該の訴訟事件について，他の裁判所を拘束することである。

(a) 事実審で適法に確定した事実認定の判断は，法律審である上告審を拘束する（321条1項）。

(b) 上級審が原裁判の取消または破棄の事由とした判断は，差戻しまたは移送を受けた下級裁判所を拘束する（裁4条，民訴325条3項）。上告審も，破棄差戻後の控訴審判決についての上告を再度，裁判する場合，先に自らが示した破棄理由に拘束される。

(c) 移送の裁判は，移送を受けた裁判所を拘束し，さらに他の裁判所に移送することはできない（22条）。

(d) 中間判決の拘束力について，上級審が終局判決の部分の点だけを取り消して差し戻した場合，差戻審はなおそれに拘束されている。

(8) 確定判決の内容的変更を求める訴え

新法は，117条1項に定期金賠償を命じた確定判決につき，既判力の基準時

◯ 判決の種類

- (a) 全部判決，一部判決，追加判決
    　　請求の全部につき，判決するかどうか，また，補充してするか，の区別
- (b) 訴訟判決（訴え却下判決），本案判決（請求認容判決か請求棄却判決）
    　　訴えまたは上訴を不適法とするか，請求または上訴の理由の存否につき判決するか，での区別
- (c) 中間判決，終局判決
    　　審理中に問題となった事項に中途で判決するものか，または事件の全部もしくは一部を審級から切り離すものか，の区別

```
中間判決 ─┬ 独立した攻撃防御方法
          ├ 中間の争い
          └ 請求の原因

終局判決 ─┬ 全部判決，一部判決
          ├ 追加判決
          └ 訴訟判決，本案判決
```

〈どんな結論か〉訴え却下判決　請求認容判決，請求棄却判決
〈どんな効果か〉　　　　　　　給付判決，確認判決，形成判決

◯ 終局判決の効力

自縛性（不可撤回性）判決を行った裁判所に対する効力
　例外＝更正決定　257条
　　　　変更判決　256条
　もともと，この要→（決定，命令＝再度の考察による変更　333条
　請がよわいもの　　　訴訟の指揮　120条）

羈束力　判決を行った裁判所とは，別の裁判所に対する効力
　　321条，裁4条，民訴325条3項後段，22条1項

形式的確定力　通常の不服申立手段がつきることにより生ずる効力
　　　　　　　　（例外は，再審手続である）

実体的確定力（既判力），確認判決　114条1項…→信義則による遮断効
　　　　　　　　　　　　　　　　　　　　　　（判例の立場）

執行力　民執22条1号，給付判決
形成力　民770条など，形成判決
参加的効力　46条
反射効　民448条など
争点効　実定法上の根拠はない，判例は否定している

（このほか，法律要件的効力をいれる考えもあるが，これはそれぞれの
　法律が認めた個別的な効果である。判決に通常生じる効果ではない。
　たとえば民157条2項）

以後に損害額の算定の基礎となった事情について，変更を求める訴えを許容している。これは基準時後の事情であっても，その前提となっているのは，予測にもとづく算定の基礎ということで，既判力で遮断されるのが本来は筋であるが，誰の目にも明白な限度で，既判力を後退させたものとみるべきであろう（伊藤・前掲439頁）。

§3 既判力

1 概念

既判力とは，終局判決が確定した場合，内容的効力である判断の通用性をいう。形式的確定力に対して実体的確定力といわれる。最終的な解決策として終局判決を下し，それに対する不服申立ての可能性もなくなれば，正式の決着ということで同一事項については当事者や裁判所は異議を唱えることはできないし，これを尊重しなければ紛争を裁判にかけた意味がない。同一事項が再度，事件として取り上げられた際には，裁判所も前の確定判決の内容を当然の前提として裁判することとなる。訴訟制度の屋台骨となるべき大事な効力であり，確定判決で示された判断が，事後，外部に対して有する通用性を発揮し，その判断と合致しない主張や判断を排除する効力が，すなわち既判力である。いわば訴訟で凝縮された結晶が外部に対して光を放ち出すものということができる。

既判力はそれ以後の訴訟において，当事者および裁判所を拘束するといわれるが，羈束力がその前提として同一の訴訟手続内の拘束力と観念しうるのと，対をなして考えることができよう。

2 既判力の本質と根拠

既判力が，なぜ通用力を持つのかに関して，これまで種々の議論が戦わされ，実体法説，訴訟法説，権利実在説，具体的規範説，新訴訟説等，実に百家争鳴千状万態である。しかしながら，これらは既判力の積極的作用，消極的作用と密接な関連を持つ意見とはいえないのであり，「訴訟法の当面の課題である，既判力をどのような形で，かつ，どのような範囲で認めるかを検討するうえで，

どれだけ実益のある議論であるかは疑わしい」（新堂・前掲573頁）との批判も出ている。

　当事者あるいは裁判所が，通用性に納得して従わねばならないのは，なぜなのだろう。その回答を与えるのが，根拠を示すことにほかなるまい。当事者としての地位につくことにより，手続上，対等の地位に置かれるからであり，こうして訴訟追行上の権能と機会を得るし，攻撃防御の範囲の大枠を定めて（246条），裁判所が下す判断と不意打ち防止を明確にし，当事者の自己責任を認めることで，それを利用しなかった場合に担保しているのである。等しく戦う地位と機会を与えておいた以上，敗訴したからといって，再度，争わせるのは，公平の理念に反する。したがって，それは許さないという論理の運びになるのである。訴訟資料を提出する実質的な機会が与えられていたからこそ，既判力の効果も是認せねばならない（高橋宏志・重点講義民事訴訟法（有斐閣・平9）410頁）。この手続保障が，終局的には，当事者側から考えれば当事者という地位についたことで自己責任と結びつけうるし，裁判所側から見た場合には，主体的判断の結果としての既判力が，判決の制度的効力から手続的に保障されることにもなっている。

　既判力は，単に当事者の行為の凝縮したものではなく，そこに裁判所が光を当てて初めて効力を発揮するものである。裁判所の主体的判断という面を抜きに考えては，民事裁判の意義を正しく理解したことにはなるまい。

3　既判力を持つ裁判

　民事訴訟法は，いかなる裁判が既判力を持つのか，あらかじめ個別的には定めていない。114条は，判決のどの部分に生ずるのかを定めたものにすぎない。既判力を持つ裁判といった場合は，それゆえ，既判力の概念，趣旨，目的，手続保障と自己責任，裁判所の強制的通用力等を勘案して，決めるしかない。まず確定した終局判決をあげることができる。このことのコロラリーとして中間判決には既判力は生じない。訴訟判決は，さまざまなものの集合体であるから，一概には言いきれない，同一請求の後訴は排斥されるのであり，既判力は認めるべきである。裁判権なしとの判断は，後訴を拘束し，何度起こしても同じでしかない。もし起訴行為の無効を確定するだけの訴訟判決であるならば，再訴

してきた際，改めて有効か無効かを問えばよく，既判力は問題にする意味がない。本案判決の場合は，請求棄却であれ，請求認容であれ，すべて既判力を持つ。上級審裁判所がする取消移送または破棄移送の判決は，当該事件の手続内で他の裁判所を拘束するのであり，既判力とみるのは妥当でなく，羈束力と解すべきであろう（新堂・前掲576頁）。わが国でも効力を認められる外国裁判所の確定判決は，既判力を持つ（118条）。決定で完結すべき事件について，終局的に実体関係について解決するものである場合は，既判力を有する。確定判決と同一の効力を認められる裁判や裁判上の調書に関しては，既判力を用いていないところからすると，消極的にならざるをえない。また，支払督促（398条）では，民執35条2項後段が削除され，これは既判力がないことが明白となった。仲裁判断には，既判力を認めてよい。請求の放棄・認諾調書，和解調書には既判力は認められない。

4 既判力の範囲

既判力を及ぼしてよいか否かは，大前提として手続保障ということになり，当事者の攻撃防御をつくす義務も，ここにつながる。その範囲は紛争の終局的，強行的な解決であるし，相対的な解決に必要な枠内に限られ，そして可能な限り実体法秩序とも矛盾のない拘束力であることが望ましい（新堂・前掲578頁）。

効力の及ぶ範囲は，まずいかなる時を基準とするものか，いかなる判断と事項についてなされたものか，いかなる人について生じたのかの三つの点から決定される。

（1） 時間的範囲（既判力の標準時）

私法上の権利関係は，発生，変更，消滅を観念しうるもので，どの時点を基準とするものなのかを決めなければすべては始まらない。終局判決は，口頭弁論終結時までに提出した資料を基準としているのであり（民執35条2項参照），この時が基準時（基準時）となる。控訴審に行った場合，新たに訴訟資料が提出されるかも知れず，事実審の口頭弁論終結時までは，基準時となる訳である。上告審は法律審であり，事実認定は新たにはできないから，控訴審の口頭弁論終結時を基準時とすることは動かない。前訴の基準時までに存していた，攻撃防御方法を提出することは，排除効ないし遮断効により認められない。基準時

以後に生じた事由を主張して争うことはさしつかえない。

　基準時前、取消権、解除権を行使することができた場合にも、やはり遮断され、後でこれを理由として確定判決の内容を争うことはできない。給付判決の後、債務の不成立、弁済、免除、消滅時効等にもとづく消滅も詐欺、無能力等による債務負担行為の取消の意思表示も、基準時以後は遮断される。より重大な瑕疵の無効事由でさえ、遮断されることからいっても当然である。取消権の存続期間（民126条）は、通常の取引上での規定で、訴訟の場合を考慮に入れたものとは考えに入れる必要はない（新堂・582頁）。衡平の点から、主張可能な防御方法を施す義務を、被告として負っているとみてよい。ただし、相殺権は基準時前に相殺適状でも、基準時後に相殺の意思表示をなしうる（大連判明43・11・26民録16輯764頁、最判昭40・4・2民集19巻3号539頁）。反対債権（自動債権）は、本来、別個独立の訴訟物となり、原告の訴求債権（受動債権）と運命を共にしなければならぬ必然性はないからである。建物収支土地明渡請求に対し、建物買取請求権も、同様に考えてよいかは、借地借家法上の問題で、建物所有者と地主との社会政策的な議論を抜きにしては、決められないのであり、遮断効だけの議論には止まらないが、失権することなく、後にこれを行使することを認めてもよいのではなかろうか。

　（2）　客観的範囲（物的限界）

　確定判決の効力は、主文で表現されている事項に限り生じるのが原則である（114条2項）。当事者が明確に審判を求めた事柄に対してなされるのであり、既判力を生じるのも最小限、それに対応して、請求についての判断ということになるわけである。しかし主文の表現は簡潔なのを旨とし、どのような事項についての判断かは、判決の事実や理由を参照して初めて明確になるのである。

5　訴訟物に関する既判力

　申立てにする裁判が、すべて本案判決とは限らず（理由ありかなしか）、申立ての適法性（適法か不適法か）の場合もある。ここでは本案判決の既判力をみることにしよう。主文と理由、事実を総合して明確な判断が得られる。しかし、それは実質的な価値をそこに見出す訳ではない。主文を導くにいたった契機としての、訴訟物を特定する役割を負っているからで、理由中の判断そのも

のに，独自の役割を法が担わせようとするものではない。

そこでは，法的性質である実体法上のどんな権利かも確定される（伊藤・前掲456頁）。確定を望んでいるのは，あくまでも訴訟物としたものであり，理由中での判断は訴訟物を基礎づける一つの判断にすぎない。別な道を通っても，訴訟物に辿り着いたかもしれないからである。

一部請求の場合，判例は明示のあるかないかで，そのある場合にのみ認め，既判力も，それに限って生ずるとしている（最判昭37・8・10民集16巻8号1720頁）。明示のない場合，これは全部請求で，既判力は全部に及ぶとしている（最判昭32・6・7民集11巻6号948頁）。単なる処分権主義の問題ではなく，被告の応訴，裁判所の処理，訴訟費用の問題など訴訟法上の観点から決すべきものであろう。単に数量的に可分な一部を訴求したとするなら，残部の請求は既判力によって妨げられる。

6 判決理由中の判断

紛争の前提問題については，当事者が故意に紛争の目標から外したという意味もあり，いかなる拘束力も働きえない。そうであるからこそ，攻撃防御方法を自由に弾力的に出しうるし，実体的な論理構成にとらわれることなく，早く結論に到達しそうなものから認めてよい。弁済だけが争われていれば，いつ，どこで，どのように成立したのかの点は，力をさく必然性はない。他の訴訟で同一の事実や法律問題が取り上げられても，別の認定や判断で可能なのである。前提となる事項についても，拘束力ある解決を望むならば，中間確認の訴えを起こし（145条），その判断を抑ぐこともできる。

7 相殺の抗弁

114条2項によれば，相殺の抗弁を提出し，判決理由中にその効果につき判断を示した場合，自動債権（反対債権）の存否について受動債権（訴求債権）を消滅させるのに必要な額で既判力を生ずる。これは，抗弁とはいっても，相殺の場合は，独立した訴訟物としての価値を有し，請求とは本来，無関係な原因で発生しており，それを対等額で消滅させる点で特色とするもので，既判力を認めないと，前訴の紛争が後訴では自動債権を巡る紛争に形を代えて争われ

うる。被告としては，一度しか使えぬものを再度，使えることにもなり，それを封ずるために，既判力を生じさせたのである。反対債権の不存在を理由として相殺の抗弁が排斥されたときは，反対債権の不存在に既判力が生じ，反対に相殺の抗弁が認められ，その限度で請求が棄却されたときは，訴求債権の不存在と反対債権不存在の両方の判断に既判力が生じ，結果的には両債権の不存在に生じる（条解民事訴訟法628頁［竹下］，中野「相殺の抗弁（下）」判タ893号4頁）。

相殺の抗弁は，訴訟外で意思表示をしたものを訴訟上の抗弁とする場合と，口頭弁論で始めて相殺を主張する場合とがある。とくに問題となるのは予備的に相殺を主張する例で，民法506条1項但書の規定もあるが，適法である。他の抗弁と異なり，審理の必要がある場合にだけ限られ，一番最後に審理することになる。時機に後れたり，他の理由で排斥された場合は，そもそも既判力の問題とならない。なお，相殺の抗弁に対し，相手方から再抗弁，また，それに対する再々抗弁と続く場合も考えられるが，訴訟上の再抗弁を主張することは許されない（中野「相殺の抗弁（上）」判タ891号5頁，これを受けて最判平10・4・30も同じ見解を示した）。

8 争点効

判決理由中の判断の拘束力は，6でみたように114条のもとでは，既判力やそれに類似する効力を認めてはいない。しかし，このことより既判力で確定されてないものは，無条件に後訴で争えるとすることは，誰の目にも不自然としか映らない。そこで，生れてきたのが，争点効理論であり（新堂・前掲599頁，昭和38年に「既判力と訴訟物」を法協80巻3号に発表して以来，一貫して提唱されている），つづいて信義則にもとづく効力という角度から見直そうとする考えが出てきた。

争点効理論の狙いは，信義則と紛争解決の一回性の完遂，および訴訟物の実体法的性決定の補完的役割である。下級審には，争点効を肯定したものも多いが，最高裁は，これを採用しない旨を明言している（最判昭56・7・3判時1014号69頁かわりに信義則にもとづいて実質的に同一紛争をチェックする）。

当事者の訴訟行為の結果として信義則上の拘束力が生ずるとの立場をとっている。しかし，争点効も既判力とは違い，利益を受ける者の主張を待つのであ

るから，制度的拘束力という批判で，争点効を否定する理由にはなるまい（新堂・前掲613頁）。訴訟上の信義則による拘束力を考えてゆく見解は，禁反言とその権能の失効とに大別し，相手方との関係上，特定の訴訟行為が許されるか否かを判断するもので，相手方の主張を待って顧慮すべきものとされる。後者の場合は，争点効と一致するものと思われるが，前者の場合は訴訟行為の態様と禁反言の効果を結びつけ，裁判所の判断までは加味されてないので争点効と差異がある。

　実質的に争った以上，そこになんらかの効力を認めるべきことは疑いなかろう。しかし，初めから何もかも拘束力を持たすことは，紛争の相対的解決から無理である。ここでの効力は，次の訴訟から振り返ってみる回顧的な効力として考えている。したがって，将来を見つめる展望的な既判力とは効力も違って当然なのである。争点効に関する議論が噛み合わない理由も，この点にあろう。決着は，まだ確かについてはいないが，遮断効，失権効を働かそうとの見解は，有力になりつつある一方であるとみてよい。

○主観的範囲（人的限界）

　(a)　当事者　　既判力は両当事者を相対的に捉えておけばよく，第三者は弁論もしない他人の裁判に，甘んじなければならないいはれはない。したがって，当事者の一方と訴訟外の第三者，訴訟に関係する代理人，補助参加人，共同訴訟人等の間では，既判力が生じない。しかし，訴訟物との関係上や，判決による確定を画一的に処理する必要から，既判力を当事者以外に及ぼす場合も出てくる。その例として，115条2項〜4項に規定がある。

　(b)　口頭弁論終結後の承継人　　標準時以降，第三者が訴訟物たる権利義務関係について，承継人としての地位を受け継いだときは，前主の相手方との実体関係の処理等について，当事者間での判決を，そのまま認めて効力を及ぼす。この利害関係人を口頭弁論終結後の承継人という。敗訴した者は第三者に訴訟物を譲渡することで，たやすく訴訟の結果を潜り抜け，相手方としては何のため判決を得たのか分らなくなるからである。基準時以後に取得した者とは，訴訟物たる権利，義務の主体となった者，および訴訟物としての権利関係，これを先決関係とする権利関係につき，当事者適格を有する者であり，前者の例では，前主は原告または被告，勝訴または敗訴のいずれでもよく，一般承継でも

特定承継でもかまわないし、任意処分、国家権力にもとづく強制処分、法律上、当然生じるものでもよく、また、原始取得も入る。後者の例では、所有権にもとづく返還請求の相手方の資格である占有者、または所有権にもとづく返還請求の目的物件の占有取得者、土地の賃貸借終了にもとづく家屋収去土地明渡請求の被告から家屋を譲渡された者等である。当事者適格だけでは捉えきれないことから、それに代えて依存関係があることで説明しようとする考えもある。

訴訟物論との絡みで、承継人となりうる者も、旧理論では対世的な物権的請求権のときだけに限る。新理論では二つの考え方が唱えられており、債権的請求権を、取戻請求権と交付請求権とに分けて考えている。前者のときに承継人となるとする説と、訴訟物についての権利と先決関係も含む権利関係の承継があれば承継人であるとする説とがある。既判力が及ぶということは、承継人に他人（前主と相手方の）の判決の主文を前提として、自らの実体法上の地位を決めてゆくことにほかならない。実質説と形式説の説明の違いはある。形式説であれば、承継人であるかぎり、前訴の判断内容は争いえない。通謀虚偽表示における善意の第三者（民94条2項）や、承継人の占有回収の訴での善意とかの固有の攻撃防御方法を提出することは許される。一方の実質説では第三者を保護すべきかどうか実体法的判断が、前訴の既判力を及ぼす認識の中に取り込まれて、相手方との間でも義務を負うとみられた場合は承継人となる。

　(c)　訴訟担当の場合の利益帰属主体（115条1項2号）　訴訟を追行する資格権限を有する者が、当事者として受けた判決は、影にいた訴訟物たる権利義務の主体に効果を及ぼす（大判昭15・3・15民集19巻586頁）。遺言の執行についての遺言執行者（民1012条1項）、破産財団に関する訴訟についての管財人（破162条）、海難救助料の支払についての船長（商801条）が行った場合等である。

なお、法定訴訟担当に関し、取立訴訟・代位訴訟では判決の効力は債権者勝訴の場合にだけ債務者や他の債務者に及ぶべきとする説がある（三ケ月・民事訴訟法研究6巻48頁以下）。一方、訴訟告知等を徹底して手続保障を完璧にして被担当者に及ぼそうとする説もある（新堂・新民事訴訟法252頁）。

　(d)　請求の目的物の所持者（115条1項4号）　特定物の引渡しを求めるものの場合、特定物の所持につき、全く、独自の利益を有さず、占有移転を求められている物を当事者またはその承継人のために所持している者を指す。訴訟

物が物権的か債権的か，また，動産か不動産かは，区別をする必要はない。所持は必ずしも口頭弁論終結後であることも要しない。占有は，当事者のためであり，この者に既判力を及ぼしたところで，なんら彼らの実体法上の権利も，裁判を受ける権利も，損なわれないからである。これと反対に，自己のために所有しているときは，わが法が訴訟承継主義をとったことから，たとえ当事者の占有代理人であっても，これに含まれない。仮装譲渡による名義的な所有者には，既判力を及ぼしうる。債務者のために所有しているとの認定は，後訴で既判力の拡張が争われたときに行われる。執行の際の執行文の付与の場合，執行文の付与が争われた場合にも同様である（民執23条3項・32条等）。

(e) 訴訟脱退者　独立参加や訴訟引受で，本来の当事者に代って第三者が当事者として行動した場合（47条・51条および50条1項・51条），その後の第三者と相手方の訴訟の判決は，本来の当事者で訴訟から脱退した者に対して既判力，その他の効力を及ぼす。

(f) 一般第三者　身分関係や団体関係については，個別的な相対的解決では，紛争は解決されたことにはならない。なんらかの形で画一的に紛争を捉え，終局的な解決にも判決の効力を及ぼす必要が存する。破産法上の債権確定訴訟の判決の効力（破250条），や婚姻事件，親子関係事件についての判決の効力（人訴18条・26条・32条1項）は，利害関係人や第三者への拡張をはかっているのは，そうした考慮にもとづくものである。

(g) 既判力の効果　既判力の及ぶ者が，後になって同じ争いや，それを先決問題とする争いを起こしてきた場合，既判力に反する主張はなしえない。その存否は職権調査事項であり，裁判所はその拘束力に従った判断をするほかない。ただし，前訴の既判力と抵触する判決を下しても，当然無効となるわけではない。上訴，または再審により取消の対象となるにすぎない。当事者間で，訴訟の場を離れて既判力とは別個の法律関係を合意することは自由である。

既判力は，その働きにおいて消極的作用と積極的作用とに大別しうる。既判力で示された判断と抵触する主張立証を許さないというのが前者である。後訴裁判所が紛争を取り上げるに際して，前訴で確定された点は当然の前提とするというのが後者である。もし，前訴と後訴を通じて既判力の及ばない，基準時以降の事由が，まったく主張されていないのであれば，前訴の敗訴者からの訴

えには請求棄却の判決が下される。勝訴者が，再び訴えを起こしたとするならば，訴えの利益はないのであり，却下の判決を受ける。ただ，特別の必要があれば勝訴者といえども，再度，訴えを起こすことはさしつかえない。さらに，前訴の訴訟物を先決問題とする内容の訴えが起こされたときは，既判力によって遮断されない事由や後訴にだけ特有の点を加えて，新たな本案判決をすればよい。

　(h)　既判力の双面性　　これも後訴に対する作用である。勝訴者に対して不利に働く場合のことをいう。家屋の所有権確認訴訟の勝訴者は事後，相手方との関係では，家屋の所有権を否定することはできず，家屋収支土地明渡を求められた場合は，少なくとも不利に働かざるをえない。

第5章　複雑な訴訟形態

　民事訴訟は，原告・被告の二当事者が一つの法的請求の当否について争うことを基本としている。しかし，当事者間の法的請求が一つとはかぎらないし，紛争の当事者である原告・被告が一人であるともかぎらない。このように，一つの訴訟に複数の請求が併合されたり，複数の当事者が関与する形態の訴訟を総称して，複雑な訴訟（複雑訴訟形態）と呼んでいる。

　複雑な訴訟のうち，当事者は原告・被告であるが複数の請求が併合されている場合を，「複数請求訴訟」と呼ぶ（§1）。これに対して，一つの訴訟に同時にまたは時を異にして三人以上の者が当事者の地位につく形態の訴訟を総称して「多数当事者訴訟」と呼ぶ（§2～§4）。

§1　複数請求訴訟

　複数請求訴訟とは，同一の当事者間で複数の請求を同一の手続に併合して審判する場合の総称である。この併合形態は，広い意味での訴えの客観的な面（すなわち「請求」）を中心にして一つの手続にまとめられている点に着目して，「訴えの客観的併合」とも呼ぶ。「訴えの客観的併合」には，(a)原告が裁判の当初から複数の請求を同一の手続に併合して審判することを申し立てている場合と，(b)訴訟係属後に請求が複数になる場合があり，前者の場合をとくに①「固有の訴えの客観的併合」と呼ぶ。後者の場合は，②原告からの訴えの変更（143条），③選定者に係る請求の追加（144条），④被告からの反訴（146条），⑤当事者からの中間確認の訴え（145条）によって生じる。

　1　固有の訴えの客観的併合
　(1)　意　　義
　たとえば，XとYとの間で100万円の金銭消費貸借をめぐる紛争と，150万円

の売買代金をめぐる紛争がある場合に，Xとしては貸金返還請求訴訟と代金支払請求訴訟の二つの訴えを別々の訴え（別訴）として提起することはできる。だが，いずれも同じ当事者間の紛争であるのなら，一緒に審理できるようにすれば訴状を2通作る必要はなくなるし，口頭弁論の期日も事件ごとに指定して審理する必要もなくなるので，訴訟経済の見地から妥当である。しかし，同一当事者間の複数の請求ならばすべてまとめて訴えることができるとすると，かえって手続が複雑になり，審理の煩雑化・訴訟遅延を招く場合もある。そこで，民訴法では，一つの訴えで請求をまとめることが妥当であると考えられる場合にだけ，請求の併合を認めている（136条）。

　（2）　併合の形態

　請求の併合には，以下の三つの形態がある。しかしながら，実は訴訟物理論によっては選択的併合は認められないことになる。

　（a）　単純併合　　法律上の関連がない数個の請求が並列的に併合されている形態である。たとえば，XがYに対する貸金返還請求と代金支払請求を一つの訴えで行う場合である。また，借家人の家賃滞納を理由として，家主（貸主）が賃貸借契約を解除して行う家屋の返還請求と滞納賃料の支払請求を併合する場合は，これら両請求は借家人の賃料不払いという単一の事実関係から発生してはいるが，法律上は関連性がないので，単純併合となる（家屋返還請求と滞納賃料支払請求とは，法律上両立しない関係にもなければ，一方が他方の前提要件という関係にもなっていないからである）。

　（b）　予備的併合　　論理的に両立できない複数の請求に当事者が順位を付し，第1順位の請求（これを「主位的請求」という）が認容されることを解除条件として第2順位以下の請求（これを「予備的請求」という）について審判することを求めて併合されている形態である。

　たとえば，売主Xが買主Yに対する売買代金支払請求を第1順位の請求として行い，他方，売買契約が無効と判断され第1順位の請求が認められない場合に備えて，すでにYの手中にある目的物の返還請求を第2順位の請求として行う場合である。この場合，主位的請求が認められるということは，XY間の売買契約が有効であることを前提としているので，予備的請求については認められないことになる。逆に予備的請求が認められるということは，売買契約が無

効であることを前提としているから，主位的請求については認められないことになる。したがって，この場合の主位的請求と予備的請求は論理的に両立できないため，一方の請求は他方の請求の予備的関係にあることになる。

　これに対し，買主Yが売主Xに対し，売買の目的物の引渡請求と引渡しの履行が不能になった場合の代償請求（損害賠償としての金銭請求）を併合した場合については注意を要する。この場合，引渡請求と代償請求は論理的には両立しないので，併合の形態としては予備的併合になりそうである。しかし，引渡請求権と履行不能を条件とした代償請求権とは同一の時点では両立しないが，引渡請求は既判力の基準時における引渡請求権の存在を主張するものであるのに対し，代償請求は基準時以後に履行が不能になった時点における代償請求権の存在を予め主張しておくものであるから，両請求権は両立するともいえる。したがって，この場合の併合の形態は予備的併合ではなく，現在の給付請求（引渡請求）と将来の給付請求（代償請求）の単純併合であると考えられている。

　(c)　選択的併合　　論理的に相互に両立することのできる複数の請求のうち，いずれか一つが認容されることを解除条件として他の請求について審判を求めて併合されている形態である。

　たとえば，家屋の貸主Xが借主Yに対し契約期間の満了後に家屋の明渡しを求める際に，「所有権に基づく明渡請求権」や「賃貸借終了に基づく（契約上の）明渡請求権」のいずれをも主張することができるが，このような請求権競合の場合，どの権利も同一の目的を達成するためのものであるから，そのうちいずれか一つの請求が認容されれば，他の請求については審判・判決を求める必要はなくなる。

　この選択的併合という形態は，旧訴訟物理論のもとでのみ認められる併合形態である。すなわち，実体法上の請求権ごとに訴訟上の請求を構成するとする旧訴訟物理論によれば，「所有権に基づく明渡請求権」と「賃貸借終了に基づく（契約上の）明渡請求権」とは実体法上は別個の権利であるから，この両者を主張する場合には訴訟上の請求も二つとなり，請求の併合にあたるからである。これに対し，新訴訟物理論のもとでは，「所有権に基づく明渡請求権」も「賃貸借終了に基づく（契約上の）明渡請求権」も，家屋の明渡しという給付

を求める一個の法的地位の主張を基礎づけるための攻撃方法または法的観点・法的根拠にすぎないと考えられるので，この場合にはそもそも訴訟上の請求は一つでしかなく，したがって請求の併合にはあたらないことになる（新実体法説からも，同様の結論となる）。

（3） 併合の要件

(a) 数個の請求が同種の訴訟手続で審理されるものであること（136条）
通常の民事訴訟手続と人事訴訟手続・行政訴訟事件手続・非訟事件手続・家事審判手続は，それぞれ異種の手続であるから併合することはできない。これらの手続は，それぞれ審理の基本原理が異なるため，併合するとかえって手続が複雑になり，審理の煩雑化・訴訟遅延を招くことになるからである。

もっとも，手続が同種でなくとも，法が特に許しているときは併合することができる（人訴7条2項但書・26条・32条1項，行訴16条）。

(b) 法律上併合が禁止されていないこと　同種の手続であっても，法律上併合が禁止されている場合には併合することはできない（人訴7条2項本文・26条・32条1項）。

(c) 数個の請求のいずれについても受訴裁判所に管轄権があること　土地管轄については，通常は関連裁判籍の規定（7条）により，一つの請求について受訴裁判所に管轄があれば他の請求についても管轄権を有することになる。ただし，他の裁判所が専属管轄を有する請求については，併合が禁止されることになる（13条による7条の不適用）。

事物管轄の決定に必要な請求の価額については，9条の規定によることになる。

（4） 併合要件の調査

請求の併合要件は，併合されて申し立てられた訴訟の訴訟要件となっているので，裁判所が職権で調査する。併合要件が欠けているときは，訴え全部を不適法却下するのではなく，各請求ごとに別個の訴えが提起されたものとして取り扱うことになる（大判昭10・4・30民集14巻1175頁は，職権で弁論を分離をすべきとする）。

（5） 併合訴訟の審判

請求の併合要件を満たしていると，複数の請求は一つの訴訟手続で審判され

ることになるから、弁論や証拠調べもすべての請求に共通なものとして扱われる。そのため、そこで顕出された訴訟資料・証拠資料は、これに関連する請求についても判断資料となる（最判昭43・11・19民集22巻12号2692頁）。

訴訟指揮の一環として裁判所が弁論の分離を命じると（152条1項）、以後は別々の訴訟手続となる。もっとも、弁論の分離は主要な争点を共通にしない数個の請求が単純に併合されている場合に限るべきであるとする見解が有力に唱えられている（小室直人「訴えの客観的併合の一態様」中田還暦・民事訴訟の理論（上）（有斐閣・昭44）197頁以下217頁では、この種の併合形態を「関連的併合」と呼んでいる）。

(a) 単純併合の場合　　裁判所は併合されたすべての請求について審判しなければならない。

(b) 予備的併合の場合　　主位的請求を認容するときは、予備的請求については審判しなくともよい。しかし、主位的請求を棄却するときは、予備的請求についての審判が必要となる（大判昭16・5・23民集20巻668頁）。

(c) 選択的併合の場合　　併合された請求のうちのいずれかを認容すれば、他の請求については審判しなくともよい。しかし、原告の請求を棄却するためには、すべての請求についての審判が必要になる（最判昭58・4・14判時1131号81頁）。

(6) 併合訴訟の終局判決

併合請求の全部について裁判をするのに熟したときは、裁判所は全部判決をする（243条1項）。併合請求のうちのあるものがまず裁判をするのに熟したときは、裁判所はその請求についてのみ一部判決をすることができる（243条2項）。

2 訴えの変更

(1) 意義と形態

訴えの変更とは、訴え提起後に原告が訴えの内容である請求の変更することをいう（143条）。訴えの変更の形態としては以下の形態に分類できるが、判例・実務では、そのすべてを訴えの変更として扱っているわけではない。

(a) 交換的変更　　原告が従来の請求を新しい請求と交換する形態である。

たとえば，家屋売買契約の買主Ｘが契約に基づいて家屋引渡請求の訴訟を提起した後に，売主Ｙの過失によって目的家屋が焼失した場合に，訴えの内容を損害賠償請求に変更する場合である。

　もっとも，交換的変更の形態については，判例は新訴の提起と旧訴の取下げ（261条）が組み合わされたものとして理解している（最判昭32・2・28民集11巻2号374頁）。

　(b)　追加的変更　　原告が従来の請求に新しい請求を追加する形態である。たとえば，ＸがＹを相手取ってある土地の所有権確認訴訟を提起した後，判決でＸの所有権が確認されてもＹが土地を明渡しそうにないことが判明した場合に，従来の所有権確認請求に加えて土地明渡請求を追加する場合である。

　(c)　請求の拡張・縮減　　金銭その他の代替物の一定数量の引渡請求の訴訟提起後に，原告がその数量を拡張することを「請求の拡張」といい，その数量を縮小することを「請求の縮減（または減縮）」という。たとえば，100万円の損害賠償請求を150万円の賠償請求に変更したり，逆に80万円の賠償請求に変更したりする場合である。通説・判例は，「請求の拡張」については訴えの追加的変更とみているが，「請求の縮減」については訴えの一部取下げ（261条）ないしは請求の一部放棄（267条）とみている。

　(2)　要　　件
　訴えの変更の要件については，裁判所の職権調査事項となる。
　(a)　事実審の口頭弁論終結前であること　　訴えの変更があると，裁判所は新しい請求について事実審理する必要があるからである（143条1項，控訴審においては297条による準用）。

　もっとも，請求の趣旨が変更されても実質的には旧請求からの変更はないと評価できる場合には，事実審理は不要であるから法律審である上告審でも訴えの変更は例外的に認められる（最判昭61・4・11民集40巻3号558頁は，給付訴訟を上告審で破産債権確定訴訟への変更を認めた事例である）。

　(b)　新旧両請求の間で「請求の基礎」に変更がないこと　　訴えの変更という手続は，まったく別個の訴えを提起するものではないから，旧請求と新請求との間には一定の関連性が必要であり，143条1項はこれを「請求の基礎」と呼んでいる。

「請求の基礎」の意義についてはいろいろな説が主張されているが，結論的には訴えの変更の認められる範囲について根本的な違いは生じていない。さしあたり，「社会的に同一または一連の紛争関係」としてとらえておくことも可能である。

(c) 著しく訴訟手続を遅滞させないこと　旧請求の審理が新請求の審理に役立つからこそ訴えの変更が認められるのであり，かえって遅滞するのであれば，別訴を提起させることにして，訴えの変更を許すべきではないからである。

(3) 手　続

訴えの変更は，新請求については訴えを提起する意味を持っているので，書面で行う必要がある (143条2項)。訴え変更の書面が提出されたら，裁判所は訴え変更の要件を具備しているか調査する（職権調査事項である）。

① そもそも訴えの変更にあたらないと判断するときは，裁判所はそのまま審理を続行する。

② 訴えの変更にあたるが要件を具備していないため不当と判断するときは，裁判所は被告の申立てによるか，または職権によって訴えの変更を許さない旨の決定をする (143条4項)。

③ 訴えの変更に該当し，しかも要件を具備して適法と判断するときは，裁判所は特に変更を許す裁判をする必要はなく，原告から提出された訴え変更の書面を被告に送達 (143条3項) することにより新請求について訴訟係属が生じる。

(4) 効　果

訴えの変更が認められた場合，旧請求についての従前の審理の結果については，当然に新請求についての審理の前提となると一般的に考えられている。

3　選定者に係る請求の追加

(1) 意　義

訴え提起後に当事者以外の第三者によって選定当事者の選定（選定行為）が行われた場合に，第三者に選定された選定当事者がその第三者の有する請求を追加することである (144条2項)。平成8年の改正により，選定当事者制度が拡充されたことに伴い登場した。

（2） 要　件

(a)　訴え提起後に，当事者以外の第三者によって選定当事者の選定（選定行為）が行われたこと（144条1項・2項）。

(b)　その他，訴えの変更に関する規定（143条1項）が準用されている（144条3項）。

（3） 手　続

訴えの変更に関する規定が準用されている（144条3項）。

4　反　訴

（1） 意　義

原告に訴えられている被告が，逆に原告に対して関連する請求をしたい場合には，別訴として行うよりも同じ訴訟手続で処理する方が，訴訟資料を共通に利用できるため訴訟経済に適うし，判決の矛盾を防止することができる。そこで法は，訴訟の係属中に，原告の提起した訴訟に併合して，被告が原告を相手取って訴えを提起することを認めている（146条）。この訴えのことを「反訴」という。たとえば，Yから100万円の貸金の返還を求められたXが，Yを相手取って裁判所に，「100万円の支払義務はないことの確認を求める」訴え（債務不存在確認請求）を提起しているときに，Yが逆にXを相手取って上記の100万円の貸金返還請求の訴えを起こすような場合である。

この反訴に対して，もともとの原告の訴えを「本訴」という。また，反訴を提起する者（本訴の被告）を「反訴原告」と呼び，反訴を提起された相手方（本訴の原告）を「反訴被告」と呼ぶ。

また，反訴には「予備的反訴」という形態もある。たとえば，XがYを相手取って提起した売買代金支払請求訴訟（本訴）に対して，Yが本訴の請求棄却を申し立てるとともに，本訴請求が認容された場合に備えて，売買の目的物の引渡請求の反訴を提起する場合である（この場合の反訴は，本訴の請求棄却を解除条件として提起されたことになる）。

（2） 要　件（146条）

①　事実審の口頭弁論終結前であること

②　反訴の請求が本訴の請求またはそれへの防禦方法と関連すること

③　著しく訴訟を遅滞させないこと
④　反訴請求が他の裁判所の専属管轄に属さないこと
⑤　本訴請求と反訴請求が，請求の併合の要件（1（3））を満たすこと
⑥　控訴審での反訴請求の提起には，原告の同意が必要である（300条1項）。ただし，原告（反訴被告）が異議を述べないで，反訴の本案について弁論をしたときは，同意したものとみなされる（300条2項）。

(3) 手　　続

反訴についても，本訴と同様の手続によるので（146条2項），反訴提起のためには，反訴状を裁判所に提出することが必要である。

〔反訴の要件を欠いた反訴の申立ての効果〕

　このような反訴は却下すべきとするのが判例（最判昭41・11・10民集20巻9号1733頁）および従来の通説である。しかし，最近では独立の訴えとしての要件を満たすかぎり，別訴として扱うべきとする説が有力になってきている（新堂幸司・新民事訴訟法（弘文堂・平10）657頁）。

5　中間確認の訴え

(1) 意　　義

たとえば，Xが自己の土地を無断で使用しているYに損害賠償請求訴訟を提起したが，Yはその土地はYの所有地であるとして争っているとしよう。この場合，Xは，たとえ損害賠償請求訴訟で勝訴しても，前提となる土地の所有権の存在は判決理由中の判断で示されるだけで主文には表示されないため，土地の所有権の帰属に関する判断については法的な拘束力である既判力は働かない（114条1項）。そこで，土地の所有権の帰属を巡って後日紛争が蒸し返されるおそれがあるときには，土地の所有権がXに帰属することの確認も正式の「審判対象」にして，判決の主文で判断してもらう必要がある。しかし，この審判は最初の損害賠償請求と同一の手続で審判する方が，当事者にとっては効率的であるし，また裁判所の判断に矛盾が生じることを避けることができる。そこで法は，訴訟係属中に，その請求の当否を判断する上で前提となる法律関係の存否についての確認を，その訴訟手続内で裁判所に求めることを，「中間確認の訴え」として認めている（145条）。

中間確認の訴えは，当事者であれば原告でも被告でも起こすことができる。原告が起こす場合（先の例）は，Yに対する損害賠償請求に土地所有権確認請求を追加することになるので，訴えの変更（追加的変更）になる。被告が中間確認の訴えを起こす場合は，XのYに対する損害賠償請求に対し，YがXに対し土地所有権確認請求を「中間確認の反訴」として提起することになる。

（2）要件（145条）
① 事実審の口頭弁論終結前であること
③ 本来の請求と中間確認請求が，請求の併合の要件（1（3））を満たすこと
③ 中間確認の請求の対象が，本来の請求に対し先決関係にあること（先決性）
④ 中間確認の請求の対象となる法律関係の存否につき，当事者間で争いがあること（係争性）
⑤ 中間確認請求が他の裁判所の専属管轄に属さないこと

（3）手　続

中間確認の訴えは，実質的には訴えの変更または反訴にあたるから，当事者はこの訴えを書面で行い，裁判所からその書面が送達される（145条2項）。

この訴えが起こされると，裁判所は本来の請求と併合して審理を行う。また，審理の統一を図るために，弁論の分離や一部判決をすることはできなくなる。

§2　共同訴訟形態

共同訴訟とは，複数人の原告または被告が一つの訴訟手続を利用する形態の訴訟をいう。この形態は，複数の訴えが主観的（＝人的）な面，すなわち当事者を中心として一つの訴えにまとめられていることから「訴えの主観的併合」とも呼ばれている。この場合，同一の側に立つ数人の原告又は被告を共同訴訟人（共同原告・共同被告）という。

たとえば，X_1からYに対する請求とX_2からYに対する請求が相互に関連する場合には，同一の手続内で同時に審判すれば，共通の争点について審理の重複を避けられ，当事者も裁判所も労力を節約することができるし，紛争の統一

的な解決も期待することができる。このような利点から，現行法は，共同訴訟をかなり広範囲に認めている。

現行法は，共同訴訟の基本的形態として，「訴訟の目的が共同訴訟人の全員について合一にのみ確定すべき場合」である必要的共同訴訟（40条）と，それ以外の場合である通常共同訴訟（39条）の二種類を用意している。通常共同訴訟には，「同時審判の申出がある共同訴訟」（41条）という特別の訴訟形態が，平成8年の改正で新設された。

1　必要的共同訴訟
（1）　意　　義

共同訴訟の中には，共同訴訟人全員について一挙一律に紛争の解決をはかるため，共同訴訟人全員について判決の合一的確定が法律上要請されることがあり，これを必要的共同訴訟という。必要的共同訴訟は，さらに，①単独での訴訟は許されず，訴訟の対象である請求に利害関係を有する一定範囲の者がすべて共同訴訟人とならなければ訴訟追行できない場合である固有必要的共同訴訟と，②各人が単独で原告・被告になって訴訟を追行することはできるが，数人の者が訴えまたは訴えられたときは共同訴訟形態をとることが必要となる場合である類似必要的共同訴訟とに分かれる。もっとも，この両形態とも，共同訴訟の一類型であることには変わりがないから，共同訴訟の一般的要件（38条）を満たしていることは当然に必要である（一般的要件の内容については，「2　通常共同訴訟」を参照のこと）。

固有必要的共同訴訟・類似必要的共同訴訟とも，法文上にはない講学上の概念であるため，どのような場合がこれにあたるかについては法律上の規定はない。そのため，訴訟の目的である権利の性質や紛争解決の実効性等を考量して理論によって決定する必要がある。

（2）　固有必要的共同訴訟となる場合

基本的には，以下の二つの類型が存在する。

（a）　他人間の権利関係の変動を生じさせることを目的とする形成訴訟や，変動を生じさせるのと同程度に重大な影響を与える確認訴訟　　たとえば，第三者の提起する婚姻無効または取消の訴えにおいては，第三者は夫婦を一緒に訴

えなければならない（人訴2条2項に明文がある）。法律の明文はないが，抵当権者による短期賃貸借契約の解除請求（民395条）も，賃貸人・賃借人の双方を一緒に訴えなければならないとされている。

(b) 訴訟の目的である実体法上の権利が数人に合有的ないし総有的に帰属している場合，あるいは管理処分権または訴訟追行権が数人に共同して帰属している場合　　たとえば，破産財団に関する権利について数人の破産管財人を当事者とする訴訟（破163条），数人の選定当事者の訴訟（30条）などがある。判例には，境界確定訴訟において隣接地が共有地である場合には，共有者全員が訴訟共同を要する固有必要的共同訴訟であると判示するもの（最判昭46・12・9民集25巻9号1457頁）や，遺産確認の訴えを共同相続人が当事者として関与することを要する固有必要的共同訴訟であると判示するもの（最判平元・3・28民集43巻3号167頁）がある反面，土地所有者がその所有権にもとづいて地上建物の共同相続人に対して提起する建物収去土地明渡請求の訴えは，必要的共同訴訟にはあたらないと判示している（最判昭43・3・15民集22巻3号607頁）。

〔共同所有財産関係をめぐる紛争についての訴訟形態〕
　判例は，共同所有者の対内的（内部的）の紛争においては通常共同訴訟としてとらえ，対外的な紛争おいては固有必要的共同訴訟としてとらえる傾向にある（議論の詳細については，和田吉弘「通常共同訴訟と必要的共同訴訟との境界」青山＝伊藤編・民事訴訟法の争点〔第3版〕（有斐閣・平10）90頁以下参照のこと）。

(3)　類似必要的共同訴訟となる場合

原告が請求について単独で当事者適格を有しているが，その判決の効力が他の第三者に及ぶ場合である。たとえば，株主総会決議取消しの訴え（商247条）・同無効確認請求（商252条）などがある。このような場合に他の原告の訴えを別訴として訴訟追行させると，両者の訴訟の間で判決の効力が抵触するおそれが生じるからである。もっとも，判例は，前婚の離婚無効確認請求と後婚の重婚を理由とする婚姻取消請求訴訟とは，固有必要的共同訴訟にも類似必要的共同訴訟にもあたらないと判示している（最判昭61・9・4家月39巻1号130頁）。

(4) 必要的共同訴訟の審判

判決の合一確定の必要から，訴訟資料や訴訟進行を一律にするための制約が生じる。

(a) 訴訟の進行　弁論および証拠調べを共通の期日で行うことになる。弁論の分離（152条1項）や本案についての一部判決（243条）は許されない。また，共同訴訟人の一人について手続の中断または中止の原因が生じると，全訴訟の進行が停止される（40条3項）。さらに，判決に対して一人が上訴すれば，全員に対する判決の確定が妨げられ，全訴訟が上訴審に移審し，共同訴訟人全員が上訴人の地位につく（最判昭58・4・1民集37巻3号201頁）。

(b) 共同訴訟人の一部から相手に対する訴訟追行行為の効果　一人の訴訟行為は，共同訴訟人全員にとって有利な場合にのみ，全員のために効力を生ずる（40条1項）。たとえば，一人でも相手方の主張事実を争えば，全員が争ったことになる。逆に，請求の放棄・認諾，自白など不利な行為は，全員がしなければ効力を生じない。

(c) 共同訴訟人の一部に対する相手からの訴訟追行行為の効果　共同訴訟人の一人に対する相手方の訴訟行為は，全員に対してその効力を生ずる（40条2項）。この規定は，共同訴訟人の一部の者が欠席しても，相手方の訴訟追行を妨げないようにする趣旨であるから，相手方の訴訟行為が共同訴訟人にとって有利であるか否かを問わない。たとえば，期日に共同訴訟人の一人でも出席していれば，相手方は準備書面に記載していない事実でも主張することができ（161条3項参照），全員に対して主張したことになる。

2　通常共同訴訟

(1) 意　義

通常共同訴訟は，本来は個別訴訟の併合訴訟の共同形態であり，訴訟の共同や判決の合一的確定は要求されていない。ただ，同一の手続で審理されることにより，事実上，関連事件の統一的な解決が期待されているだけである。必要的共同訴訟にあたらない共同訴訟は，すべて通常共同訴訟となる。

(2) 要　件

本来は個別の訴訟を追行できる当事者を一つの訴訟手続まとめるため，訴訟

の目的について一定の関連性や類似性が要求され，これを共同訴訟の要件または訴えの主観的併合要件（38条）という。同条は，以下の三つの場合を挙げている。

　(a)　訴訟の目的である権利または義務が数人について共通であるとき　　たとえば，数人の連帯債務者に対する支払請求である。

　(b)　訴訟の目的である権利または義務が同一の事実上および法律上の原因にもとづくとき　　同一の事実上の原因にもとづくときの例としては，飛行機の墜落事故（不法行為）で複数の被害者（の遺族）が航空会社という同一の加害者に対して行う損害賠償請求がある。同一の法律上の原因にもとづくときの例としては，保証人と主たる債務者に対する貸金返還請求がある。

　(c)　訴訟の目的である権利または義務が同種であって事実上および法律上同種の原因にもとづくとき　　事実上同種の原因にもとづくときの例としては，数人の手形所持人が，各手形の振出人（同一人）に対して行う手形金支払請求がある。法律上同種の原因にもとづくときの例としては，数人の買主に対して行う売掛金請求がある。

（３）　通常共同訴訟の審判

　(a)　共同訴訟人独立の原則　　判決の合一確定の必要のないことから，共同訴訟人の一人に対する相手方の訴訟行為および共同訴訟人の一人について生じた事項は，他の共同訴訟人に影響をおよぼさない（39条）。これを，共同訴訟人独立の原則という。したがって，共同訴訟人は，各自で請求の放棄・認諾，訴えの取下げ，和解ができるし，自白の拘束力も他の者に効果を及ぼさない。

　裁判所は，その裁量で弁論を分離することも（152条１項），本案についての一部判決（243条）をすることも許される。また，共同訴訟人の一人について手続の中断または中止の原因が生じても，他の共同訴訟人の訴訟の進行は停止されない。さらに，判決に対して一人が上訴しても，判決の確定防止・上訴審への移審の効果も上訴した者のみに限られる。

　このように，通常共同訴訟においては，共同訴訟人間での判決の合一的確定は法律上は保障されていない。単に，弁論および証拠調べが共通の期日に同一の裁判所によって行われ，共通の事実について共通の心証が形成されることにより，判決が事実上は矛盾しないことが予定されているだけである。

(b) 共同訴訟人間での証拠共通の原則　　共同訴訟人独立の原則にかかわらず，また，通説・判例は裁判所の自由心証主義（247条）を根拠に，共同訴訟人の一人に対しまたは一人より提出された証拠は他の共同訴訟人が援用しているか否かにかかわらず，他の共同訴訟人の審判においても証拠資料になることを認めている（大判大10・9・28民録27輯1646頁など）。これを，共同訴訟人間での証拠共通の原則という。

〔共同訴訟人間での主張共通の原則〕

通説は通常共同訴訟における共同訴訟人独立の原則と弁論主義を根拠として否定している。また，判例も，訴訟関係が不明瞭になることを理由として，同様に否定している（最判昭43・9・12民集22巻9号1896頁）。

これに対し，近時の有力な学説は，共同訴訟人の一人がある主張をし，他の共同訴訟人がこれに抵触する行為を積極的にしていない場合には，その主張が他の共同訴訟人に有利なものであるかぎり，他の共同訴訟人にもその効果が及ぶことを提唱している。これを，共同訴訟人間での主張共通の原則という（議論の詳細については，加藤哲夫「共同訴訟人独立の原則とその限界」青山＝伊藤編・前掲争点92頁以下参照のこと）。なお，この見解によると，共同訴訟人間での証拠共通の原則も主張共通の原則と同様の理由で認められることになり，自由心証主義にもとづいて認められるのではなくなる。

〔訴えの主観的追加的併合〕

訴訟の係属中に，第三者が自らも当事者として被告に対して，あるいは原告が訴訟外の第三者に対して，請求の併合審判を求めることをいう。後述の共同訴訟参加や，参加承継・引受承継のような明文の根拠のない場合についても，訴えの主観的追加的併合が認められるかについては，争いがある（概説書・論文の多くは，明文の規定のない場合を，「訴えの主観的追加的併合の可否」の問題として論じている）。

判例は，これを認める明文の規定のないことや，追加的併合を認めることにより訴訟の複雑化を招くことなどを理由に，こうした併合形態を認めていない（最判昭62・7・17民集41巻5号1402頁）。したがって，実務では①別訴の提起→②弁論の併合→③共同訴訟の後発的発生という手続を踏むことになる。しかしながら，弁論の併合には当事者の申立権はなく裁判所の裁量で行われるため（152条参照），担当裁判官が紛争の個別的な解決を指向するか一回的解決を指向するかにより扱いが異なる。そこで，学説では，このような併合形態を認めようとする主張がなされている。さらには，この併合形態を利用することにより，被告が第三者を訴訟に引き込むことを認めようとする見解（訴訟引込みの

理論）も提唱されるにいたっている（議論の詳細については，宮川知法「主観的追加的併合」青山＝伊藤編・前掲争点134頁以下参照のこと）。

3 　同時審判の申出のある共同訴訟
（1） 意　　　義

共同被告に対するそれぞれの請求が法律上併存し得ない場合において，審判は通常共同訴訟の形態で行うが，弁論および裁判の分離を禁止するものである（41条）。旧法時代から「主観的予備的併合の可否」として議論されてきた問題への対応策として，平成8年の改正により新設された制度である。

（2） 主観的予備的併合

たとえば，代理人によって締結された契約について，主位的には本人に対して契約内容の履行を求めながら，契約が無権代理人によるものであるとして無効（効果不帰属）になった場合に備えて，予備的に代理人に対して無権代理人としての責任を追及（民117条）する場合がある。このように，数名の，または数名に対する請求が実体法上論理的に両立し得ない関係にあるときに，異なる当事者に対する請求が予備的に併合することをを，訴えの主観的予備的併合という。

主観的予備的併合という共同訴訟形態の適法性については旧法の時代より議論があり，判例は基本的に否定説をとっていた（最判昭43・3・8民集22巻3号551頁）。その理由としては，第一に予備的被告の地位が不安定であり不利益であること，第二に主観的予備的併合が認められても，その訴訟形態は通常共同訴訟であるため，共同訴訟人独立の原則（39条，旧法61条）が適用される結果として判決の合一的な確定は保障されないし，共同被告のうちの一人だけが上訴した場合には上訴審において審判の統一を確保することが困難であることなどが挙げられていた。

しかし，共同被告に対するそれぞれの訴えが別個に審理されることを防ぐことにより判決の矛盾・抵触の回避を指向していた学説は，主観的予備的併合を認めると同時に，①予備的被告の地位の不安定さを除去するために，主位的請求を認容するに際しては必ず予備的請求を棄却することとし，②必要的共同訴訟や独立当事者参加に関する規定（40条・47条）を準用することにより，全審

級において審判の統一の確保が図れると主張していた。また，下級審裁判例においても，被告の同意がある場合や予備的被告がすでに他の請求との関係で訴訟当事者となっている場合には，主観的予備的併合を許容するものも存在していた（東京高判昭47・2・27高民集25巻1号83頁など）。

(3) 同時審判の保障

平成8年の改正で新設された41条では，通常共同訴訟という手続の軽快さを維持しながら，判決の矛盾・抵触の可及的な回避を目指し，同時審判を制度的に保障した。

すなわち，同時審判の申出ある共同訴訟は，あくまでも通常共同訴訟の一種であるので，共同訴訟人独立の原則（39条）が適用される。しかし，同時審判の申出により41条が適用されると，訴訟手続の進行については弁論および裁判の分離は禁止され，裁判所の訴訟指揮権（152条1項）が制限されることになる。必要的共同訴訟や独立当事者参加に関する規定（40条・47条）の準用はないが，弁論を分離せずに審判を行うことで，事実上，裁判の統一が図られることが期待されているのである。

もっとも，原告が同時審判の申出を撤回すれば，裁判所は弁論を分離して，一部について判決を下すことはできる。

(4) 同時審判の申出

41条の適用を受けるためには，原告が同時審判の申出をしなければならない。被告には，同時審判の申出は認められない（41条1項）。

同時審判の申出は，控訴審口頭弁論終結時までであれば，訴えの提起後でもできるし，控訴審で初めて申し出ることもできるが，上告審ではできない（41条2項）。また，控訴審の口頭弁論終結時までは，いつでも撤回することができる（規19条1項）。

(5) 控訴審での併合義務

第一審で同時審判の申出をして判決が下された後，各共同被告に関わる控訴事件が同一の控訴裁判所に各別に係属するときは，弁論および裁判は当然に併合してしなければならない（41条3項）。したがって，原告が控訴審で改めて同時審判の申出をする必要はない。

§3　訴訟参加の諸形態

　訴訟参加とは，訴訟の当事者とはなっていない第三者が，すでに係属している他人間の訴訟について何らかの利害関係を有する場合に，その訴訟に積極的に加入することをいう。この場合の第三者を「参加人」という。

　訴訟参加には，当事者としての資格で参加する当事者参加の場合と，当事者以外の資格で参加する補助参加の場合とがある。当事者参加には，二当事者対立構造を維持したまま一方当事者が多数化する共同訴訟参加と，三当事者の紛争となる独立当事者参加・準独立当事者参加とがある。

1　共同訴訟参加
(1)　意　　義
　当事者の一方および第三者について判決を合一確定すべき場合において，その第三者が，原告ないし被告の共同訴訟人としてその訴訟に参加する形態である（52条）。参加後は，必要的共同訴訟になる。たとえば，一人の株主Xが会社Yを相手取って株主総会決議取消訴訟を提起した後に，他の株主Zがこの訴訟に共同原告として訴訟参加する場合である。

(2)　要　　件
　(a)　訴訟の目的が当事者の一方および第三者について合一にのみ確定すべき場合であること　　必要的共同訴訟になる場合のうちでも，類似必要的共同訴訟にあたる場合には問題なく認められる。

　固有必要的共同訴訟にあたる場合には，そもそも訴え提起時に全当事者がそろっていなければ当事者適格を有しないので，訴え提起後の訴訟参加が認められるか問題となる。この点については，共同訴訟人になるべき者を欠いて提起した訴えにおいて，当事者適格の欠缺を事後的に治癒するために認められるべきであり，認めた判例もある（大判昭9・7・31民集13巻1438頁）。

　(b)　訴訟の係属中であること　　法律審である上告審から参加できるかについては問題となるが，法律問題で攻撃防御の機会を共通にする必要もあることから，肯定する見解が有力である。

(c) 参加人が，相手方との関係で当事者適格を有すること　共同訴訟参加も，実質的には訴えの提起にあたるからである。

2　独立当事者参加・準独立当事者参加
（1）意　　義
　訴訟の係属中に，第三者が原告と被告の双方またはその一方を相手方として，原告被告間の請求と関連する自己の請求について同時・かつ矛盾のない判決を求めて当該訴訟に参加する形態である（47条）。
　民事訴訟は，原告と被告の二当事者対立構造を基本としており，前述の共同訴訟形態・共同訴訟参加や後述の補助参加も基本的には二当事者対立構造である。しかし，実際の紛争には一つの目的物の財産権を三人が争うような場合も存在するので，これを無理に二当事者対立構造に分解せず，三当事者の対立する構造をも認めて三者間で統一的な審判を行うことによって，当事者・裁判所の労力の節約と，判決の矛盾抵触防止を期待している。

（2）独立当事者参加の趣旨
　参加人は，①本訴の原告・被告の双方を相手方として参加することも，②原告・被告の一方のみを相手方として参加することもできる（47条1項）。このうち，②の場合を，片面的独立当事者参加とか，準独立当事者参加という。
　旧法下では，独立当事者参加の構造については，原告・被告および参加人の三者間相互の紛争を一つの訴訟手続によって一挙に矛盾なく解決しようとする訴訟形態（三面訴訟）と理解していた。判例（最判昭42・9・27民集21巻7号1925頁）もこの三面訴訟説を採用し，片面的独立当事者参加を否定していた。
　しかし，現実の紛争では，原告・被告の一方に対しては請求を立てる必要があるものの，他方との間には紛争がない場合も当然ありうる。このような場合にも，争いがない当事者に対して無理に請求を申し立てさせて紛争を発生させるのはおかしいし，参加人によって被告とされる者が争っていない以上，本来その者に対する請求は訴えの利益を欠くことになるはずである。そのため，近時の学説では，一方当事者に対する請求のみを申し立てる片面的独立当事者参加も適法と認めることが有力に主張されていた。
　そこで，平成8年の改正により，このような主張を採用し，片面的独立当事

者参加も独立当事者参加の一形態として認めることにしたのである。
（3）要　件
(a) 参加が許される事由　独立当事者参加が許される場合には，詐害防止参加と権利主張参加の二つの類型がある。

詐害防止参加とは，他人間の訴訟の結果によって自己の権利が害されることを主張する第三者が，当事者としてその訴訟に参加する類型である（47条1項前段）。

〔どのような場合に自己の「権利が害される」といえるか〕
「権利が害される」の基準をめぐって以下の考え方が対立している。
① 判決効説　判決の効力によって，第三者の権利が直接侵害される場合に限定する説である。
② 間接侵害説　判決が第三者の権利を直接侵害する場合のみならず，原告・被告間の訴訟の結果，間接的に第三者の権利が侵害される場合も含むとする説である。
③ 詐害意思説　原告・被告間の訴訟が第三者に対する「詐害の意思」から行われていると判断できる場合であるとする説である。
現在では，基本的には③の説に立ちながら，「詐害の意思」の認定については，被告が適切な訴訟行為をしなかったというような，客観的に「馴れ合い」とみられる行動があったか否かから判断しようとする見解が有力である。

権利主張参加とは，他人間の訴訟の目的の全部もしくは一部が自己の権利であることを主張する第三者が，当事者としてその訴訟に参加する類型である（47条1項後段）。たとえば，XがYに対してある土地の引渡請求訴訟を提起しているときに，Zが，その土地はXのものでもYのものでもなく自分（Z）のものだと主張し，Xに対してはその土地の所有権の確認を求め，Yに対してその土地の引渡を請求して，XY間の訴訟に独立の当事者として参加する場合である。判例は，債権者代位訴訟の係属中に，債務者が，係属している代位訴訟と同一の訴訟物を第三債務者に訴求して独立当事者参加することは二重起訴の禁止（142条）に触れないと判示する（最判昭48・4・24民集27巻3号596頁）。
(b) 他人間に訴訟が係属中であること　上告審でも参加できるかどうかについては争いがあり，判例は，上告審は法律審であることから，独立の訴えの

性質をもつ独立当事者参加は許されないとする（最判昭和44・7・15民集23巻8号1532頁）。しかし，上告審で原判決が破棄されて事実審へ差し戻される可能性のあるかぎり参加の実益があるから，上告審での参加を認めるべきとする見解も有力である。

(4) 独立当事者参加訴訟の審判

独立当事者参加訴訟については，必要的共同訴訟に関する規定が準用される（47条4項）。その効果は以下のとおりである。

① 原告と被告のみでは，和解，請求の放棄・認諾をすることができない。また，原被告間での自白は，参加人に利益となる場合にのみ効力を生じる（40条1項参照）。

② 参加人が当事者の一方に対して上訴すれば反対当事者に対しても効力が生じ，原被告間の訴訟も上訴審に移審する（40条2項参照）。判例は，一審で独立当事者参加のあった場合に，原告による被告および参加人に対する控訴によって，参加人の被告に対する請求に関する判断部分も確定が遮断され，控訴審においては被告による参加人に対する控訴・付帯控訴がなくとも，この部分を参加人に不利益的に変更できると判示する（最判昭48・7・20民集27巻7号863頁）。

③ 期日は共通でなければならず，参加人について手続の中断または中止の原因が生ずると，全ての訴訟の進行が停止する（40条3項参照）。

④ 判決は，全請求につき論理的に矛盾のない内容でなければならない。

(5) 二当事者訴訟への還元

独立当事者参加は，以下の事由によって，一つの単純な二当事者訴訟または共同訴訟に還元される。

(a) 原告の本訴の取下げまたは却下　参加人の参加後も，原告は本訴を取り下げられるが，本訴については参加人も利益を有するので，取下げには被告のみならず参加人の同意も必要である（最判昭60・3・15判時1168号66頁）。取下後は，参加人から本訴の原告と被告に対する共同訴訟になる。本訴が不適法却下された場合も同様である。

(b) 参加の申出の取下げ　参加の申出も，訴えの取下げに準じて取り下げることができる。この場合，取り下げる請求の相手方の同意が必要である。参

加人が原告・被告に対する両請求とも取り下げると，本訴のみの訴訟となる。一方に対する請求のみ取り下げると，本請求と参加人の請求の共同訴訟となる。

(c) 原告または被告の脱退（48条）　参加前の原告または被告は，相手方の承諾を得て訴訟から脱退することができる。この脱退は，権利主張参加の場合に多く利用される。たとえば，本訴の被告である債務者Ｙが自己の債務の存在は認めているが，真の債権者が原告Ｘなのか参加人Ｚであるのかわからない場合に，ＸとＺとの間で真の権利者が確定させればよいとして，自ら脱退するのである。

原告または被告の脱退の場合において，判決の効力は，脱退した当事者に対しても及ぶことになっている（48条後段）。

〔「判決の効力」（48条後段）の意味〕
　学説は，①参加的効力とする説，②既判力とする説，③執行力を含めるとする説などに分かれて対立している。脱退するのが参加人ではないことからすると，参加人との間での効力としての参加的効力と解するのは妥当でないし，また，既判力に限定するのも狭すぎることから，現在は③説が有力である（議論の詳細については，勅使川原和彦「訴訟脱退者に対する判決の効力」青山＝伊藤編・前掲争点116頁以下参照のこと）。

3　補助参加

(1)　意　　義

ある訴訟の結果に利害関係を持つ第三者が，当事者のいずれか一方を勝訴させることによって間接的に自己の利益をまもるために，一方の当事者を補助する形で当該訴訟に参加する形態が，補助参加である（42条）。たとえば，債権者Ｘが債務者Ｚの保証人Ｙに対して保証債務の履行請求訴訟を提起している場合，もしＹが敗訴すればＹのＸに対する保証債務の存在が確定し，Ｙが保証債務を履行すればＺはＹから求償を受けることになるから（民459条1項），ＺがＹを補助するためにＸＹ間の訴訟に参加する場合である。この場合，補助参加をする第三者のことを「補助参加人」といい，補助参加される当事者のことを「被参加人」という。

(2)　要　　件

第三者が他人の訴訟の結果につき利害関係を有することである。

(a) 「利害関係」の性質　たとえば，原告が勝訴すれば多額の金銭を受領するので，その金銭から第三者が弁済を受けられるというような単なる経済的利害関係や，親戚や友人として当事者の一方を勝たせてやりたいという感情的な利害関係では足りず，あくまでも，法律上の利害関係でなければならないとされている（大判昭7・2・12民集11巻119頁）。

(b) 第三者が利害関係を有する「訴訟の結果」

〔「訴訟の結果」（42条）の意味〕

　従来は，原告・被告間の訴訟の判決主文における訴訟物に関する裁判所の判断であり，そして，この判断によって第三者の法律上の地位が直接に影響を受ける場合に，「補助参加の利益」があると考えられてきた。これは，判決理由中に判断は当事者に対しても拘束力を生じないのが原則であることから（114条1項），ましてや第三者に影響を与えることはないという考え方を基礎としていた。

　しかし，この基準では補助参加の認められる範囲が狭すぎて，実際の紛争形態に十分に対応できないという問題がある。そこで，最近では，「訴訟の結果」を「判決主文」に限らず，「判決理由中の判断」にまで拡大して，関連紛争の一回的解決を図ろうとする考え方が有力になってきている（議論の詳細については，山本和彦「補助参加の利益」青山＝伊藤編・前掲争点102頁以下参照）。

(3) 補助参加人の地位

(a) 独立性　補助参加人は，当事者の一方を勝訴させるだけでなく，これにより自己の利益をまもろうとしているので，そのかぎりでは被参加人から独立した地位にもあることになる。したがって，補助参加人は期日への呼び出しも裁判所から独立に受ける。また，被参加人を勝訴させるために，攻撃または防御の方法の提出，異議の申立て，上訴の提起，再審の訴えの提起その他一切の訴訟行為をすることができる（45条1項本文）。

(b) 従属性　補助参加人は，当事者の一方を勝訴させることを目的として「助っ人」として参加しているので，その目的のかぎりでは被参加人に従属すべき地位にあることになる。したがって，以下のように，従属的な補助的行為の範囲を超える行為を，補助参加人はすることができない。

① 訴えの取下げ，訴えの変更，請求の放棄・認諾，和解のような，訴訟を処分・変更する行為

② 補助参加の時の訴訟の状態からみて，もはやできない行為（45条1項但書）　たとえば，補助参加した時点ですでに時機に後れた攻撃防御方法（157条参照）の提出はできない。

③ 被参加人の行為と抵触する行為（45条2項）　たとえば，被参加人がすでに自白している事実については，補助参加人が争っても，その訴訟においては争ったことにはならない。

④ 私法上の権利行使　従来は，私法上その権能が認められている場合（民423条・436条2項・457条など）を除き，当然にはできないと考えられていたが，最近では被参加人を勝訴に導く性質のものであるなら認めてもよいとする見解も有力になってきている。

(4)　補助参加人に対する裁判の効力

補助参加人に対する裁判の効力は，一定の場合に及ばないことが法文上も定められている（46条）。

〔補助参加人に対する裁判の効力（46条）の意味〕

通説・判例は，46条が補助参加人に対する裁判の効力が一定の場合に及ばないことが法文上も定められていることから，紛争の蒸し返しを防止するために勝訴・敗訴にかかわらず生じる既判力（114条）とは異なり，別個の「参加的効力」と理解している（最判昭45・10・22民集24巻11号1583頁）。すなわち，この効力は，参加人と被参加人が敗訴した場合の責任の分担をはかるために，公平の見地と禁反言の原則から認められたものであり，①被参加人が敗訴した場合にのみ生じ，②参加人と被参加人との間でのみ及ぶ（つまり，相手方当事者には及ばない）かわりに，③判決理由中の判断についても拘束力が生じ，④裁判所は当事者の援用をまって取り上げることになる。

これに対し，最近では，既判力の根拠が訴訟当事者に対する手続保障との関係で再検討されてきたことに伴い，補助参加人も手続保障のもとに判決の形成に加わった以上は，判決の効力は被参加人と補助参加人の間のみならず，補助参加人と相手方当事者との間においても生じるとの見解が有力になってきており，これを，「新既判力説」という（議論の詳細については，高橋宏志「補助参加について（四）」法学教室1997年2月号108頁以下（平9）参照のこと）。

4 共同訴訟的補助参加
(1) 意　義

　ある訴訟の判決が訴訟当事者以外の第三者にも及ぶが，その第三者が共同訴訟参加するための当事者適格を有していない場合に，第三者が補助参加したときは，その地位を共同訴訟人に準じて扱う参加形態である。たとえば，一人の株主Xが会社Yを相手取って株主総会決議取消訴訟を提起した後に，同じく株主総会決議取消訴訟の提起を意図していた株主Zが，株主総会決議の日から3ヵ月すぎていたため共同訴訟参加できない場合（商248条1項）に，XY間の訴訟に補助参加する場合である。このような場合，Zとしては，補助参加人のような従属的な地位にとどまるとすれば，判決効を受けるだけの手続保障としては十分ではない。そこで，民訴法に明文の規定はないが，学説・判例は解釈によって，補助参加人に十分な訴訟活動を保障するためにこのような参加形態を認めている（最判昭45・1・22民集24巻1号1頁）。

(2) 共同訴訟的補助参加人の地位

　補助参加の場合よりも，参加人の独立性が強化され，41条の必要的共同訴訟的な扱いを一定限度で認めることになる（当事者参加ではないので，すべてを認めることはできない）。たとえば，補助参加人は被参加人の行為と抵触する行為もできるほか，上訴期間も被参加人と独立して起算される。補助参加人に中断・中止事由が生じたときに，常に被参加人と相手方の訴訟も停止するかについては，争いがある（議論の詳細については，佐野裕志「補助参加と訴訟告知の効力」青山＝伊藤編・前掲争点106頁以下参照のこと）。

5 訴訟告知
(1) 意　義

　訴訟の係属中に，当事者がその訴訟に参加することのできる第三者に対して，訴訟係属の事実を法定の方式によって告知することを，訴訟告知という（53条）。この制度は，被告知者に対して訴訟参加の機会を与えるための手段であるが，それとともに，訴訟告知を受けた被告知者が実際に訴訟参加しなかった場合でも裁判の効力（46条）が及ぶことになっている（53条4項）。そのため，訴訟告知は，自分が敗訴した場合に第三者に求償や賠償を請求することのでき

る者にとって，意味のある制度となっている（被告知者にとっては，むしろ不利益な制度となっている）。

(2) 要　件
① 訴訟の係属中であること
② 被告知者が，訴訟に参加するだけの法的利益を有していること（通常は，補助参加の利益があれば足りる）

(3) 効　果
被告知者は，たとえ補助参加しなかったとしても，参加することができた時に参加したものとみなされ，裁判の効力が及ぶ（53条4項）。その他の効果をめぐっては，議論が分かれている（議論の詳細については，佐野裕志「補助参加と訴訟告知の効力」青山＝伊藤編『民事訴訟法の争点』〔第3版〕（有斐閣・平10）106頁以下参照のこと）。

実体法上の効果としては，手形・小切手の場合，遡求権の消滅事項が中断する（手86条，小73条）。民法は訴訟告知の時効中断効を明文では認めていないが（民153条），いわゆる「裁判上の催告」として，当該訴訟係属中は時効の中断を認めるのが通説である

§4　訴訟承継

1　当然承継

一定の事由があれば，法律上当然に生じる場合の訴訟承継である。当然承継に関する明文の規定は存在しないが，訴訟手続の中断および受継に関する124条が，当然承継の生じる場合を推知させている。

当然承継の生じる原因としては，①当事者の死亡，②法人の合併による消滅，③信託財産の受託者の任務終了，④当事者能力の喪失・法定代理人の死亡または資格喪失，⑤一定の資格にもとづいて当事者となっていた者の資格喪失，⑥選定当事者の全員の資格喪失（124条）のほか，⑦破産宣告があった場合や破産手続が解止した場合（125条）がある。

手続の中断を伴う場合は，裁判所は職権で承継人の適格を調査し，決定で許否の裁判をする（128条）。これに対し，訴訟代理人がいるために手続が中断し

ない場合（124条2項）は，手続進行に影響を及ぼさないので，訴訟代理人は，とりあえず旧当事者の名で訴訟を追行してよい。

2　申立承継（任意承継）
（1）意　　義

新たに当事者となる者または従来の当事者からの申立てによって，訴訟承継が生じる場合である。申立承継は，訴訟物である権利義務および訴訟物である権利義務の内容（目的物など）について特定承継が行われた場合，すなわち「係争物の譲渡」があった場合に生じる。このうち，係争物の譲受人の方から積極的に裁判所に訴訟参加を申し立てる場合を「参加承継」（49条・51条）といい，相手方当事者から訴訟引受を申し立てる場合を「引受承継」（50条・51条）という。

これら49条ないし51条の存在から，現行民事訴訟法は，訴訟係属中に訴訟物である権利・法律関係の譲渡があった場合に，紛争主体の変動を訴訟に反映させる「訴訟承継主義」を採用しているものと考えられている。これに対し，紛争主体の変動について訴訟上は無視して，前主に訴訟追行権を保持させる建前を「当事者恒定主義」といい，日本の民事訴訟法の母法であるドイツ民事訴訟法が一定の例外を除いて採用している（わが国の民事訴訟法が訴訟承継主義を採用している理由と，その問題点については，日比野泰久「訴訟承継主義の問題点」青山＝伊藤編・『民事訴訟法の争点』〔第3版〕（有斐閣・平10）112頁以下参照のこと）。

もっとも，実務においては，民事保全法上の「係争物に関する仮処分」の一種である占有移転禁止の仮処分決定を得ることにより，当事者恒定の効果を生じさせることができる（最判昭46・1・21民集25巻1号25頁）。

（2）承 継 原 因
〔承継原因の基準および範囲〕

従来の通説によれば，特定承継の結果，訴訟物についての当事者適格が第三者に移転したことが，参加承継・引受承継の承継原因であるとされており，これを「適格承継説」という。しかし，今日では申立承継は，訴訟物の特定承継のみならず訴訟物の目的の特定承継の場合にも認められることから，この基準

では十分に説明できなくなった（そのような事例に関する判例として，最判昭41・3・22民集20巻3号484頁がある）。そこで，近時では「紛争の主体たる地位の移転」などの基準が提唱されるにいたったが，決着をみていない（議論の詳細については，上北武男「参加承継・引受承継」青山＝伊藤編・前掲争点114頁以下参照のこと）。

（3）手　　続

参加承継の場合は，承継人が独立当事者参加の形式で行う（49条・51条・47条）。これに対し，引受承継の場合は，前主の相手方の訴訟引受けの申立てにもとづき，裁判所が決定で拒否の裁判をする（50条1・2項・51条）。参加または引受けがあった場合，承継人の前主は相手方の同意を得て訴訟から脱退することができる（49条・47条1項・48条・50条3項・48条・51条）。

第6章　大規模訴訟に関する特則，簡易裁判所の手続の特則

§1　大規模訴訟に関する特則

1　「大規模訴訟」の意義

　当事者が著しく多数で，かつ，尋問すべき証人または当事者本人が著しく多数である訴訟を，大規模訴訟という。この場合には，通常の共同訴訟よりも審理の困難さがさらに増大するので，平成8年の改正で審理の促進に役立つ特則（269条）が設けられた。

　「大規模」か否かの判断は裁判所の裁量に委ねられる。公害事件や薬害事件のように当事者が百名を超える事件などはその典型例として考えることができるが，少なくとも数十人規模になれば「著しく多数」といってもよいだろう。

2　特　　則

（1）　裁判所の構成

（a）　合議体の員数　　地方裁判所において通常の民事訴訟の審理を合議制で行う場合は，三人の裁判官の合議体で行う（裁26条3項）。これに対し，地方裁判所において大規模訴訟の審理を合議制で行う場合には，その合議体は，五人の裁判官の合議体で審理および裁判をすることを決定できる（269条1項）。

（b）　関与することのできる判事補の員数　　地方裁判所において通常の民事訴訟の審理を合議制で行う場合に，判事補は同時に二人以上合議体に加わり，または裁判長となることができない（裁27条2項）。これに対し，大規模訴訟を五人の裁判官の合議体で審理および裁判をする場合には，判事補は，同時に三人以上合議体に加わり，または裁判長となることができない（269条2項）。

（2）　証人尋問などの分担

　通常の民事訴訟の審理においては，受命裁判官による証人または当事者本人

の尋問は，裁判所外で行われるのが原則である（195条・210条）。これに対し大規模訴訟に係る事件については，当事者に異議がないときは，受命裁判官に裁判所内で証人または当事者本人の尋問をさせることができる（268条）。大規模訴訟では，尋問すべき証人または当事者本人が著しく多数であるため，迅速な審理を達成するためには，これら証人等の尋問を複数の裁判官で分担することが必要だからである。証人については，当事者に異議がなければ，証人の尋問に代えて書面を提出させることもできるが（205条），それよりも裁判官が裁判所内で証人等を直接尋問した方が，直接主義の要請をよりよく満たすことを考慮したものである。

（3）　審理の計画（計画審理の原則）

　裁判所および当事者は，適正かつ迅速な審理の実現のために，進行協議期日その他の手続（準備的口頭弁論，弁論準備手続または書面による準備手続）を利用して審理の計画を定めるための協議をするものとしている（規165条）。

（4）　連絡を担当する訴訟代理人の届出

　一方の当事者に訴訟代理人が数人あるときは，訴訟代理人は，その中から連絡を担当する者を選任し，その旨を裁判所に書面で届け出ることができる（規166条）。これは，訴訟代理人に対する事務連絡の簡素化のための規定であり，裁判所としては，この届出られた訴訟代理人宛てに事務連絡をすれば足りることになる。

（5）　フレキシブルディスク等の提出

　裁判所は，当事者が裁判所に提出した書面に記載した内容をフレキシブルディスクその他の磁気ディスクに記録している場合には，判決書の作成に用いるときその他必要があると認める場合ときは，その当事者に対し，その複製物の提出を求めることができる（規167条）。これは，著しく多数の当事者の氏名・住所などの記載に関し，裁判所の判決書作成の労を省力化し，正確かつ迅速な判決書の作成を実現するためである。

　なお，フレキシブルディスクとは聞き慣れない言葉であるが，いわゆるフロッピーディスクのことである（工業所有権に関する手続等の特例に関する法律施行令9条参照）。

§2　簡易裁判所の手続の特則

　簡易裁判所は，比較的少額軽微な事件（訴訟の目的の価額が90万円を超えない事件，裁33条1項1号）を，簡易な手続によって迅速に解決する（270条）ために，全国437ヵ所に設けられた第一審裁判所であり，同じく第一審を担当する地方裁判所の通常の訴訟手続に対する特則が定められているほか，「訴え提起前の和解」という制度も設けられている（簡易裁判所の役割と今後の課題について論じている文献としては，佐藤歳二「簡易裁判所の役割と訴訟手続」伊藤眞＝徳田和幸編・講座新民事訴訟法II（弘文堂・平10）169頁以下を参照のこと）。なお，簡易裁判所が扱う事件のうちでも，訴訟の目的の価額が30万円以下の金銭請求事件については，「少額訴訟」という制度（368条以下，詳細は第9章参照）を利用することもできる。

1　地方裁判所の第一審手続の特則
（1）　訴え提起の方法

　口頭での訴えの提起（起訴）が可能である（271条）。また，法廷の開廷中に当事者双方が任意に出頭すれば，直ちに口頭弁論の開始を求めることができ，この場合においても，訴えの提起は口頭の陳述によってすることになる（273条）。

（2）　訴状の記載

　訴え提起の際には，通常の訴訟手続のような請求原因の記載は必要ではなく，「紛争の要点」を明らかにすれば足りる（272条）。

（3）　準備書面の提出

　準備書面は，必ずしも提出しなくともよい（276条1項）。ただし，相手方が準備をしなければ陳述をすることができないと認めるべき事項については，書面で準備して提出するか，または口頭弁論前直接に相手方に通知しなければならない（276条2項）。もし，この準備書面の提出または通知を怠った場合は，相手方が欠席した口頭弁論期日においては主張することができない（276条3項）。

（4） 当事者の欠席等（口頭主義の緩和）

　当事者の一方が口頭弁論の期日に出頭せず，または出頭したが本案の弁論をしない場合には，その期日が第1回期日であれ，続行の期日であれ，それまでに提出された準備書面の記載事項を陳述したものとみなすことができる（277条）。

　ただし，当事者双方が口頭弁論の期日に出頭せず，または出頭したが本案の弁論をしない場合には，特則が存しないので，第一審訴訟手続の原則どおり，訴え取下げの擬制（263条）や，弁論の終結（244条）の問題となる。

（5） 証拠調べの方法

　裁判所は，相当と認めるときは，証人，当事者本人または鑑定人の尋問に代えて，書面（当事者の供述書・鑑定書）の提出で済ませることもできる（278条）。地方裁判所での通常の手続では要求される，「当事者に異議がないとき」という要件がない分だけ簡略化されていることになる。この場合，裁判所は，尋問の申出をした当事者の相手方に対し，当事者の供述書・鑑定書において回答を希望する事項を記載した書面を提出させることができる（規171条による規124条の準用）。

（6） 裁判書類の記載の簡略化

　(a)　口頭弁論調書の記載　　裁判官の許可を得て，証人等の陳述または検証の結果の記載を省略することができる（規170条1項）。この場合において，当事者は，裁判官が許可をする際に，意見を述べることができる。

　もっとも，裁判官の命令または当事者の申出があるときは，裁判所書記官は，当事者の裁判上の利用に供するため，録音テープ等に証人等の陳述または検証の結果を記録しなければならない。さらに，当事者の申出があるときは，裁判所書記官は，当該録音テープ等の複製を許さなければならない（規170条2項）。

　(b)　判決書の記載　　判決書に事実および理由を記載するには，請求の趣旨および原因の要旨，その原因の有無ならびに請求を排斥する理由である抗弁の要旨を表示すれば足りる（280条）。

（7） 司法委員の関与

　裁判所は，必要があると認めるときは，和解を試みるについて司法委員に補助をさせたり，司法委員を審理に立ち会わせて事件につきその意見を聴くこと

ができる（279条1項）。これは，法曹三者以外の一般庶民の良識や豊富な社会経験を裁判に反映させるという，国民の司法参加の一環である。司法委員は，毎年あらかじめ地方裁判所の選任した者（民間人）の中から，事件ごとに簡易裁判所が一人以上指定する（279条2項・3項）。司法委員に選任される者の資格・員数その他必要な事項は，最高裁判所規則で定められることになっており（279条4項），司法委員には一定額の旅費・日当および宿泊料が支給される（279条5項）。

2　訴え提起前の和解（即決和解）

（1）意　　義

訴え提起前の和解とは，訴訟を係属させることなく，当事者が直接簡易裁判所に申し立てる和解のことである（275条，「即決和解」とも呼ばれる）。訴訟を係属させない点では，訴訟上の和解（89条）とは異なる。しかし，この場合であっても成立した和解が調書に記載されると確定判決と同一の効力が認められる（267条）ので，債務名義の簡易な取得方法として利用されている。

（2）手　　続

和解の申立ては，請求の趣旨および原因ならびに争いの実情を表示して，相手方の普通裁判籍の所在地を管轄する簡易裁判所にすることができる（275条1項）。

裁判所は和解期日を定めて申立人とその相手方を呼び出し，和解を試みる。紛争を解決する合意が成立すれば，裁判所書記官は，これを調書に記載する（規169条）。

和解が成立しない場合には，和解期日に出頭した当事者双方の申立てがあるときは，裁判所は，直ちに訴訟の弁論を命ずる。この場合においては，和解の申立てをした者は，その申立時に訴えを提起したものとみなされ，和解の費用も訴訟費用の一部となる（275条2項）。訴え提起前の和解から訴訟への移行へは，当事者の双方の申立てが必要であるから，片方しか申し立てないときは，あらためて訴えの提起が必要になる。

当事者の一方が和解の期日に出頭しないときは，裁判所は，和解が調わないもの（「和解不調」とも呼ばれる）とみなして，手続を終結することができる

(275条3項，新期日を指定することもできる)。

(3) 裁判上の和解との相違点

訴え提起前の和解には，和解条項案の書面による受諾の制度（264条），および裁判所等が定める和解条項の制度（265条）は適用されない（275条4項）。

3 反訴の提起にもとづく移送

被告が反訴で地方裁判所の管轄に属する請求をした場合に，相手方（原告）の申立てがあるときは，簡易裁判所は，決定で，本訴および反訴を地方裁判所に移送しなければならない（274条1項）。確定した移送の裁判は，移送を受けた裁判所を拘束し（同条による22条の準用），この移送決定に対しては，不服を申し立てることができない（274条2項）。移送の裁判が確定したときは，移送の裁判をした裁判所の裁判所書記官は，移送を受けた裁判所の裁判所書記官に対し，訴訟記録を送付しなければならない（規168条・9条）。

第7章　上級審手続，抗告手続

§1　総　　論

1　上訴制度の意義

裁判が確定する前に，原裁判の取消・変更を求めて上級裁判所に不服を申し立てることを上訴という。裁判官といえども人が判断することから，事実認定や法解釈に誤りがあることもある。そのような場合にまで裁判所が下した判断として強制力を伴って通用させることは，当事者の権利を害するだけでなく，裁判制度そのものに対する国民の信頼に影響を及ぼしかねない。そこで不服がある当事者には上級審裁判所に不服申立ての方法が認められている。

上訴と区別すべきものには，再審（338条），特別上告（327条），特別抗告（336条）がある。これらは，すでに確定した裁判に対する不服申立てである点で，確定前の不服申立て方法である上訴と異なる。また，異議も，同一審級での不服申立てである点で上訴と異なる。

2　上訴の目的

上訴の目的は，大きく分けて，①当事者の権利保護，そして②法令解釈の統一が挙げられる。すなわち，上級審での審理をすることにより，不当判決を正して当事者の正当な権利を実現するという面と，わが国の裁判制度全体としてみた場合に法解釈の統一性を確保するという面がある。いずれを重視するかについては見解の対立があり，かつては法令解釈統一説が多数を占めたが，最近では併存説も有力である。

3　上訴の種類と違式の裁判

終局判決に対する上訴としては，控訴そして上告が，決定・命令に対する上

訴としては抗告が認められる。当事者は不服の対象となる原裁判に応じた上訴を提起する。

　裁判所が，本来なすべき裁判形式を誤ることを違式の裁判という。判決を下すべきところ決定や命令の裁判をしたときには，常に抗告が認められる（328条2項）。この場合，裁判所は決定・命令を取り消して原裁判所に差し戻さなければならない。逆に，決定や命令によるべきところ誤って判決を下したときには，原裁判の形式にしたがい控訴，上告が認められる（形式説）。この場合，裁判所は，決定・命令手続よりも慎重な判決によったのであるから，原裁判が取り消されるとは限らない（最判平7・2・23判時1524号134頁民訴百選ⅡA56）。

4　上訴要件

　(a)　上訴要件一般　　適法な上訴があると，裁判所は，原裁判の取消・変更を求める上訴人の申立て（上訴理由）について審判する。上訴審裁判所は，理由があると判断すると原裁判を取り消し，理由がなければ上訴を棄却する。

　上訴が適法とされるためには，次の要件を充たしていることが必要とされる。これらの要件を欠くと，不適法な上訴として却下される（基準時は上訴審の審理終結時であるが，上訴提起そのものの要件については上訴提起時である）。①原裁判に対して不服申立てが許されること，②上訴提起行為が適式であること，③上訴期間内に上訴がなされたこと，④不上訴の合意や上訴権の放棄がなされていないこと，⑤上訴人が不服の利益を有していること，である。

　(b)　不服の利益　　不服の利益は訴えの利益に対応するものであるが，その判断基準については争いがある。控訴の場合を例に見てみる。控訴審における不服の利益（控訴の利益）について通説・判例（最判昭31・4・3民集10巻4号297頁百選Ⅱ185事件）は，判断基準の明確性を根拠に形式的不服説を支持する。すなわち，当事者の申立てと判決主文を比較して，前者が質的量的に後者に及ばないときには控訴の利益が認められるというものである。これに対して，原判決よりも実体法上有利な判決が得られるときには控訴の利益を認める，実質的不服説も主張されている。しかし，この見解では判決理由中の判断にまで不服の利益を認めることから，不服の範囲が無制限に広がるとして批判を浴びている。形式的不服説の内容は次のようなものである。申立てを全部認容した判

決に対しては勝訴当事者は不服の利益が認められず，また一部認容一部棄却の判決に対しては当事者双方ともに不服の利益がある。当事者が請求棄却を申し立てたのに対し，裁判所が訴え却下判決を言い渡したときには，不服の利益が認められる。当事者には本案判決を求める利益があるからである。また，当事者の申立てと判決主文を比較することから，判決理由中の判断は考慮しない。ただし，その例外として，予備的相殺の抗弁により勝訴した場合と，別訴が禁止されている場合（人訴9条2項）がある。別訴提起が禁止されている場合には，同一訴訟手続内で主張するしか，訴訟上主張の機会がないからである。また，予備的相殺の抗弁により勝訴した当事者は，自己の請求権を犠牲に勝訴していることから実質的には敗訴といえる。また相殺についての理由中の判断には既判力が生ずる（114条2項）ので，相殺の抗弁によらずして勝訴する可能性があることから，例外的に不服の利益が認められる。一部請求をして勝訴した当事者が，控訴を提起して残額請求をすることは可能か。これは一部請求論と関係する。明示の一部請求肯定説で後訴での残額請求が認められない場合（名古屋高金沢支判平元・1・30判時1308号125頁百選Ⅱ186事件）や，一部請求否定説では，別訴禁止と同視できるので不服の利益を認める必要があろうが，明示の一部請求肯定説で後訴の残額請求が認められる場合や，一部請求肯定説では，不服の利益が認められないことになろう。以上が形成的不服説の内容であるが，これに対して，最近では，形式的不服説が認める例外を統一的に説明することを試みる新実体的不服説が有力に主張されている。この立場では，原判決が確定し，判決効により不利益が生ずる場合には控訴の利益が認められる。

5　上訴提起の効果

　上訴が提起されると，原裁判の確定が遮断され（確定遮断の効力，116条2項），訴訟係属が原裁判所から上級審裁判所に移る（移審の効力）。これらの効果が及ぶ範囲は，上訴人が不服を申し立てた範囲に限られず事件全体に及ぶ（これを，上訴不可分の原則という）。

§2 控　　訴

1　意　　義
　第一審の終局判決に対する不服を申し立てる上訴を控訴という（281条）。第一審裁判所が簡易裁判所または地方裁判所のときに認められる。控訴審は，第二の事実審である。控訴を提起した当事者を控訴人，その相手方を被控訴人という。控訴理由は，事実認定の不当性，法適用違背の双方を含む。

2　控　訴　権
　第一審判決で不利益を受けた当事者は，控訴を提起する権能（控訴権）を有する。しかし，控訴権の発生が妨げられる場合（不控訴の合意：281条1項但書），発生した控訴権が消滅する場合（控訴権の放棄：284条，控訴期間の徒過：285条）がある。なお，控訴権の濫用に対しては，制裁が課される（303条）。

3　控訴提起の方式
　控訴状を第一審裁判所（原裁判所）に提出する（286条1項）。控訴状には，当事者，法定代理人，原判決の表示，控訴する旨を記載しなければならない（286条2項）。

4　審　理　手　続
　審理の対象となるのは，原判決に対する不服の当否である。不服の範囲で控訴審の弁論は行われ，判決もその範囲で下される（296条・304条）。控訴審では，続審制と呼ばれる方法が用いられる。すなわち，第一審で収集された資料に加えて，控訴審で新たに資料を提出することができるとする建前で，当事者は従来の主張を補充・訂正し，新事実や証拠の提出が認められる（弁論の更新権）。しかし，この提出期間には制限が加えられ，期間経過後に提出しようとする当事者は，その理由を示さなければならない（301条）。審理は原則として口頭弁論が開かれるが（297条），控訴提起が不適法で補正不可能なときには口頭弁論を経ずに判決で控訴を却下する（290条）。

なお，控訴審の審理構造としては，続審制の他に覆審制（第一審とは無関係に資料を収集して新たに審理するタイプ），事後審制（第一審で収集された資料を基に新たに事実認定をし直すタイプ）がある。

5 　控訴審の終了

(a) 　終局判決　　控訴提起が不適法なときには，控訴を却下する（287条1項・290条）。また，控訴状に不備があり，控訴審の裁判長が補正命令を出したにもかかわらず，控訴人が従わないときには控訴状を却下する（288条）。

原判決が正当であるときや，原判決の理由が不当でも他の理由によれば正当となるときには，控訴は棄却される（302条）。

控訴に理由があると認めるときには，原判決を取り消した上で，自判，差戻し，または移送の判決をする。まず，控訴審も事実審であるから，控訴裁判所が訴えにつき裁判をする（自判）のが原則である。その際の，取消・変更の範囲は，控訴人による不服申立ての範囲に限られ，それよりも控訴人に有利に裁判することは許されず（利益変更禁止の原則），また第一審判決よりも控訴人に不利に変更することも許されない（不利益変更禁止の原則）。これは，処分権主義が上訴審で発現したもので，上訴人に有利に働くことから，当事者の控訴提起が支えられることになる。しかし，後述の附帯控訴がなされたときや，職権調査事項についてはこの原則は退くことになる。次に，差戻しは，さらに審理を尽くさせる必要があるときに第一審に事件を戻すことをいい，これには必要的差戻し（307条）と任意的差戻し（308条）がある。前者は，第一審が訴えの利益を欠くとして訴えを却下した判決に対して控訴が提起された場合に，本案につき審級の利益を確保するためになされ，後者は，前者以外の場合に，第一審で弁論を尽くさせる必要があるときになされる。最後に，移送は，第一審裁判所が管轄を有していないときに，管轄裁判所に事件を送付するものである（309条）。

(b) 　控訴の取下げ　　控訴の取下げは，控訴審の終局判決が下されるまで可能である（292条1項）。控訴の取下げにより，控訴提起行為が撤回されるので，控訴期間を徒過すると原判決が定する。控訴の取下げは，原判決に影響を及ぼさず，被控訴人に不利とならないことから同意は不要である（同条2項）。

(c) 不利益変更禁止の原則をめぐる諸問題　不利益変更禁止の原則をめぐっては、いくつかの重要な問題が生ずる。

(イ) 境界画定訴訟　通説・判例によると、境界画定訴訟の法的性質は形式的形成訴訟と把握され、処分権主義が排除される。したがって、上訴審で上訴人に第一審より不利な判断が下されても、不利益変更禁止の原則には反しないことになる（最判昭38・10・15民集17巻9号1220頁民訴百選ⅠA19事件）。

(ロ) 訴えの客観的予備的併合　まず、第一審判決が主位請求を認容し、予備的請求につき判断しないときに、控訴審は、主位請求を棄却し、予備的請求を判断することができるとするのが判例（最判昭33・10・14民集12巻14号3091頁百選ⅡA49事件）である。つぎに、主位請求が棄却され予備的請求認容の判決が下されると、原・被告ともに不服の利益を有する。そこで、被告だけが控訴した場合に、控訴審では、不服申立てのない主位請求について認容することができるのか、それとも主位請求は審判対象ではないので予備的請求が認められないときには予備的請求を棄却するだけなのか。判例（最判昭58・3・22判時1074号55頁百選Ⅱ187事件）は、原告の不服申立がないので主位請求を審判することはできず、予備的請求についてのみ棄却している。学説は、判例を支持する立場もあるが、予備的併合の場合には主位請求と副位請求は表裏一体の関係にあるとし、不利益変更禁止の原則に反しないとの反対説も有力である。

なお、判例（最判昭58・4・14判時1131号81頁）は、選択的併合の場合には一方の請求に関し認容した判決について、被告の控訴により、他方の請求も控訴審での審判対象になるとしている。

(ハ) 独立当事者参加　独立当事者参加において、敗訴当事者のうち一人だけが上訴を提起したときに、上訴しなかった敗訴当事者の敗訴部分を変更することはできるか。これは、独立当事者参加の構造をいかに理解するか、上訴しない敗訴当事者の地位をどうとらえるか、とも関係する。合一確定の要請という面を強調すれば、不利益変更禁止の原則が働かない方向に向かうことになる（最判昭48・7・20民集27巻7号863頁百選Ⅱ177事件）。

(ニ) 相殺の抗弁　給付訴訟で被告の予備的相殺抗弁により原告が敗訴したところ原告が控訴した場合に、控訴裁判所が原告の債権が存在しないと判断したときに、どうすべきか。相殺の抗弁についての判断には既判力が生じるから

（114条2項），相殺による反対債権消滅についても既判力が生じる。そこで，控訴審で原告の訴求債権が存在しないとなると，反対債権までも復活して存在することになり，原告には原判決以上に不利になる。したがって，被告が附帯控訴を提起していないときには，控訴審は控訴棄却判決を下すというのが判例の立場である（最判昭61・9・4判時1215号47頁百選Ⅱ188事件）。

6　附帯控訴

　控訴人が申し立てた控訴審手続の審判範囲の拡張を求める，被控訴人の不服申立てを附帯控訴という（293条1項）。控訴人は，審判範囲を拡張することができる以上，それにつきあわされる被控訴人にも自分に有利な判決を求める方法を認めるのが公平であることから，附帯控訴の制度が設けられた。附帯控訴は，控訴が提起されたことに対して相手方当事者が便乗するため，控訴取下げ，控訴却下のときには，独自に要件を充たす場合（これを独立附帯控訴という）を除いて効力を失う（同条2項）。手続は，控訴に準ずる（同条3項本文）。この附帯控訴の性質については争いがある。通説・判例（最判昭32・12・13民集11巻13号2143頁）は，控訴権が消滅した後でも提起可能とされることから（同条1項），附帯控訴は控訴とはいえず，不利益変更禁止の原則を修正する特殊な攻撃防御方法ととらえ，不服の利益は必要ないと説く。この立場では，第一審で全部勝訴した被控訴人であっても，附帯控訴により訴えの変更・反訴が可能である。これに対して，附帯控訴も控訴の一種であるから控訴の利益が必要であるとする見解も有力である。後者の立場では，第一審で全部勝訴した被控訴人は附帯控訴を起こすことはできないことになる。

§3　上　　告

1　意　　義

　終局判決に対する法律審への不服申立てをいう。第一審裁判所が簡易裁判所のときには高等裁判所が，第一審が地方裁判所のときには最高裁判所が上告審となる（311条1項）。飛躍上告の合意があると，第一審から直ちに上告することができる（同条2項）。申立人を上告人，その相手方を被上告人という。

2　上告提起の方式

上告状を原裁判所に提出する（314条1項）。上告期間，上告状の記載事項などは控訴の場合に準ずる（313条）。原裁判所は，上告状を審査し，当事者に上告提起通知書を送達する（規189条）。上告状には上告理由の記載が求められ，その記載がないときには，上告人は50日以内に上告理由書を提出しなければならない。上告理由書が不提出の場合や，上告提起が不適法で補正不可能の場合には，原裁判所は決定により上告を却下する（316条1項）。原裁判所が問題ないと判断したときには，訴訟記録とともに事件を上告裁判所に送る（規197条）。

3　上告理由

上告が認められるためには，上告の利益と上告理由の存在が必要である。上告の利益は不服の利益のところの説明を参照されたい。

上告審は法律審であるから，上告理由は憲法その他の法令違反に限られる。312条は上告理由として，①憲法違反，②絶対的上告理由，③判決に影響を及ぼすことが明らかな法令違反を挙げているが，最高裁判所に対する上告と，高等裁判所に対する上告とでは扱いが異なる（①および②は，高等裁判所と最高裁判所に共通の上告理由であるが，③は高等裁判所に対する上告にのみ認められる）。①憲法違反は，常に上告理由になる。②絶対的上告理由は，手続上の過誤が上告理由として明定されたものである。法令違反の態様は，判断の過誤（請求の当否に関する法的判断が不当）と手続の過誤（原審の手続に訴訟法違反がある）に分けることが可能であるところ，判断の過誤が原判決の結論に影響を及ぼしたかは明白であるのに対して，手続の過誤は裁判の内容にどれだけ影響を及ぼしたのか証明することが困難である。そこで，法は，一定の手続違背は常に上告理由になるとした。通説は，再審事由は絶対的上告理由に準じて扱う。再審事由を上告審で主張可能であるにもかかわらず，主張しないときには，再審事由にならないとされているからである（338条1項但書。再審の補充性という）。③判決に影響を及ぼすことが明らかな法令違反については，高等裁判所への上告に限られる（312条3項）。最高裁判所への負担軽減を図るために，このような扱いが認められた。法令とは，裁判所が適用する法規をいい，法律，命令，規則，条例，条約や準拠法たる外国法を含む。経験則がここでの法令に

含まれるかについては争いがある。経験則も法的三段論法においては法令と同様に大前提である。しかし、事実認定には経験則が伴うことから、経験則違背がすべて上告理由になるとすると、事実認定を事実審に委ねた趣旨を損なうことになってしまう。そこで、通説・判例（最判昭36・8・8民集15巻7号2005頁百選Ⅱ192事件）は、常識的な経験則違背については上告理由になると考えている（③に該当する）。また、判例（最判昭35・6・9民集14巻7号1304頁百選Ⅱ193事件）は、審理不尽を破棄理由に用いてきた。しかし、従来の学説の多くは、審理不尽は、付加的理由として用いられる法令解釈の誤り、理由不備などに解消可能であるとして独自の意義を否定してきた。これに対して、近時は、審理不尽の概念は差戻後の下級審の審理に指針を与えるなどとして、法令違反に該当する立場も有力である（③に該当する）。③については、最高裁判所への上告理由にはならないが、次の述べる上告受理の申立てをすることは可能である。

4　上告受理の申立て

　憲法違反と絶対的上告理由以外の法令違反で、原判決が最高裁判例と異なる判断があるとき、および法令解釈に関する重要事項を含む事件につき、当事者は、最高裁判所に上告受理の申立てをすることができる（318条1項）。この制度は、最高裁判所の負担を軽減し、憲法事件の処理や法令解釈の統一に専念するために、新民訴法により創設された制度である。この上告申立てがあると、最高裁判所は、受理するか否か、どの範囲で受理するか、について裁量にもとづき決定で判断を下す。申立てがあると、確定遮断効が生じるが（116条）、執行力は排除されないので執行停止を申し立てること（398条1項2号）が必要になる。上告受理決定がなされると、当該事件につき上告がなされたものと扱われる（318条4項）。

5　審理手続

　書面審理が基本となる（319条）。上告審は法律審であり、事実については原審が確定した事実をもとにすることから、通常は口頭弁論を開く必要がない。調査の対象は、不服申立ての限度であるが（320条）、職権調査事項についてはこの限りではない（322条）。

6　終局判決

上告が不適法であるときには，上告却下の決定を下す（316条1項・317条1項）。また，上告に理由がないときには上告棄却判決を下す（319条）。いずれも，口頭弁論を経ないですることが可能である。

これに対して，上告を認容するときには（原判決破棄），必ず口頭弁論を開かなければならない。しかし，口頭弁論を開いても上告審では事実審理を行わないことから（321条），原審に差し戻すか，移送をして（325条1項），新たな事実審理をなす。差戻しまたは移送を受けた裁判所は，上告審の破棄理由とした法律上・事実上の判断に拘束される（325条3項）。原審が同じ判断を繰り返すことを認めると事件の解決を見ないことになるので，審級制度を維持するために認められたものである。この拘束力の本質については，既判力とみる見解などが主張されているが，理由中の判断にも拘束力が及ぶことや，一つの訴訟手続で作用するにとどまることなどから，通説は，審級制度維持のための特殊な効力であるとする（特殊効力説）。上告審が事実審理を要さずに裁判をなすに熟したと判断できたときには，自判をする（326条）。

7　特別上告

高等裁判所が上告審として下した確定判決に対する不服申立てである（327条1項）。簡易裁判所が第一審裁判所として裁判をすると，審級制度との関係で最高裁判所の判断を受けることができない。そこで，憲法問題について最高裁判所の判断を受ける制度的枠組みが必要なことから（憲81条参照），特別の不服申立てが認められた（したがって，通常の上告の場合，最高裁判所は法律審であるが，特別上告は憲法審である）。しかし，特別上告が提起されても，確定遮断効は生じない（116条1項）。

§4　抗　　告

1　意　義

決定・命令に対する上訴である（328条）。決定・命令といった中間的裁判は，終局判決に対する上訴により上級審の判断を受ける（283条）。しかし，本案と

の関係が密接でない裁判で，迅速な判断が求められる手続事項（忌避申立却下など），あるいは上級審で判断を受ける機会がない裁判（訴状却下命令など）について，判決に対する不服申立てとは別の上訴方法を認める必要があることから，抗告手続が設けられた。抗告を提起する者を，抗告人という。

2 種　　　類

(a) 通常抗告と即時抗告　　抗告には期間による区別として，通常抗告と即時抗告がある。前者は，抗告期間の定めがなく，原裁判を取り消す利益（抗告の利益）があるときにはいつでも提起が可能であるのに対して，後者は，裁判の告知から1週間の不変期間内に提起する必要がある（332条）。

(b) 最初の抗告と再抗告　　審級に応じた区別として，最初の抗告と再抗告がある。前者は，決定・命令について上級審である抗告審に対してなす最初の不服申立てである。後者は，抗告審の決定につき憲法違反または法令違反を理由とする法律審に対する不服申立てをいう（330条）。再抗告は地方裁判所が抗告審として下した決定に限られ，高等裁判所が抗告審として下した決定については，一般の抗告を提起することはできない。

(c) 特別抗告と許可抗告　　最高裁判所に提起する抗告につき，特別抗告（336条）と許可抗告（337条）がある。前者は，不服申立てができない決定・命令について，憲法違反を理由にする抗告である。許可抗告は，高等裁判所の決定・命令について，それまでは特別抗告以外は最高裁判所の判断を受けなかったために高裁レベルで法令解釈の不統一を生じていたので，この事態を解消するために新設された制度で，高等裁判所が許可したときに最高裁判所への不服申立てが認められる（337条）。

3 手　　　続

(a) 抗告をなしうる裁判　　法律が認めた場合にのみ，許される。具体的には，①口頭弁論を経ずに訴訟手続に関する申立てを却下した決定・命令（328条1項），②決定・命令で裁判すべきでないのに，決定・命令でなされた裁判（328条2項。違式の裁判），③個別的に法が認めている場合（21条・25条5項・44条3項など），である。

(b) 方式　抗告状を原裁判所に提出することによる。抗告状には抗告理由を具体的に記載しなければならず，その記載のない場合には抗告提起の後14日以内に理由書を提出しなければならない（規207条）。

(c) 審理　決定手続による。口頭弁論を開くか否かは裁判所の判断に委ねられるが，口頭弁論を開かないときには，裁判所は利害関係人を審尋することができる（335条）。抗告審の手続は控訴審手続または上告審手続を準用する（331条）。

抗告が適法になされると，原裁判所は，抗告の当不当を審査し，理由があると判断したときには原裁判を取り消し，変更する（333条）。これを再度の考案といい，裁判の自縛性が排除される一場合である。理由がないと判断したときには，原裁判所は，理由を付して抗告裁判所に事件を送付する（規206条）。これにより移審の効力が生ずるが，即時抗告の場合には抗告申立てと同時に確定遮断効が発生し，執行力も当然に停止するのに対して（334条1項），通常抗告では当然には執行停止とはならない（同条2項参照）。

第8章 再審手続

§1 意義

　確定した判決に対して，一定の事由があるときには，その判決の取消と新判決を求める不服申立てが認められている。本来は，裁判が確定した以上は法的安定性が尊重されるべきであるが，裁判に重大な瑕疵が存するときにまで，このことを要求することは，かえって裁判制度への信頼を害する。そのために，例外的に事件の再審を行う制度が設けられている。

　再審訴訟の原告（再審原告）は，確定判決の効力を受け，取消の利益を有する者がなり，再審被告は，確定判決の効力を受け，取消により不利益を受ける者がなる。

§2 再審事由

1 再審事由

　再審事由は，338条に限定列挙されているが，大きく三つのカテゴリーに分類される。まず第1に，裁判所の構成に問題がある場合と，当事者が適法に代理されなかった場合がある（1号から3号。これらは絶対的上告理由にもなっている。312条2項参照）。第2に，裁判に関し可罰行為があった場合がある（4号から7号）。第3に，不服が申し立てられた確定判決につき重大な問題が生じたときである（8号から10号）。

2 再審訴訟の訴訟物

　再審訴訟の訴訟物をめぐっては，争いがある。まず，旧法下の通説によると，再審は，確定判決の取消を求める訴訟法上の形成訴訟の部分（再審事由の存

在）と，新たな本案判決の審理部分とに分かれることから，それぞれ訴訟物が成立すると理解する（二元論）。そして，前者の形成訴訟の訴訟物について，旧法下の多数説・判例（最判昭36・9・22民集15巻8号2203頁）は，再審事由ごとに訴訟物が構成されると解する。この立場では，数個の再審事由を同時に主張したときには，請求の併合になる。他方，再審訴訟の訴訟物は，確定判決の取消を求める法的地位にあるとし，個々の再審事由は法的地位を根拠づける攻撃防御方法に過ぎないとする見解も，有力に主張されていた（この立場では，取消を求める確定判決ごとに訴訟物が成立する）。これらの見解の対立は，基本的には新旧訴訟物理論の対立の影響下にあるが，再審が非常の不服申立制度として認められている存在意義を考慮し，訴訟物に関する一般理論を再審の場面にまで拡張するのは妥当ではないとして，訴訟物理論と切り離す立場もある。これに対して，再審の本来の目的は，本案判決の再審理に重点があり，再審事由の存在は新判決を下すための要件に過ぎないとして，本案の訴訟物だけが再審訴訟の訴訟物であるとする見解も主張されている（一元論）。後述のように新法では，再審事由の存否の審理は決定手続で行われる。訴訟物の存否の判断を決定手続で行うことは異例であり，新法下では一元論の方が整合的であるとも説かれる。

§ 3 審理手続

1 再審手続の構造

再審は，原判決を取消す手続と新たな判決を下す手続の二つの部分からなる。原判決の取消をもたらす再審事由の有無は，公益的であることから判断資料の収集については職権探知主義が妥当する。これに対して，新たな判決を下す点については，原判決の延長ともいえ，原判決に関する審理原則がそのまま妥当する。

2 再審の裁判

(a) 管轄　再審の対象となった判決を下した裁判所に提起する（340条1項）。

(b) 再審期間　　代理権欠缺の場合および確定判決相互の抵触の場合には，期間制限はない。その他の再審事由については，その存在を知った日から30日の不変期間以内，または判決確定の日（再審事由の発生が確定以降に生じたときには，その日）から5年以内である（342条）。

(c) 訴え提起　　再審訴状を管轄裁判所に提出してなす。訴状には，当事者の表示，申立ての趣旨，さらに不服の理由を記載しなければならない（343条。なお，133条参照）。不服理由の記載を求めているのは，濫訴を防ぐためである。再審訴訟が提起されても，確定判決の執行力を妨げないので，執行停止の仮処分（398条1項1号）が必要である。

(d) 手続　　性質に反しない限り，再審の対象となった判決が下された審級の手続に準ずる扱いを受ける（341条）。

(e) 終局判決　　再審の訴えが不適法のときには，決定で却下する（345条1項）。再審の訴えが適法のときには，さらに再審事由の有無を審理する。そして，再審事由がないと判断したときには決定で再審請求を棄却するが（同条2項），再審事由ありと判断したときには再審開始決定を下す（346条1項）。この決定が下されると，裁判所は事件の審理を再開し，原判決を不当と判断すると原判決を取り消し，代わりの終局判決を下すが，原判決が正当であると判断したときには棄却する（348条2項）。この場合，既判力の標準時は再審手続の事実審口頭弁論終結時になる。

§4　準再審

即時抗告の提起が可能であった確定した決定・命令について，再審事由があるときには再審の申立てをすることができる（349条）。これを準再審という。

第9章　略式訴訟手続

§ 1　手形・小切手訴訟

　手形・小切手訴訟は，手形債権の簡易・迅速な取立てのために，1964年につくられた特別訴訟手続である。これにより債権者は，手形による金銭の支払請求およびこれに付帯する法定利率による損害賠償請求を目的とする訴えについて，手形訴訟による審理および裁判を求めることができる（350条1項。手形訴訟）。同様に，小切手による金銭の支払請求およびこれに付帯する法定利率による損害賠償請求を目的とする訴えについて，債権者は，小切手訴訟による審理および裁判を求めることができるが，小切手訴訟には手形訴訟についての諸規定が準用されるので（367条2項），以下では手形訴訟を概観する。

1　通常手続への移行

　手形訴訟を利用するかどうかは，原告の選択による。さらに原告は，手形訴訟を選択した場合でも，口頭弁論の終結に至るまで，被告の承諾を要しないで訴訟を通常の手続に移行させる旨の申述をすることができる（353条1項）。移行が選択される場合としては，①3に述べる証拠制限のもとでは原告の主張する事実の立証が困難になった場合，②被告が原告の請求原因事実を争わず，抗弁も提出しない場合，および③訴えが手形訴訟によるための要件を欠いている場合などがあげられる。これらの場合に原告による通常訴訟への移行が認められないと，①の場合には，請求棄却判決を受けてから原告による異議の申立てによりはじめて通常訴訟に移行することになり，②の場合には，請求認容判決を受けても被告の側から異議が申し立てられる可能性があり，さらに，③の場合には訴え却下判決の後に原告は改めて通常訴訟の提起をするしかなくなり，いずれにしても事件の処理に不要な手間がかかることになる。この点に配慮し

て通常手続への移行がひろく認められたものと考えられる（以上につき，基本法コンメンタール『新民事訴訟法3』124頁を参照）。被告の側としても，上記のいずれも場合でも通常訴訟に移行する余地があることから，原告の側に通常訴訟への移行の権能が一方的に与えられても特に不利益な地位におかれるわけではない。なお，原告による移行の申述によって，訴訟は直ちに通常訴訟の手続に移行する。

2　管　　轄

手形訴訟を簡易裁判所で行うか地方裁判所で行うか（事物管轄）については，通常訴訟と同様に，訴訟の目的の価額（訴額）によって定まる（裁33条1項1号・24条1号，民訴8条）。手形訴訟は，被告の普通裁判籍の所在地を管轄する裁判所のほか（4条），手形の支払地を管轄する裁判所（5条2号）にも提起することができる（通常訴訟の管轄については，第2章第1節を参照）。

3　手　　続

手形訴訟においては，証拠調べは書証に限って行うことができる（352条1項）。この場合に文書の提出命令や送付嘱託をすることはできないので（同条2項），当事者は必要な書証を自分で裁判所に提出しなければならない。証拠を書証に限るのは，手形訴訟を簡易・迅速に行うことを可能にするためである。ただし，文書の成立の真否または手形の呈示に関する事実については，当事者の申立てにより，当事者本人を尋問することができる（同条3項）。文書の真否を当該文書以外の文書だけで立証することは困難であり，また，手形の呈示を文書で立証することも一般に困難と考えられるというのが，このような規定がなされた趣旨である（同項の趣旨につき，基本法コンメンタール『新民事訴訟法3』122頁を参照）。

4　不服申立て

手形訴訟の本案判決（請求認容または棄却判決）に対しては控訴をすることができないが，判決に不服のある当事者は，判決書またはこれに代わる調書（254条2項）の送達を受けた日から2週間以内に，判決をした裁判所に異議を

申し立てることができる（357条。訴え却下判決に対しては，356条但書を参照）。適法な異議があったときは，訴訟は口頭弁論終結前の程度に復し，通常の手続により審理および裁判が行われる（361条）。なお，請求認容判決には，裁判所は職権で仮執行を宣言しなければならない（259条2項）。これは，手形債権の迅速な実現に配慮したものである。

§ 2　少 額 訴 訟

　訴訟の目的の価額（訴額）が90万円までの事件については，原則として簡易裁判所に管轄があり（裁判所法33条1項1号。管轄については第2章第1節を参照），簡易裁判所における民事訴訟手続は，地方裁判所以上での手続に比べて簡易迅速に処理されるための特則が設けられている（270条以下）。このように簡易裁判所に管轄のある事件のうち，①訴額が30万円以下であり，かつ，②金銭の支払請求を目的とする訴えについては，当事者は，手続をより一層簡易迅速に処理するため，少額訴訟の手続を利用することができる（368条1項）。少額訴訟に適した事件としては，請求金額が30万円以下の，売買代金請求事件，請負代金請求事件，敷金または貸金返還請求事件，損害賠償請求事件，賃料請求事件などをあげることができる。

1　申立て・通常訴訟への移行

　少額訴訟手続を利用するかどうかは当事者の意思による。すなわち原告は，訴額が30万円以下の金銭の支払請求を目的とする訴えについて，簡易裁判所の通常の手続で審理してもらうか（270条以下），少額訴訟手続で審理してもらうか（368条以下）を選ぶことができる（368条2項参照）。原告によって少額訴訟が選択された場合でも，被告は一定の場合には訴訟を通常の手続に移行させることができる（373条1項。さらに裁判所は，少額訴訟の要件を満たさないなど，一定の場合には，職権で訴訟を通常の手続に移行させなければならないことについては，同条3項を参照）。このように被告に通常手続への移行権が認められているのは，少額訴訟においては，2で説明するように訴訟手続がかなり簡略化されるため，被告の応訴の利益が十分に保障されないおそれがあるから

である。

　なお，少額訴訟は，法律の知識に乏しい一般の市民が，日常生活のうえで生じた法的紛争の処理を手軽に裁判所に求めることができるようにするために設けられたものである。このような趣旨からすると，たとえば特定の消費者金融業者が債権回収のため少額訴訟を利用することは適当ではない。このような理由から，同一の簡易裁判所で少額訴訟を利用できるのは年間10回に制限され（368条1項但書，規223条），原告は，訴えを提起する簡易裁判所でその年に少額訴訟による審判を求めた回数を，届け出なければならない（368条3項）。

2　手　　続

　裁判所書記官は，第一回口頭弁論期日の呼出しの際に，当事者に対して，少額訴訟による審理および裁判の手続の内容を説明した書面を交付しなければならない（規222条1項）。これは，上述の通り，少額訴訟は法律の知識に乏しい一般の市民によって利用されることを念頭に置いた制度であり，弁護士を訴訟代理人にたてて訴訟を行うことは通常予定されていないことから（たとえば，1998年の1月から7月までに東京簡易裁判所が少額訴訟として受理した759件のうち，原告の訴訟代理人として弁護士が受任したのは60件との報告がある。東京簡裁少額訴訟手続等研究委員会「東京簡裁における少額訴訟事件の概況」判タ983号6頁），これから訴訟を行うにあたり，手続の円滑な進行のため，裁判所の側から当事者に対して訴訟手続の説明をするのが適切と考えられるからである。これと同様の趣旨から，裁判官は，第一回口頭弁論期日の冒頭に，一定の事項についての説明をしなければならないとされている（規222条2項）。

　なお，簡易裁判所の窓口には，空欄に必要な事項を記入すれば訴状（訴状の記載事項については133条2項を参照）を作成できるような定型訴状用紙が備え付けられているし，被告に対する口頭弁論期日呼出状・答弁書催告状には，答弁書の用紙も添付されているようであり，これらも，一般の市民による少額訴訟の追行を容易にするための工夫である。

　少額訴訟の審理（口頭弁論，証拠調べ）は，原則として一回の口頭弁論で完了されなければならず（370条1項），証拠調べは即時に取り調べることができる証拠にかぎり行うことができる（371条）。したがって当事者は，第一回の口

頭弁論期日まで，あるいはその期日中に主張を十分に行い，必要な証拠をすべて提出しなければならないことになる。たとえば，証人尋問が必要な場合には，当事者は証人を第一回口頭弁論期日に法廷に連れてくる必要がある（少額訴訟においては，電話会議システムを用いて証人尋問を行うこともできることにつき，372条3項を参照）。

判決の言渡しは，原則として口頭弁論終結後直ちに行う（374条1項）。裁判所は，請求を認容する場合に，被告の資力などを考慮して特に必要があると認めるときには，判決言渡しの日から3年の範囲内において，支払期限を定めたり，分割払いの定めなどをすることができる（375条1項）。請求認容の判決がだされた場合でも，被告が判決にしたがって任意に履行するだけの資力がないときには，原告は強制執行の申立てをしなければならない。しかし，強制執行の手続には時間と費用がかかるし，被告に資力がなければ判決内容を実現することはいずれにしても困難である。そこで，請求を認容する場合でも，できるだけ被告が任意に履行できるような内容の判決にして，少額訴訟における判決の実効性を高めようとの配慮にもとづいて規定されたのが，判決による支払猶予の制度である。

3　不服申立て

少額訴訟の判決に対しては控訴をすることができないが（377条），判決書またはそれに代わる調書（254条2項）の送達を受けた日から2週間以内に，判決をした裁判所に異議を申し立てることができる（378条1項）。適法な異議があった場合には，訴訟は口頭弁論終結前の程度に復し，その後は通常の手続により審理・裁判が行われることになる（379条1項）。異議に基づいてなされた判決に対しては控訴をすることができないが（380条1項），その判決に憲法の解釈の誤りがあること，その他憲法の違反があることを理由とするときには，最高裁判所に特別上告をすることができる（380条2項による327条の準用；憲法81条）。

§3 督促手続

　給付訴訟（訴訟の種類については，第3章第1節を参照）においては，被告（義務者または債務者）は，自分に対する原告（権利者または債権者）の請求の存在，あるいはその内容を争うのが通常である。そこで民事訴訟においては，口頭弁論において原告・被告双方がそれぞれの主張を行い，争点となった事実については，証拠調べにおいて原告・被告双方が自分に有利な証拠を提出することになる。しかし，債務者が債務自体は争わないが，資力その他の理由からその履行をしないような場合もある。このような場合にも通常の訴訟手続しか利用できないとすると（ただし請求の内容によっては，手形・小切手訴訟や少額訴訟という迅速な手続を利用できることについては，1，2を参照），債権者にとって不当に時間と費用がかかることになる。このような理由から，債務者がその債務を争わない場合には，債権者に簡易迅速に債務名義をえさせるため，督促手続の制度が設けられている。これにより債権者は，次に説明するような一方的手続（債務者を審尋しない手続）で簡易裁判所の裁判所書記官から支払督促の発布をうけ，これを債務名義として債務者の財産に強制執行できることになる（民執22条4号）。

1　支払督促の要件など

　督促手続は，金銭その他の代替物または有価証券の一定の数量の給付を目的とする請求について利用することができる（382条）。支払督促を発するのは裁判所ではなく簡易裁判所の裁判所書記官である（383条）。督促手続は従来は簡易裁判所によって行われてきたが，1998年に施行された新民事訴訟法においては，このように，簡易裁判所の裁判所書記官の職分として行われるようになった。これは，督促手続においては，債権者が提出した書面について形式的な審査がなされるだけで，債権者の主張についての実体的な判断（裁判）が行われないので，これを裁判手続とする必要はないという考え方にもとづく。したがって，そこで出される支払命令（裁判所による裁判の一種）という名称も，裁判としての性質をもたないという意味で，新民事訴訟法においては支払督促

という名称に変更された。なお，3で説明するように，裁判所書記官の発した支払督促に対して債務者からの督促異議があった場合には，通常の訴訟手続に移行し，裁判官による実体的な判断がなされる機会が保障されることになる。

2 管轄・手続

支払督促の申立ては，請求の価額にかかわらず，債務者の普通裁判籍（4条）の所在地を管轄する簡易裁判所の裁判所書記官に対して行う（383条1項。ただし同条2項）。支払督促の申立書には，訴状に準じて当事者，申立ての趣旨および申立ての原因などが記載される（384条・133条2項）。支払督促の申立てが，その要件（382条）を欠き，あるいは管轄（383条）違いであるような場合には，その申立ては却下される（385条1項）。支払督促は債務者を審尋しないで発する（386条1項）。この際に，債権者の請求に理由があるかどうかを実体的に審査する必要はない。支払督促は債務者に送達されなければならず（388条1項），支払督促の効力は債務者に送達された時に生じる（同条2項）。

なお，都市部における大量の督促手続を処理するために，電子情報処理組織（大型コンピューターシステム）を用いた督促手続の特則が規定されている。これによれば，電子情報処理組織を用いて督促手続を取り扱う裁判所は，東京簡易裁判所と大阪簡易裁判所である（397条1項，規238条1項）。この場合の申立ては，電子情報処理組織が読みとることができるような定型的な方式によるものでなければならず（397条2項，規238条2項），この方式に違反した申立ては，当該簡易裁判所に対する通常の支払督促の申立てとして取り扱われることになる。

3 不服申立て

債務者は，支払督促に対して，これを発した裁判所書記官の所属する簡易裁判所に督促異議の申立てをすることができる（386条2項）。さらに債務者は，仮執行の宣言が出された場合でも（391条1項；仮執行宣言については4を参照），仮執行の宣言を付けた支払督促の送達を受けた日から2週間以内に，支払督促を発した裁判所書記官の所属する簡易裁判所に督促異議の申立てをすることができる（393条）。

仮執行宣言前に適法な督促異議の申立てがなされたときは，支払督促は督促異議の限度で効力を失う（390条）。これに対して仮執行宣言後に督促異議が申し立てられたときには，支払督促の確定（396条）は阻止されるが，その執行力は停止されない。したがって，仮執行宣言付支払督促にもとづいて強制執行の申立てがなされたときには，債務者は，執行停止の裁判を申し立てなければ強制執行を阻止することができない（398条1項3・4号）。

仮執行宣言前であれ宣言後であれ，適法な督促異議の申立てがあったときは，督促異議にかかる請求については，その価額にしたがい（裁33条1項1号・24条1号），支払督促の申立ての時に，支払督促を発した裁判所書記官の所属する簡易裁判所またはその所在地を管轄する地方裁判所に訴えの提起があったものとみなされる（395条）。督促手続は，債務者がその債務を争わない場合に利用される制度であるが，債務者が本当に債務の存在を争わないかどうか，あるいはそもそも債務が存在するかどうかは，支払督促が発せられるまでは審査されることがなく，債務者からの督促異議をまってはじめて第一審の訴訟手続（または手形・小切手訴訟手続；366条・367条2項）にしたがって，債務の存否についての審判がなされることになる。

4　仮執行宣言・支払督促の効力

債務者が支払督促の送達を受けた日から2週間以内に督促異議の申立てをしないときには，裁判所書記官は，債権者の申立てにより，支払督促に仮執行の宣言をしなければならない（391条1項。なお392条を参照）。仮執行宣言は，支払督促に記載し，これを当事者に送達しなければならない（391条2項）。仮執行宣言の効力は債務者に送達された時に生じる（391条5項・388条2項）。したがってこの時から，仮執行宣言付支払督促は債務名義となり（民執22条4号），債権者はこれに基づいて強制執行を申し立てることができる。

仮執行宣言を付けた支払督促に対してその送達後2週間以内に督促異議の申立てがないとき（393条），または督促異議の申立てを却下する決定（394条1項）が確定したときには，支払督促は確定判決と同一の効力を有する（396条）。確定した仮執行宣言付支払督促には，執行力は認められるが既判力は認められないと解釈されている。これは，督促手続においては，債権者の主張について

の実体的な判断（裁判）は行われないため，既判力を認めないこととするのが適当であるという考えによる（この点につき，さらに法務省民事局参事官室編・一問一答新民事訴訟法（商事法務研究会・平 8 ）452〜453頁を参照）。確定した支払督促に既判力が認められない結果，債務者は，たとえば，仮執行宣言の付けられた支払督促の送達前に生じた事由（1996年改正前の民事執行法35条 2 項参照）を理由に請求異議の訴えを提起して，請求権の存在やその内容について争うことができることになる。

第10章　民事訴訟費用

　民事訴訟にかかる費用としては，訴訟費用と弁護士費用とを考えることができる。訴訟費用とは，裁判費用（①訴えの提起や各種の申立ての際に裁判所に支払う手数料と，②送達の費用や証人・鑑定人などに支給する旅費・日当・宿泊料，および，検証の際の旅費など）と当事者費用（当事者が口頭弁論などに出頭するための旅費，日当，宿泊料など）とを意味し，弁護士費用はこれには含まれない（民訴費2条。訴え提起の手数料については，同3条1項および別表第1第1項を参照）。訴訟費用は原則として敗訴当事者が負担する（61条。ただし，62条以下を参照）。

　当事者は，本人で訴訟を行うことができるが（これに対してたとえばドイツでは，わが国の地裁に相当する裁判所以上で訴訟を行うには，常に弁護士に代理してもらわなければならないという弁護士強制主義がとられている），訴訟を行うには民事訴訟法のほか民法などの法律や関連する裁判例などについての専門的な知識が要求されるため，実際には弁護士を訴訟代理人として訴訟を行うことが多い（たとえば，地方裁判所においては約80パーセントの民事訴訟事件について，弁護士が原告または被告の訴訟代理人になっている。平成10年度司法統計年報1民事行政編第24表参照）。弁護士を訴訟代理人として訴訟を行う場合には，当事者は自分が依頼した弁護士に弁護士費用を支払うことになる。この弁護士費用は，弁護士に訴訟代理人を引き受けてもらったときに支払う着手金と，事件が処理されたときに支払う報酬金とからなり，その算定方法・基準は，日本弁護士連合会（日弁連）の弁護士報酬規程に定められている。

　上述の通り，弁護士費用は訴訟費用には含まれないため，原則としてこれを敗訴当事者に負担させることができない。ただし，①不法行為の事件において，被害者である原告が負担した弁護士費用が，被告の不法行為と相当因果関係にある損害とされるときには，被害者は弁護士費用の賠償を請求できるとされ（最判昭44・2・27民集23巻2号441頁），②前訴で勝訴した当事者が，前訴の敗

訴当事者に対して，前訴の提起が不法行為にあたるとして，前訴で負担した弁護士費用の賠償を請求できる場合がある（最判昭63・1・26民集42巻1号1頁）。

〔訴訟上の救助と法律扶助〕

　民事訴訟法は，経済的に豊かでない当事者のために訴訟上の救助の制度を設けている（82条以下）。さらに訴訟上の救助とは別に，財団法人法律扶助協会（各都道府県の弁護士会が中心となって設立された団体で，東京都に本部が，都道府県ごとに支部がある）が行っている法律扶助がある。これらの制度は資力のない当事者などに対する経済的な援助の点で一定の成果をあげていると評価できるが，裁判費用や執行官の手数料など（民訴費2条参照）の支払いを猶予するだけであるとか（訴訟上の救助），原則として訴訟費用・弁護士費用の立替えを行うにすぎない（法律扶助）など，決して十分なものではないし，国庫による補助も他の諸国にくらべてきわめてわずかである。たとえば，単純な比較には慎重でなければならないが，イギリスにおける法律扶助の事業費は1994年に総額で約1,610億円であり，そのうち約1,146億円が国庫負担であったのに対して，日本においては，法律扶助協会の事業費総額が1996年に約13億1,000万円で，そのうち国庫負担が約2億7,100万円にすぎなかった（法律扶助制度研究会「法律扶助制度研究会報告書」ジュリ1137号63頁）。現在（2000年2月），司法制度改革審議会が，わが国の司法制度について幅広い観点からの改革を行うための答申をなすべく活動しているが，訴訟上の救助や法律扶助の改善も当審議会での議論の対象になっているようであり，費用の立替えにとどまらず，その支給も内容とするような根本的な改革が望まれる。

随筆　民事訴訟法
── 言葉遊び ──

1　敬遠される民事訴訟法

　民事訴訟法の講義は昔から「眠素」と言われるくらい評判が悪かった。理由を考えてみた。その第1は，民事訴訟自体が日常生活とは異なる，多くの市民とは無縁な，別世界の出来事が対象だったからであろう。現在ではテレビドラマなどで，法廷が再現される機会が多くなり身近に感じられるようになったが，それでも実際に訴訟の経験のない人にとっては，法廷の手続には実感が湧かないだろう。だから大学の講義が面白かろうはずがない。したがって，講義を聞いていて，「ちょっとおかしい」と疑問を感じる場合があったとしても，それを突き詰めて考えるだけのエネルギーも湧いてこなかったろうし，教師に質問してみようなどという気持ちにもなれなかったに違いない。

　第2に，民事訴訟法の条文はすべて片仮名混じりの文語体だったので，読むことさえままならない硬い文章だった。その後平成8年に新法が制定され，条文が平仮名混じりの口語体になるなど面目を一新したので，立法者が目論んだ「国民に利用しやすく分かりやすいもの」になったかの観がある。しかし実際には必ずしもそうとは言えない。なぜそうなのか。それは民事訴訟法の条文は一見平易そうに見えるが，個々の用語自体が，日常生活で使われる言葉とはかけ離れ，難解なものが多いからである。また民事訴訟法の講義に出てくる用語も，日常用語と無関係か日常用語とは異なる意味で使用されていることが多い。これでは講義を理解することも困難となり，しだいに民事訴訟法への興味が失せていくだろう。いくつか実例を示そう。

2　たとえば弁論主義について

　民事訴訟法の重要な概念の一つに「弁論主義」という言葉があるが，これだけを聞いた学生は，「裁判官や傍聴人の前で，双方が口頭で弁論をすることである」と思うだろう。ところが教師は，「弁論主義とは訴訟の基礎をなす事実

の確定に必要な資料の提出を，当事者の権能と責任とする建前をいう」などと回りくどい説明をする。仮に事実資料の提出を当事者の権能と責任とする原則が弁論主義だというならば，「事実資料の当事者提出主義」，あるいは単に「当事者主義」と言えばよいのであって，何も「弁論主義」などという紛らわしい言葉を持ち出す必要はない。上記の定義からは，口頭の弁論がどこかへ消えてしまっているからである。さらに「事実資料の提出」とはいったい何か。これだけを見れば「事実に関する証拠資料の提出」のように見えるが，そのほかに「事実を主張すること」も入るらしい。しかも「弁論」に似たような言葉に，「陳述」，「主張」，「請求」，「供述」などという，紛らわしい言葉が次から次へと出てくる。これでは，いったい「弁論主義」の「弁論」とは何なのかと，頭が混乱状態に陥るだろう。

そのほかにもややこしい用語が出てくる。たとえば，平成8年の新法によって「口頭弁論の準備の手続」が整備されたが，それには「準備書面の提出」のほか，「準備的口頭弁論」，「弁論準備手続」，「書面による準備手続」の3つの異なる準備手続が用意された。しかしこれだけ並べられたら，準備の段階ですらこれほど多くの混同しそうな手続があるのなら，本番の手続ではさらに複雑になるのではないか，いったいこれからどうなるのだろうと，やる気が失せてしまうのではないか。まだある。「訴訟資料」と「証拠資料」とは違うのだという。さらに，「主張責任」と「証明責任」との違い，「証拠方法」，「証拠資料」，「証拠原因」の三者間の相違等，数え上げたらきりがない。そしてこれらの用語が，民事訴訟法の根幹をなす原理・原則と密接に関連しているなどと言われると，余計に面倒な法律だという印象を受けるだろう。

このように見てくると，民事訴訟法の講義が面白くない最大の理由は，用語の問題に帰着するように思われる。そこで，主として民事「訴訟」とか民事「裁判」に関係のある用語について，その語源にさかのぼり，かつ西欧語とも比較しながら，民事訴訟法という法律を考えてみることにする。これは，法律に疲れた頭を休めるための，一種の「言葉遊び」である。

3　西欧語と日常性

では民事訴訟法の用語はどこの国でもこのようにややこしく，かつ日常用語

とかけ離れているのだろうか。民事訴訟法と負けず劣らず難解とされる哲学について，ある言語学者はこんなことを言う。「ドイツ人は，"nehmen（つかむ）"という基本的な動詞から始まり，"vernehmen（聞く，調べる）"を経て"Vernunft（理性）"という高級な言葉にまでたどりつく。あるいはまたフランス人は"concevoir（わかる，子を宿す）"から"conception（観念）"や"concept（概念）"を理解するようになる。つまり彼らにとっての「理性」「観念」「概念」は，日常的な言葉からのごく自然な派生形でしかなく，その前で思考停止をおこすようなブラック・ボックスでもなければ，不思議な魅力を感じさせる宝石箱(カセット)でもないのである。当然ながら，「ホンネ」と「タテマエ」との差も大きくはなく，いわば彼らの言葉では，「ホンネ」で「タテマエ」を追及することになっている。これこそが，根回しや腹のさぐりあいに終始せず，「ソト」であろうが「ウチ」であろうが，すべての人々が同じ言語への信頼の上で議論をたたかわせられる土壌をつくりあげてもいるのである。」と（加賀野井秀一・日本語の復権（講談社現代新書・平11）178頁以下）。

　こう言われると，なるほど西欧語は哲学に関する分野にまで日常語が浸透しているのかと感心させられる。もちろん，このことをドイツ人やフランス人に直接確かめたわけではないので，疑問がないわけではない。そこで以下に，民事訴訟法の「訴訟」や「裁判」に関連した言葉について，西欧と日本の用語の違いを，その語源に遡りながら概観してみることにする。その表向きの理由は，これらを比較検討することによって，民事訴訟法の大まかな全体像を垣間見ることができるし，西欧とわが国との訴訟観の類似点と相違点のようなものが，ある程度感じ取ることができる点に求められる。しかし真の目的は，言葉の詮索を通じて道草を楽しむことにある。

4　「訴訟」または「裁判」に関する言葉

　およそ「訴訟」ないし「裁判」に関する言葉には，実にいろいろなものがある。ごく大まかにいって，訴訟，裁判，「法を語る」意味の裁判，「手続・過程」を意味する裁判の4種類の言葉が考えられる。それらは訴訟の流れの中の，ある段階に着目したものか，最後に下される判決の性質を表したものがほとんどなので，まず訴訟のだいたいの流れを見てみる。民事訴訟は，①原告が訴え

を提起することによって始まり，②被告がこれに答弁書で反論し，③法廷で互いに弁論し，④証拠調べが行われ，⑤その間に和解が成立する場合があるが，和解が成立しなければ，⑥裁判官が事実の真偽を認定し，⑦法を適用して，⑧判決を下す，という構図になっている。

　そこで第1に考えられるのが，①の原告の訴え提起，②の被告の反論，③の当事者間の法廷における弁論，④の証拠調べ，以上を合わせた状態である。これは通常「訴訟」という言葉で代表されている。現在では民事「訴訟法」とか刑事「訴訟法」と言われているように，裁判手続には「訴訟法」という言葉が使われているが，もともと「訴訟」の「訴」も「訟」も「訴えること」を意味し，訴訟とは「人の非をうったえること，嘆願すること」を意味した言葉であり（広辞苑（第5版）。以下特に断らない限り，括弧内の説明はこれによる），当初から裁判手続の全体を意味した用語ではなかったようである。『漢和大辞典』の「訴訟」には，「是非曲直を法廷であらそうこと」の意味があり，相当古い出典が引用されているが，「うったえ」の意味の方が最初に出ている（諸橋轍次・大漢和辞典。以下「大漢和辞典」という）。巷間では「訴訟を起こす」という言い回しがあるが，これなどは「訴え提起」の意味に近い。和英辞典にも「訴訟を起こす」という英語訳が出ている。そうだとすれば，「訴訟」とは「訴える」という意味が原義であり，それが被告の答弁や法廷の論争，さらに証拠調べまで含むようになり，ついには訴訟全体を指す言葉にまでなったのではないか。これはあくまでも個人的な推測に過ぎず，確実な証拠に基づく結論ではない。

　訴えを意味する言葉が訴訟全体を意味するという現象は，英米法の言葉の場合にも見られる。たとえば英米法辞典によると，「訴訟」に相当する言葉に action と lawsuit, suit が挙げられているが，action は元来「訴える」意味のラテン語 agō から来ている言葉であり（田中秀央編・羅和辞典［増訂新版］（研究社・昭42）。以下「羅和辞典」という），コモン・ローとエクイティの違いにも関係している。suit の方はラテン語の「……に従う。（敵を）追跡する」等を意味する sequor から来ている。さらに litigation という言葉もあるが，これは「争うこと」を意味するので，「争訟」に類する言葉と言えよう。フランス語にも action と litige があり，litige の方は意味が英語と似ているが，

action の方は英語のそれと少し違うようである（なお，litige の語源となったラテン語の lītigō は，辞書に「1 争う，けんかする。2 訴訟する。」との説明がある。前述と同じく，「訴訟」が動詞的に「訴訟する」と説明されている点も興味深い）。ドイツ語の「訴え」に相当する言葉に Klage があるが，この言葉自体には訴訟手続全体の意味はないようである。「法律上の争い」を示す言葉に Rechtsstreit がある。

　第2に前記の⑥の裁判官の事実認定と，⑧裁判官の判決を併せた手続を示すものに，裁判官の最終判断である「裁判」という言葉がある。巷間では民事訴訟のことを「民事裁判」と言うことがある。この「裁判」という言葉の「裁」は「さばく」意味で「捌く」とも書き，広辞苑には「（からまったりくっついたりしているものを）手で解き分ける。錯雑した物事をきちんと処理する」意味であり，ここから「理非を裁断する。裁判する」の意味となる。一方「判」の方は「見分ける。おしはかって考える。推敲する」などの意味である。そこから，両者を併せた「裁判」とは，右か左か，真か偽か，判然としない物事を解きほぐして，その真偽を判定し，事の是非・善悪・優劣・可否などを判断する意味となる。要するに良いことと悪いことを「選り分け」，そして「判断すること」が裁判ということになり，そこには現在の訴訟制度でいう「証拠の取捨選択」と「事実の認定・判断」が，これに相当する（「法の適用」については後に述べる）。

　これと似たものに，「裁判沙汰」という言葉があるが，この「沙汰」という言葉の「沙」は「砂」，「汰」は「選び分ける」意味で，本来は「水でゆすって砂金や米などの砂をとり除くこと」であり，それから，「物の精粗を選り分けること，淘汰」の意となり，転じて「理非を論じ極めること，評定，裁断，訴訟」の意味となる。

　では外国ではどうか。英語に判決・決定を意味する言葉に，decision という言葉があるが（フランス語では décision），これは「切り取る，切り離す，ある物を決定する，終える」ことを意味するラテン語の dēcīdō から出ている。ドイツ語の判決は Urteil だが，動詞の urteilen には「判決する，裁決する」の意味がある。語幹の Teil には，「全体の一部，部分」のほか，著作などの「部，篇，巻」の意味があり，ur という前綴詞には「みなもと，発生，

原始，先祖」の意味がある。そして Urteil には「原子」の意味もある。要するに物事を分けて根元へ還元することを意味する言葉のようである。これと同じ語幹の動詞に erteilen という言葉があるが，「分かつ，与える」等を意味する。いずれも「分ける」ことと関係がある。そのほかに裁判，決定を意味するドイツ語に Entsheidung という言葉があるが，これは分離を示す前轍詞の ent と「分ける，離す，分離させる」を意味する sheiden との合成語であり，やはり「分ける」「分かれる」意味と関係がある。このことは，裁判官が証拠調べによって，込み入った事実関係を解きほぐし，分析して結論に到達する作用を，巧みに表現しているように思われる（分けることがなぜ理解や判断の助けになるのかについて，坂本賢三『「分ける」こと「わかる」こと―新しい認識論と分類学―』講談社現代新書1982年参照）。

　第3は，前記⑦の「法の適用」に関係する「法を語る」意味の系統の「裁判」という言葉である。裁判とか判決に相当する英語に judgment という言葉があるが（フランス語では jugement），この言葉はラテン語の ius（法）と dīcō（示す，決定する，言う，述べる，語る）の合成語であり，全体で「法を語る」意味になる。ドイツ語の Rechtsprechung も同じく「法（Recht）」と「語ること（Sprechung）」の合成語である。ところが不思議なことに日本には「法を語る」意味の「裁判」という言葉が見当たらない。「説法」という言葉があるが，これは「仏法の教えを説き聞かせること。一般に理屈を説いて聞かせること」を意味し，現在われわれが使っている「いわゆる法」の意味が出てこない。わが国の場合は，ほとんどが「理非曲直」，「道理」，「折中の法」その他「慣習法」といった概括的な基準によって裁判していたから，「法を語る」意味の「裁判」という言葉がなかったのだろうか。しかし中国では，事実審理を行った後に，法律や判例を調べて刑罰を適用したが，これを「検法」といったそうである（大百科事典，宮崎市定執筆【裁判の歴史・中国】）。まさに法適用の際の作業に該当する。わが国には古来「のり」という言葉があり，論語には「矩を踰えず」という教えがあるが，辞書に掲載されている「のり」に該当する字には，「法・則・典・範・矩」があり，「法」が真っ先に挙げられている。いずれにしても法制史，宗教史，さらにカノン法の先生にご教示願うほかない。

第4は「手続」ないし「過程」に関係する言葉である。周知のとおり，英語で民事訴訟のことを civil procedure というが（フランス語では procédure civile, ドイツ語は Zivilprozeß），この civil procedure は「前へ進む，経過する」意味のラテン語 prōcēdō に由来する。要するに「手続」とか「過程」とは，初めの提訴の段階から終わりの判決の確定に至るまで前進する全過程，およびこれに付随する手続の一切を示す言葉であると考えてよいだろう。わが国にも「人事訴訟手続法」，「非訟事件手続法」という法律があるが，ともに明治31年にできた古い法律である。最近ではこの「手続法」という名称が「訴訟」に用いられることはないようで，たとえば「行政手続法」は行政上の処分・行政指導・届出に関する法律であるが，行政上の訴訟関係については，「行政事件訴訟法」というように，使い分けられている。

　最近この訴訟における手続の重要性を説く学説が注目を浴びている（たとえば，井上治典・民事手続論（有斐閣・平7）など参照）。なお明治初期には民事裁判のことを「聴訟」，刑事裁判のことを「検断」と言ったそうだが，「検断」とは犯罪の審理・判決を意味する言葉で，訴訟における審理と判決とに着目した言葉であろう。これに対し「聴訟」とは，当事者の言い分を聴く意味であり，現代風に言えば，notice and hearing（告知聴聞）の「聴聞」にあたり，適正手続 due proces の重要な要素を示した言葉であると言える。大漢和辞典によれば「大学」の中にすでにこの言葉が出てくるという。

　いずれにしても，訴訟手続全体を規定した法律に，西欧では「手続」ないし「過程」を意味する言葉が使われているのに対し，わが国では「訴える」とか「争う」ことを意味したと思われる「訴訟」という言葉が使われているのは，注目すべき現象と言わなければならない。

5　おわりに

　原告が提出する訴状のことを，中・近世においては「目安」といったそうだ。これについて百科事典に興味深い説明が載っている。「〈目安〉とは目を安んずる，つまり読者にわかりやすい，という意味で，最初に〈目安〉〈目安言上〉などと書き出し，本文は〈一、……事〉という事書形式にし，最後に〈目安言上如件〉などと書き止める形式をとった。……」とある（大百科事典：笠松宏

至執筆【目安】)。このことは，昔も訴訟というものが分かり難いものであったからこそ，堅苦しい「訴状」に換えて，平易な「目安」という分かりやすい言葉が用いられるようになった，と推察することができる。しかし，それでもなお訴訟関係者は「公事師」の世話にならなければならなかったというから，現在の民事訴訟の実態とさほど違わないように思われる。つまり，言葉をいくら分かりやすくしてみても，訴訟という手続自体に潜む異質性・難解性は変わらないようである。しかし，だからといって，その日常生活との異質性や難解性をそのまま放置しておいたら，ますます別世界の出来事と化し，専門家集団だけによる儀式になってしまう恐れがある。手続や言葉自体が生き物であり，それを運営する人たちが専門家集団だからである。

　論語の最後に「言を知らざれば，以て人を知ること無きなり」とある。その現代語訳は「ことばが分からないようでは人を知ることができない（うかうかとだまされる）。」とある（金谷治訳注・論語［岩波文庫］（平8））。そうすると民事訴訟は次のように言うことができよう。それは，紛争状態にある当事者が，判断権者である裁判官の主宰のもとに，法廷という公の場で，傍聴者を意識しながら，弁論と証拠調べにより，和解か判決かいずれを選択すべきかを計算しながら，相互に情報を交換し合い，お互いを知り合うための，特殊なコミュニケーション・システムである。そしてこのような制度を使いやすくするためには，たえず「分かりやすい言葉」と「分かりやすい仕組み」への工夫が必要である。だからこそ，民事訴訟に関係する言葉に対する理解と，制度改善への工夫がたえず要請されるのである。言葉にこだわるゆえんである（三ケ月章・民事訴訟法研究第7巻（有斐閣・昭53）271頁，竜嵜喜助「民事訴訟の言語と闘争」三ケ月章先生古稀祝賀・民事手続法学の革新・上巻（有斐閣・平3）43頁参照）。

事項索引

い

違式の裁判 …………………… *219*
移審の効力 …………………… *221*
移　送 ………………………… *27*
一部請求 ……………………… *65*
　　──と既判力 …………… *179*
一部請求論 …………………… *221*
一部判決 ……………………… *165*
一般第三者 …………………… *183*

う

訴　え ………………………… *38*
　　──の客観的予備的併合 … *224*
　　──の主観的追加的併合 … *199*
　　──の主観的併合 ……… *194*
　　──の利益 ……………… *51*
　　──の類型 ……………… *38*
訴えの提起
　　──後の手続進行 ……… *44*
　　──の効果 ……………… *45*
　　──前の和解（即決和解） … *217*
訴えの取下げ ………………… *149*
　　──と客観的併合 ……… *150*
　　──と主観的併合 ……… *150*
　　──と同一の行為 ……… *152*
　　──の合意 ……………… *150*
訴えの変更 …………………… *189*

え

ＡＤＲ（裁判外紛争処理） …… *13*

お

応訴管轄 ……………………… *25*

か

確定基準 ……………………… *30*
確定機能縮小説 ……………… *32*
確定遮断の効力 ……………… *221*
確定判決の騙取 ……………… *173*
確認訴訟の訴訟物 …………… *64*
確認対象 ……………………… *52*
確認の訴え …………………… *39, 54*
過失相殺 ……………………… *66*
家庭裁判所 …………………… *14*
仮執行 ………………………… *236*
仮執行宣言 …………………… *241*
簡易裁判所 …………………… *14, 215*
簡易な言渡し ………………… *169*
管轄違い ……………………… *27*
管轄配分説 …………………… *25*
間接事実 ……………………… *110*
間接反証 ……………………… *144*
鑑　定 ………………………… *129*
鑑定証人 ……………………… *130*
関連裁判籍 …………………… *22*

き

期　間 ………………………… *78*
　　──の計算 ……………… *78*
期　日 ………………………… *75*
擬制自白 ……………………… *100, 123*
羈束力 ………………………… *173*
規範分類説 …………………… *31*
既判力 ………………………… *5, 66, 175, 241*
　　──と手続保障 ………… *176*
　　──の双面性 …………… *184*
　　──の範囲 ……………… *177*

事項索引

――を持つ裁判 …………………… *176*
逆推知説………………………………… *25*
旧訴訟物理論……………………… *70, 187*
給付訴訟 ………………………… *51, 62*
給付の訴え……………………………… *39*
求問権 …………………………… *114*
境界確定訴訟 ……………… *41, 70, 224*
協議離縁 ……………………………… *155*
協議離婚 ……………………………… *155*
強行規定………………………………… *87*
共同訴訟 ……………………………… *194*
共同訴訟参加 ………………………… *202*
共同訴訟的補助参加 ………………… *209*
共同訴訟人 …………………………… *194*
共同訴訟人間での証拠共通の原則 …… *198*
共同訴訟人独立の原則 ……………… *198*
許可抗告 ……………………………… *229*
金額を明示しない訴訟物……………… *69*
金銭訴訟………………………………… *62*

け

計画審理の原則 ……………………… *214*
経験則 ………………………………… *121*
経験則違背 …………………………… *227*
形式的確定力 ………………………… *172*
形式的形成の訴え……………………… *41*
形成権の訴訟内行使 ………………… *105*
形成訴訟………………………………… *55*
――の訴訟物…………………………… *64*
形成の訴え……………………………… *40*
係争物の譲渡 ………………………… *211*
厳格な証明 …………………………… *118*
検 証 ………………………………… *136*
顕著な事実 …………………………… *124*
権利自白 ……………………………… *122*
権利主張参加 ………………………… *204*
権利能力なき社団・財団と当事者能…… *33*

こ

合意管轄………………………………… *23*
公開主義………………………………… *89*
交換的変更 …………………………… *189*
合議制…………………………………… *14*
広義の訴訟 ……………………………… *5*
攻撃防御法 …………………………… *104*
抗 告 ………………………………… *228*
交互尋問 ……………………………… *128*
公示送達………………………………… *82*
控 訴 ………………………………… *222*
控訴権 ………………………………… *222*
公知の事実 …………………………… *124*
高等裁判所……………………………… *14*
口頭主義………………………………… *90*
口頭弁論………………………………… *88*
――の一体性…………………………… *97*
――の制限……………………………… *98*
――の全趣旨 ………………………… *120*
口頭弁論終結後の承継人 …………… *181*
口頭弁論調書 ………………………… *101*
交付送達………………………………… *81*
抗 弁 ………………………………… *145*
抗弁事項………………………………… *49*
国際裁判管轄 ……………………… *18, 25*
固有期間の種類………………………… *78*
固有の訴えの客観的併合 …………… *185*
固有必要的共同訴訟 ………………… *195*

さ

再抗告 ………………………………… *229*
最高裁判所……………………………… *14*
再抗弁 ………………………………… *145*
再々抗弁 ……………………………… *145*
再審訴訟の構造 ……………………… *231*
再審訴訟の訴訟物 …………………… *231*

事項索引 255

再審の補充性 ……………………226
裁判外紛争処理（ADR）…………13
裁判管轄………………………………21
裁判官の私知……………………124
裁判官の除斥・忌避・回避…………16
裁判官の独立と身分保障……………16
裁判所…………………………………14
　──の種類…………………………14
裁判上の自白……………………121
裁判上の和解………………………12
裁判所書記官……………………237
裁判所等が定める和解条項の制度……218
裁判制度………………………………4
裁判長…………………………………15
裁判を受ける権利……………………7
債務名義……………………217, 241
詐害防止参加……………………204
三面訴訟…………………………203

し

時効中断………………………47, 65
事後審制…………………………223
事実認定…………………………117
死者を被告とする訴訟………………30
執行停止の裁判…………………241
指定管轄………………………………25
私的自治の原則…………………4, 146
自白の撤回………………………122
支払督促…………………………239
事物管轄……………………21, 235
司法委員…………………………216
司法権…………………………………20
司法行為請求権説……………………8
私法法規…………………………107
氏名冒用訴訟………………………31
釈　明……………………………113
釈明義務…………………………116

釈明権……………………………114
釈明処分…………………………115
宗教法人にまつわる紛争……………19
終局判決……………………146, 163, 228
　──と裁判所の裁量……………164
　──の成立………………………166
自由心証主義……………………138
集中（継続）審理主義………………97
集中証拠調べ…………………………97
自由な証明………………………118
主観的証明責任…………………140
主観的予備的併合………………200
取効的訴訟行為…………………103
主　張……………………………103
主張共通の原則…………………110
主張責任…………………………144
受記裁判官……………………………15
受命裁判官……………………………15
主要事実…………………………110
準再審……………………………233
準独立当事者参加………………203
準備書面……………………………93
準備的口頭弁論……………………95
少額訴訟…………………………236
証拠共通の原則…………………110
上　告……………………………225
上告受理の申立て………………227
証拠決定…………………………126
証拠能力…………………………118
証拠の採否………………………125
証拠の偏在………………………134
証拠の申出………………………124
証拠保全…………………………137
証　書……………………………131
証書真否確認の訴え………………40, 53
上訴の追完………………………153
上訴の目的………………………219

256　事項索引

上訴不可分の原則 …………………………221
証人尋問 ……………………………………127
証　明 ………………………………………117
証明力 ………………………………………118
証明責任 ………………………………139, 144
　　──の転換 …………………………142
　　──の分配 …………………………140
職務上の当事者……………………………57
職権主義 ………………………………75, 109
職権進行主義 ………………………………75
職権送達主義 ………………………………80
職権探知………………………………49, 155
職権探知主義 ……………………………112
職権調査事項 …………………………49, 113
書　証 ……………………………………235
処分権主義 ………………………………147
信義則 ……………………………………180
進行協議期日 ………………………………92
人事訴訟と訴えの取下げ ………………152
新実体法説…………………………………72
陳述書 ……………………………………128
審　尋 ………………………………………88
新訴訟物理論………………………………70
審判権の限界 ………………………………19
審判の対象 …………………………………45
審判要求の撤回 …………………………149
新民事訴訟法………………………………10
審理手続 …………………………………227
　　──に関する合意………………………75

す

推　定 ……………………………………142

せ

請求異議訴訟………………………………73
請求異議の訴え …………………………242
請求原因………………………………43, 145

請求の拡張・縮減 ………………………190
請求の基礎 ………………………………190
請求の趣旨…………………………………43
請求の併合 ………………………………186
請求の放棄・認諾 ………………………153
制限的主権免除主義………………………18
責問権………………………………………86
絶対的主権免除主義………………………18
絶対的上告理由 …………………………226
選択的併合 ………………………………187

そ

相殺の抗弁…………………………46, 179, 224
送　達 ………………………………………80
送達実施機関………………………………80
送達場所の届出……………………………81
争点および証拠の整理手続 ………91, 95
争点効……………………………………67, 180
争点効理論………………………………68, 180
双方審尋主義 …………………………29, 89
双務的職権探知 …………………………155
訴　額 ………………………………………21
即時抗告 …………………………………229
続審制 ……………………………………222
訴　権 ………………………………………7
訴　状………………………………………42
訴訟開始の手続……………………………42
訴状却下命令………………………………44
訴訟契約（訴訟上の合意）………………106
訴訟契約の効果 …………………………150
訴訟行為 ……………………………102, 107
訴訟告知 …………………………………209
訴訟参加 …………………………………202
訴訟指揮権 ……………………………15, 85
訴訟承継 …………………………………210
訴訟承継主義 ……………………………211
訴訟上の請求………………………………38

訴訟上の代理	35
訴訟上の和解	12, 157
──と権利関係	159
──の危険性	159
訴訟代理人	37, 243
訴訟脱退者	183
訴訟手続	61
──の中止	83
訴訟能力	34
訴訟の記載事項	42
訴訟の結果	207
訴訟の終了	146
訴訟の制度目的	7
訴訟引込み理論	199
訴訟費用	243
訴訟物	61
──に関する既判力	178
訴訟物理論	62, 186
訴訟物論争	70
訴訟法説	72
訴訟法律行為	105
訴訟要件	49
訴訟類型	62
疎明	117

た

第一審	15, 225
大規模訴訟	15
──に関する特則	213
第三者の訴訟担当	57
対質	128
単純併合	186
団体関係訴訟	59
単独制	14, 15

ち

地方裁判所	14

中間確認の訴え	38, 193
中間判決	164
仲裁	12
仲裁判断の取消	41
仲裁の和解制度	159
抽象的訴権	8
中断	83
調査嘱託	137
調停	12
直接主義	90
陳述書	129

つ

追加的変更	190
追完	79
通常共同訴訟	197
通常抗告	229

て

定期金賠償確定判決	68
提訴手数料	21
手形訴訟	234
手形訴訟制度	73
適時提出主義	97
電話会議システム	95, 96, 238

と

当事者	28
──の確定	30
──の欠席	100
──の表示の訂正	32
当事者概念	28, 55
当事者権	28, 29
当事者恒定主義	211
当事者参加	38, 202
当事者主義	75, 109
当事者照会	94

当事者尋問 …………………………… *128*
当事者適格 …………………………… *32, 55*
当事者能力 …………………………… *32, 34*
同時審判の保障 ……………………… *201*
同時審判の申出の共同訴訟 ………… *201*
当然承継 ……………………………… *210*
答弁書 ………………………………… *93*
督促異議 ……………………………… *240*
督促手続 ……………………………… *239*
「特段の事情」アプローチ ………… *26*
特別抗告 ……………………………… *229*
特別裁判籍 …………………………… *23*
特別上告 ……………………………… *228*
特別代理人 …………………………… *36*
独立当事者参加 …………………… *203, 224*
独立附帯控訴 ………………………… *225*
土地管轄 ……………………………… *23*
特許権等に関する訴えの管轄 ……… *23*

な

内容的に無効な判決 ………………… *172*

に

二重起訴の禁止（重複訴訟の禁止）… *45, 61*
二当事者訴訟 ………………………… *205*
二当事者対立の原則 ……………… *28, 203*
任意規定 ……………………………… *87*
任意訴訟の禁止 ……………………… *106*
任意的口頭弁論 ……………………… *88*
任意的訴訟担当 ……………………… *58*
任意的当事者変更 …………………… *32*
認諾調書 ……………………………… *157*

は

破棄判決の拘束力 …………………… *228*
判決内容 ……………………………… *167*
判決による支払猶予制度 …………… *238*

判決の更正 …………………………… *171*
判決の不存在 ………………………… *172*
判決の変更 …………………………… *171*
判決の無効 …………………………… *172*
反証 …………………………………… *119*
反訴 ………………………………… *38, 192*
反訴の提起にもとづく移送 ………… *218*

ひ

比較衡量 ……………………………… *26*
非金銭訴訟 …………………………… *63*
非訟事件 ……………………………… *6*
必要的共同訴訟 ……………………… *195*
必要的口頭弁論 ……………………… *87*
秘密保護の手続 ……………………… *102*
表示説の限界 ………………………… *30*

ふ

覆審制 ………………………………… *223*
複数請求訴訟 ………………………… *185*
附帯控訴 ……………………………… *225*
普通裁判籍 ………………………… *23, 235, 240*
不服の利益 …………………………… *220*
部分社会の法理 ……………………… *20*
不利益変更禁止の原則 ……………… *223*
フレキシブルディスク ……………… *214*
フロッピーディスク ………………… *214*
文書送付嘱記の申立て ……………… *134*
文書提出命令 ………………………… *134*
文書の形式的証拠力 ………………… *132*
文書の実質的証拠力 ……………… *132, 133*
紛争解決請求権説 …………………… *8*
紛争解決制度 ………………………… *11*
紛争管理権 …………………………… *59*
紛争の要点 …………………………… *215*

へ

併合裁判籍の盗取……………………22
弁護士強制主義……………………35
弁護士費用 …………………………243
片面的職権探知……………………155
弁論兼和解…………………………92
弁論主義 ………………49, 75, 109
弁論準備手続………………………95
弁論能力……………………………35
弁論の合併…………………………99
弁論の更新権…………………90, 222
弁論の分離…………………99, 189

ほ

放棄調書 ……………………………157
法人等の代表者……………………36
法定証拠主義………………………138
法定代理人…………………………36
法律上の推定………………………142
法律上の争訟……………………9, 19
補佐人………………………………37
補助参加………………………202, 206
補助参加人の地位…………………207
補助事実……………………………110
本案判決……………………………50
本案判決請求権説…………………8
本　証………………………………119
本　訴………………………………192
本人訴訟……………………………35

み

民事裁判 ……………………………3

民

民事裁判権…………………………17
民事訴訟法…………………………10
民法上の組合………………………34

も

申立て ………………………………103
申立権…………………………………86
申立承継（任意承継）……………211

ゆ

唯一の証拠 …………………………126
郵便に付する送達…………………82

よ

与効的訴訟行為 ……………………103
呼出し………………………………76
予備的併合…………………………186

ら

ラウンド・テーブル法廷 ………92, 95

り

利益変更禁止の原則 ………………223

る

類似必要的共同訴訟 …………195, 196

わ

和　諧 ………………………………158
和解条項案の書面による受諾の制度…218
和解の無効原因 ……………………162
和解不調 ……………………………217
私鑑定 ………………………………131

判例索引

大判明31・2・24民録4輯48頁 ……… *126*
大判明36・6・27民録9輯809頁……… *139*
大判明40・6・19民録13輯685頁…… *111*
大判明42・11・12民録15輯874頁…… *126*
大判明43・10・19民録16輯713頁 ……… *79*
大連判明43・11・26民録16輯764頁…… *178*
大判大3・4・2刑録20輯438頁……… *111*
大決大3・9・25民録20輯687頁……… *126*
大判大3・11・18民録20輯952頁……… *126*
大判大10・9・28民録27輯1646頁 …… *199*
大判大11・2・20民集1巻52頁 ……… *122*
大判大11・5・31新聞2012号21頁 …… *171*
大連判大12・6・2民集2巻345頁 …… *41*
大判大13・6・13新聞2325号15頁……… *79*
大判大14・2・27民集4巻97頁 ……… *142*
大判大14・4・24民集4巻195頁 ……… *162*
大判大15・12・6民集5巻781頁……… *126*
大判昭3・10・20民集7巻815頁……… *120*
大決昭5・8・9民集9巻777頁……… *77*
大判昭5・10・4民集9巻943頁……… *165*
大決昭6・4・22民集10巻380頁… *161, 162*
大判昭6・5・28民集10巻268頁……… *101*
大判昭6・11・24民集10巻1096頁…… *52*
大判昭7・2・12民集11巻119頁……… *207*
大判昭7・11・25民集11巻2125頁 …… *162*
大判昭7・12・24民集11巻2376頁……… *84*
大判昭8・2・7民集12巻159頁……… *98*
大判昭8・2・7民集12巻151頁……… *126*
大判昭8・2・9民集12巻397頁……… *121*
大判昭8・2・13新聞3520号9頁 …… *158*
大決昭8・7・11民集12巻2040頁 …… *153*
大判昭8・9・12民集12巻2139頁 …… *121*
大判昭8・11・7民集12巻2691頁……… *54*
大判昭9・3・9民集13巻249頁 ……… *77*

大判昭9・7・31民集13巻1438頁 …… *202*
大判昭9・12・27法学4巻6号749頁… *171*
大判昭10・4・30民集14巻1175頁…… *188*
大判昭10・9・3民集14巻1886頁 …… *162*
大判昭11・1・14民集15巻1頁……… *58*
大判昭11・10・6民集15巻1789頁……… *87*
大判昭14・5・16民集18巻557頁 ……… *45*
大判昭14・10・31民集18巻1185頁……… *87*
大判昭14・11・21民集18巻1545頁 …… *132*
大判昭15・2・27民集19巻239頁 ……… *87*
大判昭15・3・13民集19巻530頁 ……… *52*
大判昭15・3・15民集19巻586頁 …… *182*
大判昭15・4・24民集19巻749頁 …… *137*
大判昭15・9・21民集19巻1644頁 …… *123*
大判昭16・5・23民集20巻668頁……… *189*
最判昭22・12・5裁判集民(1)11頁 …… *164*
最判昭23・5・18民集2巻5号115頁 … *76*
最判昭23・12・21民集2巻14号491頁… *110*
最判昭24・2・1民集3巻2号21頁 … *132*
最判昭24・4・12民集3巻4号97頁…… *79*
最判昭24・9・6民集3巻10号383頁… *139*
最判昭25・2・28民集4巻2号75頁
………………………………… *139, 138*
最判昭25・6・23民集4巻6号240頁 … *81*
最判昭25・7・11民集4巻7号316頁… *123*
最決昭25・9・21民集4巻9号433頁 … *79*
最判昭26・10・16民集5巻11号583頁… *165*
最大判昭27・10・8民集6巻9号783頁… *9*
最判昭27・11・27民集6巻10号1062頁
………………………………………… *116*
最判昭27・12・25民集6巻12号1240頁
………………………………………… *109*
最判昭28・4・26民集7巻4号457頁… *126*
最判昭28・5・14民集7巻5号565頁… *110*

最判昭28・5・29民集7巻5号623頁 …77
最判昭28・10・15民集7巻10号1083頁
　……………………………………156
最判昭28・11・17行裁4巻11号2760頁 …9
最判昭28・11・20民集7巻11号1229頁
　……………………………………116
大阪地判昭29・6・26下民集5巻6号
　949頁 ………………………………32
最判昭29・11・5民集8巻11号2007頁
　……………………………………126
最判昭29・12・16民集8巻12号2158頁…54
最判昭30・1・21民集9巻1号22頁……52
最判昭30・1・28民集9巻1号83頁……17
最判昭30・4・27民集9巻5号582頁…126
最判昭30・5・20民集9巻6号718頁 …54
最判昭30・7・5民集9巻9号985頁…122
最判昭31・4・3民集10巻4号297頁…220
最判昭31・5・25民集10巻5号577頁…123
最判昭31・6・26民集10巻6号748頁 …55
最判昭31・7・19民集10巻7号915頁…122
最判昭31・12・28民集10巻12号1639頁
　……………………………………130
最判昭32・2・28民集11巻2号374頁…190
最判昭32・6・7民集11巻6号948頁…179
最判昭32・6・11民集11巻6号1030頁
　……………………………………139
最判昭32・6・25民集11巻6号1143頁
　……………………………………125
最判昭32・12・13民集11巻13号2143頁
　……………………………………225
最判昭33・3・7民集12巻3号469頁…123
最判昭33・6・14民集12巻9号1492頁
　……………………………………161
最判昭33・10・14民集12巻14号309頁…224
最判昭33・11・4民集12巻15号3247頁…91
最判昭34・9・17民集13巻11号1372頁
　……………………………………122

最判昭34・9・17民集13巻11号1412頁
　……………………………………142
最判昭34・11・19民集13巻12号1500頁
　……………………………………122
大阪地判昭35・1・22下民集11巻1号85
　頁 …………………………………155
最判昭35・2・9民集14巻1号84頁 …127
最判昭35・3・9民集14巻3号355頁 …21
最判昭35・4・26民集14巻6号1064頁
　……………………………………126
最判昭35・4・26民集14巻6号1111頁
　……………………………………126
最判昭35・6・8民集14巻7号1206頁…20
最判昭35・6・9民集14巻7号1304頁
　……………………………………227
最大決昭35・7・6民集14巻9号1657頁
　………………………………………6
最判昭35・10・19民集14巻12号2633頁…21
最判昭36・8・8民集15巻7号2005頁
　………………………………139,227
最判昭36・9・22民集15巻8号2203頁
　……………………………………232
最判昭36・11・10民集15巻10号2472頁
　……………………………………126
最判昭37・4・6民集16巻4号686頁…151
最判昭37・8・10民集16巻8号1720頁
　…………………………65,67,179
最判昭37・12・18民集16巻12号2422頁…34
最判昭38・10・1民集17巻9号1128頁
　……………………………………152
最判昭38・10・15民集17巻9号1220頁
　…………………………………41,224
最判昭39・4・3民集18巻4号513頁…126
最判昭39・5・12民集18巻4号597頁…133
最判昭39・6・26民集18巻5号954頁…116
最判昭40・4・2民集19巻3号539頁…178
最大判昭40・6・30民集19巻4号1089頁

判例索引　263

最大判昭40・6・30民集19巻4号1114頁
　……………………………………………6
最判昭41・2・8民集20巻2号196頁……9
最判昭41・3・18民集20巻3号464頁…52
最判昭41・3・22民集20巻3号484頁…212
最判昭41・4・12民集20巻4号560頁…99
最判昭41・5・20裁判集民832号196頁…41
最判昭41・9・8民集20巻7号1314頁
　…………………………………………110
最判昭41・9・22民集20巻7号1392頁
　…………………………………………123
最判昭41・11・10民集20巻9号1733頁
　…………………………………………193
最判昭41・11・22民集20巻9号1914頁
　…………………………………………101
最判昭42・2・8民集20巻2号196頁…20
最判昭42・2・24民集21巻1号209頁…79
最大判昭42・5・24民集21巻5号1043頁
　……………………………………………84
最判昭42・9・27民集21巻7号1925頁
　…………………………………………203
最判昭42・10・19民集21巻8号2078頁…33
最判昭43・3・8民集22巻3号551頁…200
最判昭43・3・15民集22巻3号607頁…196
最判昭43・8・20民集22巻8号1677頁
　…………………………………………139
最判昭43・9・12民集22巻9号1896頁
　…………………………………………199
最大判昭43・11・13民集22巻12号2510頁
　……………………………………………48
最判昭43・11・19民集22巻12号2692頁
　…………………………………………189
最判昭44・2・27民集23巻2号441頁…243
最判昭44・6・24民集23巻7号1156頁
　…………………………………………116
最判昭44・7・8民集23巻8号1407頁
　…………………………………………173
最判昭44・7・10民集23巻8号1423頁…60
最判昭44・7・15民集23巻8号1532頁
　…………………………………………205
最判昭44・10・17民集23巻10号1825頁
　…………………………………………107
最判昭44・11・27民集23巻11号2251頁…48
最判昭45・1・22民集24巻1号1頁…209
最判昭45・3・26民集24巻3号165頁…137
最判昭45・4・2民集24巻4号223頁…55
札幌高決昭45・4・20下民集21巻3＝4
　号603頁…………………………………24
最判昭45・7・15民集24巻7号861頁…53
最判昭45・7・24民集24巻7号1177頁…65
最判昭45・10・22民集24巻11号1583頁
　…………………………………………208
最判昭45・11・11民集24巻12号164頁…58
最判昭46・1・21民集25巻1号25頁…211
最判昭46・6・25民集25巻4号640頁
　……………………………………108, 150
最判昭46・12・9民集25巻9号1457頁
　…………………………………………196
最判昭47・2・15民集26巻1号30頁……53
東京高判昭47・2・27高民集25巻1号
　83頁……………………………………201
最判昭47・11・9民集26巻9号1513頁…54
最判昭47・11・9民集26巻9号1566頁…58
最判昭48・4・5民集27巻3号419頁
　……………………………………63, 66
最判昭48・4・24民集27巻3号596頁
　…………………………………………204
最判昭48・7・20民集27巻7号863頁
　……………………………………205, 224
札幌高決昭49・4・27判時744号66頁…63
最判昭50・2・14金法754号29頁………150
最判昭50・10・24民集29巻9号1417頁
　…………………………………………117

最判昭51・6・17民集30巻6号593頁…*116*
最判昭51・7・19民集30巻7号706頁 …*58*
最判昭52・3・15民集31巻2号234頁 …*21*
最判昭52・4・15民集31巻3号371頁…*123*
東京高判昭52・7・15判時867号60頁…*119*
最判昭52・7・19民集31巻4号693頁…*151*
最判昭53・3・23裁判集民123号283頁
………………………………………………*126*
大阪地決昭53・11・24判タ375号107頁…*24*
最判昭54・7・31判時944号53頁 ………*80*
最判昭55・10・28判時984号68頁 ………*79*
最判昭56・3・20民集35巻2号219頁 …*76*
最判昭56・4・7民集35巻3号443頁 …*20*
最判昭56・7・3判時1014号69頁 ……*180*
最判昭56・10・16民集35巻7号1224頁…*26*
最判昭56・12・16民集35巻10号1394頁…*52*
最判昭58・3・22判時1074号55頁 ……*224*
最判昭58・4・1民集37巻3号201頁…*197*
最判昭58・4・14判時1131巻81頁
……………………………………*189, 224*
最判昭58・6・7民集37巻5号517頁 …*55*
最判昭60・3・15判時1168号66頁 ……*205*
最判昭60・12・20判時1181号77頁………*60*
最判昭61・3・13民集40巻2号464頁 …*53*
最判昭61・4・11民集40巻3号558頁…*190*
最判昭61・9・4家月39巻1号130頁…*196*
最判昭61・9・4判時1215号47頁 ……*225*
釧路地決昭61・10・17判タ639号236頁…*82*
大阪高判昭62・7・10判時1258号130頁
……………………………………………*63*
最判昭62・7・17民集41巻5号1402頁
……………………………………………*199*
最判昭63・1・26民集42巻1号1頁 …*244*
最判昭63・3・15民集42巻3号170頁 …*46*
東京地判昭63・5・12判時1282号133頁
……………………………………………*64*
名古屋高金沢支判平元・1・30判昭1308
号125頁……………………………………*221*
最判平元・3・28民集43巻3号164頁 …*53*
最判平元・4・6民集43巻4号193頁 …*53*
最判平元・10・13家月42巻2号159頁 …*84*
最判平元・11・20民集43巻10号1160頁…*18*
最判平3・12・17民集45巻9号1435頁…*46*
最判平3・28・10民集43巻3号167頁…*196*
最判平4・10・29民集46巻7号2580頁…*55*
最判平5・11・11民集47巻9号525頁 …*52*
最判平6・2・10民集48巻2号388頁…*155*
最判平7・1・24判時1523号81頁………*57*
最判平7・2・23判時1524号134頁……*220*
最判平9・1・28民集51巻1号40頁
……………………………………………*54, 60*
最判平9・11・11民集51巻10号4055頁…*26*
最判平10・2・27民集52巻1号299頁 …*57*
最判平10・3・27民集52巻2号661頁 …*60*
最判平10・4・30民集52巻3号930頁…*180*
最判平10・6・12判時1644号127頁 ……*67*
最判平10・6・30民集52巻4号1225頁…*47*
最判平10・12・7判時1664号59頁………*47*
東京高判平10・12・25判例集未登載……*18*
最判平11・1・21民集53巻1号1頁……*54*

新民事訴訟法

2000年6月5日 第1版第1刷発行

編 者 福山達夫

発 行 不磨書房
〒113-0033 東京都文京区本郷6-2-9-302
TEL (03) 3813-7199
FAX (03) 3813-7104

発 売 ㈱信山社
〒113-0033 東京都文京区本郷6-2-9-102
TEL (03) 3818-1019
FAX (03) 3818-0344

制作：編集工房 INABA　　印刷・製本／松澤印刷
Ⓒ著者, 2000, printed in Japan

ISBN4-7972-9248-2 C3332

～～～～～～ 導入対話シリーズ ～～～～～～

導入対話による民法講義（総則）　　■ 2,900円（税別）
大西泰博（早稲田大学）／橋本恭宏（明治大学）／松井宏興（甲南大学）／三林宏（立正大学）

導入対話による民法講義（物権法）　　近刊 ★ 予価 2,800 円
鳥谷部茂（広島大学）／橋本恭宏（明治大学）／松井宏興（甲南大学）

導入対話による民法講義（債権総論）　　近刊 ★ 予価 2,800 円
今西康人（関西大学）／清水千尋（立正大学）／橋本恭宏（明治大学）／三林宏（立正大学）

導入対話による刑法講義（総論）　　■ 2,800円（税別）
新倉修（國學院大学）／酒井安行（青山学院大学）／高橋則夫（早稲田大学）／中空壽雅（関東学園大学）
武藤眞朗（東洋大学）／林美月子（神奈川大学）／只木　誠（獨協大学）

導入対話による商法講義（総則・商行為法）　　■ 2,800円（税別）
中島史雄（金沢大学）／末永敏和（大阪大学）／西尾幸夫（龍谷大学）／
伊勢田道仁（金沢大学）／黒田清彦（南山大学）／武知政芳（専修大学）

導入対話による国際法講義　　■ 3,200円（税別）
廣部和也（成蹊大学）／荒木教夫（白鷗大学）

～～～～～～ 講説シリーズ ～～～～～～

講説 民 法（総則）　　■2,800円（税別）
落合福司（新潟経営大学）／久々湊晴夫（北海道医療大学）／木幡文徳（専修大学）
高橋　敏（国士舘大学）／田口文夫（専修大学）／野口昌宏（大東文化大学）

講説 民 法（債権各論）　　■ 3,600円（税別）
山口康夫（札幌大学）／野口昌宏（大東文化大学）／加藤輝夫（日本文化大学）
菅原静夫（帝京大学）／後藤泰一（信州大学）／吉川日出男（札幌学院大学）／田口文夫（専修大学）

講説 民 法（親族法・相続法）　　■3,000円（税別）
落合福司（新潟経営大学）／小野憲昭（北九州大学）／久々湊晴夫（北海道医療大学）
木幡文徳（専修大学）／桜井弘晃（埼玉短期大学）／椎名規子（茨城女子短期大学）
高橋　敏（国士舘大学）／宗村和広（信州大学）

講説 民 法（物権法）　　近刊 ★ 予価 2,800 円
野口昌宏（大東文化大学）／庄菊博（専修大学）／小野憲昭（北九州大学）／
山口康夫（札幌大学）／後藤泰一（信州大学）／加藤輝夫（日本文化大学）

講説 民事訴訟法　　■3,400円（税別）
遠藤功（金沢大学）＝文字浩（南山大学）編著　　◇安達栄司（静岡大学）／
荒木隆男（亜細亜大学）／大内義三（愛知学泉大学）／角森正雄（富山大学）／
片山克行（作新学院大学）／金子宏直（東京工業大学）／小松良正（国士舘大学）／
佐野裕志（鹿児島大学）／高地茂世（明治大学）／田中ひとみ（元関東学園大学）／
野村秀敏（成城大学）／松本幸一（日本大学）／元永和彦（筑波大学）

発行：不磨書房／発売：信山社